项目资助

国家社会科学基金项目"基础教育知识供给及其干预机制研究"
（项目编号：13CSH028）

基础教育知识供给及其干预机制研究

方红 / 著

中国社会科学出版社

图书在版编目（CIP）数据

基础教育知识供给及其干预机制研究 / 方红著 . —北京：中国社会科学出版社，2020.5
ISBN 978 - 7 - 5203 - 5060 - 0

Ⅰ.①基… Ⅱ.①方… Ⅲ.①基础教育—研究—中国 Ⅳ.①G639.2

中国版本图书馆 CIP 数据核字（2019）第 204101 号

出 版 人	赵剑英
责任编辑	赵 丽
责任校对	李 剑
责任印制	王 超

出　　版	中国社会科学出版社
社　　址	北京鼓楼西大街甲 158 号
邮　　编	100720
网　　址	http://www.csspw.cn
发 行 部	010 - 84083685
门 市 部	010 - 84029450
经　　销	新华书店及其他书店
印　　刷	北京明恒达印务有限公司
装　　订	廊坊市广阳区广增装订厂
版　　次	2020 年 5 月第 1 版
印　　次	2020 年 5 月第 1 次印刷
开　　本	710×1000 1/16
印　　张	17.75
插　　页	2
字　　数	282 千字
定　　价	85.00 元

凡购买中国社会科学出版社图书，如有质量问题请与本社营销中心联系调换
电话：010 - 84083683
版权所有　侵权必究

目　录

导　论 …………………………………………………………（1）

第一章　基础教育知识供给的理论研究 ……………………（41）
　第一节　知识的含义与属性 ………………………………（41）
　第二节　知识供给的含义 …………………………………（51）
　第三节　知识的社会供给 …………………………………（56）
　第四节　知识的教育供给 …………………………………（66）

第二章　国家层面的知识供给 ………………………………（74）
　第一节　国家供给知识的原因分析 ………………………（74）
　第二节　国家供给知识的模式和机构 ……………………（83）
　第三节　国家介入基础教育知识供给的形式 ……………（87）
　第四节　国家层面知识供给的现状审视 …………………（96）
　第五节　国家层面知识供给的问题分析 …………………（128）

第三章　地方层面的知识供给 ………………………………（137）
　第一节　地方层面知识供给的概念解析 …………………（137）
　第二节　地方层面知识供给的现状分析 …………………（138）
　第三节　地方层面知识供给的主要问题 …………………（172）

第四章　学校层面的知识供给 ………………………………（176）
　第一节　学校层面知识供给的含义 ………………………（176）

第二节　校本课程的现状分析 …………………………………（180）
　　第三节　教师知识供给的现状分析 ………………………………（194）

第五章　基础教育知识供给的干预机制 ……………………………（218）
　　第一节　基础教育知识供给的权力机制 …………………………（218）
　　第二节　基础教育知识供给的干预策略 …………………………（226）

参考文献 ………………………………………………………………（254）

附录1 …………………………………………………………………（263）

附录2 …………………………………………………………………（270）

附录3 …………………………………………………………………（274）

附录4 …………………………………………………………………（278）

导 论

当下的中国基础教育正在经历一场深刻的转型。中西教育的交流与对话、多元价值的冲突与融合、多重矛盾的集聚与释放、新质问题的孕育与创生,共同构成了改革开放以来中国基础教育的嬗变、融合,时而踽踽前行,时而踏上国际教育变革与发展的律动。总体来看,中国基础教育历经40多年的变革,其政策越来越完善,研究领域越来越宽广,相关学科和分支学科越来越繁多,研究队伍越来越壮大。在理论指引和实践需求下,基础教育的知识供给也不断嬗变、更新。然而,愈益膨胀的基础教育知识体系似乎并未有效地改善我们的教育实践,我们在不断努力组织知识、编排知识、传递知识的同时又显得越来越缺乏知识。知识的真正价值和本真意义往往被误读,知识的力量也常常被扭曲,教师和学生体验不到知识运用的欢畅与愉悦。尤其是在科学发展、科研兴国的今天,作为知识的学习者和研究者,我们有必要对日益纷繁庞杂的基础教育知识体系何以生成、对其在实践转化和实际教学过程中难以取得预期成效的原因进行深入的反思与探讨。

一 研究问题与缘起

美国学者W. 阿普尔认为"对课堂中教什么、能教什么和应当教什么这些问题的讨论不能想当然地等同于一些无关紧要的论述。它们从根本上关系到数百万儿童、父母和教师的希望、梦想、担忧和特定生活现实。如果这一点还不值得我们为之奋斗的话,无论智力上还是实践上,那么再没有我们为之奋斗的事了"①。教育中的知识供给，不仅关涉个体的成长，亦关涉教育的成败、社会的发展。纵观古今、横窥中外，知识供给始终是教育所要面对的首要问题。

(一) 知识供给：关乎基础教育改革的重要命题

教育离不开知识，教育通过知识来培育人，离开了知识，教育的一切功能则无从谈起。知识离不开教育，无论是知识的生产，还是知识的传承，教育都是不可或缺的重要路径。从本质上说，缺失了教育相关效能的发挥，知识的生产、传承和接受势必丧失本体依凭。教育与知识相互为用、共生共存。知识是影响和制约教育存在与发展的重要因素；反过来看，教育早已成为知识得以存在、增殖、裂变和创生的内在必然机制。

然而，知识本身并非一种自成目的的存在，知识并不能天然地、自动地作用于个体的生存和发展需要，知识的生产、供给、传授、学习无不受制于个体对知识的立场，无不受到个体情感、态度和价值观等主观因素的影响。因此，在教育层面上，绝非知识本身自发地作用于教育场域，进而影响个体发展，而是个体对知识的立场、选择、情感、态度和价值观影响着教育场域的知识。换言之，除知识生产、传承、接受的客观规律之外，知识背后林林总总的个体主观因素深刻影响着特定时期的知识教育观及知识教育实践。时代不同，个体需求、知识立场不同，教育场域内所呈现的知识样态也会有所不同，甚而迥然相异，这从不同时期教育观、知识观的演变中即可窥见。同一时期，不同集团往往存有不同的看法、理解和认识，亦会有不同的知识观。

关于知识的影响因素，知识社会学做出了诸多解答。知识社会学认为，知识的供给并不是客观中立的，而与诸多社会因素紧密关联。知识是个体或群体思维的结晶，而思维无疑是以个体或群体所处的政治、经济、文化等社会因素为基础，超越这些因素的思维是不存在的。事实上，从整体角度看，知识的供给问题几乎关涉所有社会直接因素和背景性因素，如社会观念、居于主流地位的意识形态、社会经济结构、社会政治

---

① [美] W. 阿普尔：《意识形态与课程》，黄忠敬译，华东师范大学出版社 2001 年版，第 2 页。

体制、社会宗教信仰、社会法理基础等。关于这点，马克思很早就做出了论断，他认为："不是人们的意识决定人们的社会存在，相反，是人们的社会存在决定人们的意识。"[①]"意识的存在方式，以及对意识说来某个东西的存在方式，这就是知识。知识是意识的唯一行动。……知识是意识的唯一的、对象性的关系。"[②] 继马克思之后，马克斯·韦伯研究了知识与社会文化因素的互动关系，认为社会、文化等因素决定知识的内容，反过来，知识的内容也影响社会和文化。如此，基础教育阶段的知识供给就显得复杂了。众所周知，知识是无穷无尽的，而进入教育领域的知识却是有限的，知识的无限膨胀和课程容量本身的有限性，决定了我们必须要对知识进行筛选。否则，学生的负担会越来越重，而且极有可能使学生承受不必要的负担，而真正需要负担的却没有承受。既然要对知识进行筛选，那必然涉及如何筛选，依据什么标准或尺度来筛选，筛选时要考虑哪些方面的因素等问题。更为复杂的是，因为教育知识总是由某些主体来筛选的，筛选必然伴随一个知识价值追问的过程，当然某些知识的价值或知识价值的某些方面是可以客观度量的，但很大程度上，知识是否有价值，有多大价值，在哪些方面有价值，它总是相对特定的主体、相对主体自身的需要而言的，如此，又该如何保证某些主体选择的知识的适用性与适应性呢？为此，挖掘知识背后的影响因素，了解知识供给的影响机制，是中国基础教育改革研究中不可回避的重要论题。

（二）知识供给的机制：不同流派的分析

教育应该供给什么知识、供给什么价值的知识、供给什么类型的知识，这并不是一个新问题。早在古希腊时期，亚里士多德就把人类业已存在的知识划分为三种不同类型：思辨性知识类型、实践性知识类型和创生性知识类型，不同类型的知识其性质不同，作用也不同。之后约翰·洛克、赫伯特·斯宾塞、弗朗西斯·培根、约翰·F. 赫尔巴特、约翰·杜威等众多教育家都对知识问题做了回应，并形成林林总总的教育流派。本书沿着历史的脉络，梳理出历史上不同的教育流派对知识供给机制的不同解答。

---

① 《马克思恩格斯全集》（第13卷），人民出版社1962年版，第8页。
② 《马克思恩格斯全集》（第42卷），人民出版社1979年版，第170页。

1. 形式教育论——教育应该供给古典知识

一般认为，形式教育论的兴起，大致在18世纪的英、德等欧洲国家。从18世纪后期，一直到19世纪初，形式教育论一直是社会主流教育基本理论，一度对欧、美基础教育实践产生普遍性效应，影响深远。形式教育论者一致认为，教育的重要目标并非传授既定的、现成的知识，而是要不断培训个体的诸种感官，发展每种感官所具备的能力。课程的设置和教材的选取，应以感统训练为基础，而非以知识传递为基础。在这方面，英国著名教育家约翰·洛克的言论最具代表性，他曾直言："要使所有的人都成为深奥的数学家，并无必要，我只认为研究数学一定会使人心获得推理的方法，当他们有机会时，就会把推理的方法移用到知识的其他部分去。"[①] 约翰·洛克的这一经典论述，被视为形式教育论的核心旨归。从中不难看出，在形式教育论者的心目中，学生作为受教育者，其所能接受教育的时间是受到规限的，作为教育者，很难将社会存在的所有具体知识都传授给受教育者。然而，倘若受教育者的感官、官能能够在受教育期间获得足够培训并因此获得充分发展，受教育者便具备了获取任何知识的能力，借助这种官能和能力，受教育者可以随时随地自觉获取、吸收任何自己感兴趣的或认定有价值的知识。由此，具体知识类型的学习被视为不必要，知识内容掌握居于次要地位，教育的核心在于促进官能、能力的长进。即便教育场域需要知识，知识也常常被作为感统训练的"材料"。课程和教材的知识地图、知识逻辑、知识递进关系不被看重，课程和教材的训练作用被过分凸显。形式教育论认为，在教育中灌输知识远不如训练官能来得重要。为此，教育应该供给那些能够有助于训练感官能力的知识。那么，哪些知识能够训练感官能力呢？形式教育论认为，语言、文字和古代历史等古典学科是训练官能最优良的工具，教育应该供给人文古典知识。

2. 实质教育论——教育应该供给实科知识

作为一种与形式教育论迥然相异的教育基本理论，实质教育论发轫于18、19世纪的英、美等国。实质教育论者一般认为，作为受教育者，首先需要学习、获得的就是"有价值的知识"，教育自然应以此为核心要

---

① ［英］约翰·洛克：《教育漫话》，傅任敢译，人民教育出版社1957年版，第114页。

务。受教育者的知识学习，本身就内蕴着各种能力的养成，无须对这些能力进行特殊训练。作为实质教育论的代言人，英国教育家赫伯特·斯宾塞曾提出"什么知识最有价值"的世纪之问，德国教育心理学家约翰·F. 赫尔巴特也提出了符应实质教育论的课程体系和教学原则。斯宾塞和赫尔巴特等论者，坚决反对形式教育，主张教育的核心要务在于传授具体类型、具体内容的知识。他们一致认为，教育的功用不在于发掘教学、课程和教材的官能训练价值，知识不能仅仅作为材料促进学生各类官能的发展，相反，应当重视的恰恰是教学、课程和教材本身，只有教学、课程、教材所包含的具体内容，才能使受教育者获得各种类型、各种价值的知识。由此，实质教育论形成了"实科教育"价值取向，其长期与形式教育论对峙，对知识教育摆脱徒虚的形式训练，走向真实的知识场景，起到了积极作用。19世纪50年代，斯宾塞"科学的知识最有价值"的回答，将实科知识推上了至高地位。实质教育论重视知识传授的重要性，强调课程和教材的组织和程序，重视教师的权威地位，在很长一段时期里，对欧、美以及中国基础教育起过很大的影响。

3. 进步主义——教育应该供给关于儿童生活的知识

进步主义是20世纪上半期在美国盛行的一种教育思潮，后影响到欧洲和全世界，代表人物有约翰·杜威、威廉·赫德·克伯屈等。19世纪末20世纪初，美国教育仍沿袭传统的实质教育论，强调知识的严格学习，注重教师的权威地位，学生处于被动学习的状态。约翰·杜威在批评这种教育时指出其有三个方面的缺失：(1) 以实质教育论为理论基础，常常教授给学生一些过时的、僵化的知识，知识全部呈现于教材之上，而不体现于学生的现实生活之中，知识被以固定的模式、固有的程序和步骤一点点灌输给学生，教师难免陷入照本宣科的窘境，学生难免堕入死记硬背的泥潭。(2) 实质教育论形成的教育传统，往往依据守旧的道德信条培养学生，这些道德信条指向"过去"，常常不能反映学生所处的社会现实。(3) 教师成为知识代言人，学生成为知识的接收器，教师成为"水桶"，学生成为接水的容器。而且，这种教育以成人为本位，将适合成人需要的种种标准强加给尚未成熟的儿童，这种教育采取自上而下的灌输方法，脱离了儿童的生活，也不适合儿童的能力和需要，势必扼杀儿童的兴趣。进步主义认为，传统教育并没有考虑到儿童是教育中的主体，为此需要变革，变革的方向即是将教育的中心从教师转到儿童，从教材转到儿童的生活。在进步主义看来，教育是儿童生活的有机构成，教育理应与生活融为一体，学生的现实生活需要才是教育所应供给的真正内容。由此，教育必须为了学生的生活，关注学生生活的"当下"，而非"未来"，教育本身不是为生活做预备的，其本身即是生活，进而言之，教育也不可能一味地为成人生活做准备。如此，教育应该提供儿童熟悉的、有关儿童生活的知识，教学策略的选择则应基于儿童的现实生活需要，以及儿童所处的生活经验背景。在设计教学活动时，这些需要和背景应成为教育者首先予以考虑的出发点，使学校成为儿童真正的生活场所，这样的教育才能使儿童适应生活，更新生活。

4. 永恒主义——教育应该供给永恒的知识

永恒主义最早由美国耶鲁大学教授罗伯特·M. 赫钦斯提出，并广泛普及于 20 世纪 50 年代的英、法等国家。法国的阿兰（原名爱弥儿·奥古斯特·夏提埃）和英国的理查德·利文斯通等学者，都曾大力提倡永恒主义。永恒主义认为社会的稳定依赖于以永恒的真善美原则为基础的理性文化。理性是人性的基础，是永恒不变的，教育应该重视理性文化，将"永恒价值"传承下去，社会才会稳定。好的教育在于使人逐渐认识永恒的真理，以便使学生认识永恒的世界，从而促使人性的发展。那么，教育应该重视哪些理性文化呢？传承哪些"永恒价值"呢？永恒主义认为，凡是值得向往的东西都是永恒不变的。永恒主义提出教育的目的是传承永恒价值，教育的任务是传授永恒的知识，学校的课程应该设置"永恒学科"。在永恒主义论者那里，"课程应当主要地由永恒学科组成。我们提倡永恒学科，因为这些学科演绎出我们人性的共同因素，因为它们使人与人联系起来，因为它们使我们和人们曾经想过的最美好的事物联系起来，因为它们对于任何进一步的研究和对于世界的任何理解是首要的"。[①] "永恒学科首先是那些经历了许多世纪而达到古典著作水平的书

[①] 华东师范大学教育系、杭州大学教育系：《现代西方资产阶级教育思想流派论著选》，人民教育出版社 1980 年版，第 206 页。

籍。"① 这些"伟大的著作"包括柏拉图、亚里士多德、伽利略、哥白尼、莎士比亚等人的著作。罗伯特·M.赫钦斯指出:"这些书,历经若干世纪,获得了经典性。经典著作乃是在每一个时代都具有当代性的书籍。例如,苏格拉底对话所提出的那些问题,置于今天而言,就如同柏拉图写这些问题的时候同样地紧迫。这些乃是我们知道的最好的书籍。没有读过这些书的人就是没有受到过教育。如果我们读牛顿的《原理》,我们便看到了一个伟大的天才在活动。"② 可见,在知识供给上,永恒主义认为教育应该供给永恒不变的知识,学生应该学习那些复古式的课程,应该阅读"伟大的著作",因为这些具有理智训练价值的传统的"永恒学科"的价值高于实用学科的价值。

5. 要素主义——教育应该供给文化中的要素

要素主义是现代西方教育思想的一个流派,20世纪30年代出现在美国,50年代成为主流。要素主义的提倡者主要有威廉·巴格莱、I. L. 坎德尔、R. 芬尼、H. H. 霍恩、H. 莫里逊、T. 布里格斯等人。要素主义站在反对进步主义的立场上,认为进步主义过于强调教育应该遵循儿童的兴趣、生活、需要,忽视了纪律、努力、种族经验、逻辑联系等,轻视知识的系统性和顺序性,完全放弃了学习以成绩作为依据,降低了教育质量。第二次世界大战结束后,美苏进入"冷战"状态,以1957年苏联"伴星一号"卫星发射成功为关键事件,要素主义教育思潮日益受到美国教育的重视。究其原因,主要是因为要素主义论者们强调逻辑性、体系性知识的传授,主张教学应侧重知识的系统性,这些论调较好地符合了美国科技进步的迫切需求,也符合了美国增强国家综合国力的需要,因此受到当时美国各界名流,尤其是政界的大力推崇。受此影响,要素主义一度被视为"美国占统治地位的教育哲学"。

总体来看,要素主义非常推崇个体智力的养成,认为教育的核心要务在于发展儿童的智力。对于"教育怎样才能真正提升儿童的智力?"要

---

① 华东师范大学教育系、杭州大学教育系:《现代西方资产阶级教育思想流派论著选》,人民教育出版社1980年版,第206页。
② 陆有铨:《躁动的百年——20世纪的教育历程》,山东教育出版社1997年版,第75—76页。

素主义认为，传递知识中的要素，将文化中的核心成分教授给儿童，是便捷有效的途径。在要素主义看来，"种族经验"或"文化遗产"至关重要，这些比没有经过检验的、尚处于不成熟阶段的儿童经验更有社会价值。要素主义者提出，古今中外的人类文明留给我们丰富的遗产，这些遗产中蕴含着"文化上的种类多样的最好的东西"，这些遗产共同指向"知识的基本核心"，即这些遗产存在着某种普遍化的、共通的、永恒不变的文化要素，如多种类型的基础性知识、各式经典技艺、历经历史检验的那些人类永恒的"价值""态度"和"理想"等。所有上述要素，是每一位受教育者所必须掌握、必须积极学习的。教育者和学校的基本使命，即在于将这些知识中蕴含的共通要素传递给年轻一代受教育个体。那么，哪些是要素？如何组织知识中的"共通要素"？要素主义者提出："小学要学习的要素是阅读、说话、写作、拼音和算术，以及以后的历史入门、地理（也许还有其他一些社会科学，而且总是以单独的科目或学科来学的）、自然科学与生物科学，以及外语（通常是拉丁语、希腊语、法语和德语）。次一等的要素则是艺术、音乐和体育。在中学则把小学的各门要素加以扩大，使之更专门更艰深。例如算术变成数学（代数、几何、三角、微积分）；自然科学变成物理学、化学和地质学。次一等的要素除艺术、音乐和体育之外，还有职业科学和业余爱好的科目。允许各种形式的课外活动，如各种学生社团、体育运动、乐队或合唱队，这些课外活动都可允许但不是重要的。"① 要素主义反对艺术、音乐、体育、家政和职业教育，他们认为这是赶时髦，是虚浮的。

6. 改造主义——教育应该供给有助于解决社会问题的知识

改造主义是20世纪30年代产生的教育思潮，改造主义强调教育对社会的制约作用，教育要对社会进行改造。改造主义产生于对进步主义教育思潮的反省与批评。20世纪30年代，西方处于严重经济危机之中，社会矛盾尖锐化，一批原先主张儿童中心的进步主义教育者开始反思进步主义所秉持的理念的不足。他们逐渐意识到，教育与社会密不可分，诸多教育问题本质上也是社会问题，任何教育改革要想取得成效，必须顾

―――――――――
① ［美］理查德·D. 范斯科德、理查德·J. 克拉夫特、约翰·D. 哈斯：《美国教育基础——社会展望》，北京师范大学外国教育研究所译，教育科学出版社1984年版，第54页。

及社会整体改革情境,并受到诸多社会问题的掣肘与制约,他们认为,进步主义强调儿童中心、个人主义,认为教育应该重视过程而不是结果,注重儿童的生活和兴趣,这些并不能解决经济危机时期的社会问题。因此,教育需要变革,从过分强调"个人"、凸显个人主义转变为注重社会情境和社会改造,即不再一味主张弘扬个体个性,强调在弘扬个性的同时顾及社会因素和社会变革。

既然教育的目的是为了改造社会,那么教育就应该提供有助于社会改造的知识。哪些知识有助于社会改造呢?改造主义认为,那些本国的、世界的社会问题都应纳入教育中的知识供给,如城市过度扩张导致的"城市病",由失业带来的犯罪问题,公共基础设施不足导致的交通拥堵,过度专业分工导致的家庭观念衰弱,工业化带来的环境污染,等等。同时,教育者还应为学生供给了解、认知和解决上述问题的知识,为此相应的知识供给还包含以下基本论题:工业化的兴起及发展,广告媒介的消费引导效应,自动控制系统基本原理,基于生态学的可持续发展环境营造等。而且,涉及知识学习时,改造主义论者还提倡让学生尽可能全身心地融入社会生活、社会情境和社会活动中,社会被视为学生谋求问题解决之道的"实验室"。基于这种理念,改造主义者着力于批判彼时各类学校通行的教学原则和教学策略。他们认为,那些原则和策略都过于"传统",其价值和效用仅仅在于让学生符应先前业已存在的生活方式,其目的在于强化传统价值并努力维持现状,间接起到了抵制变化的负效应而教育者们却对此缺乏自觉反省,教师在"传统"教育中日益沦为保守主义者和旧有价值理念的维护者。进而,改造主义者认为,教育是人类实现特定目的的工具,教育目的必须统一到解决文化危机、取得高度文化成就上来,并使学生对这个真正的教育目的持积极态度。所以,教育的方法和过程应该有助于发展学生分析、批判以及做出决定的能力,而这些只有通过民主的教育实践才能实现。

7. 结构主义——教育应该供给关于学科基本结构的知识

结构主义诞生于20世纪50年代,代表人物是美国教育家布鲁纳。苏联人造卫星先于美国研制成功,导致美国社会上下开始反思落后的根源,最终得出的答案是:科技的落后在于人才的落后,人才的落后在于教育的落后。在此背景下,结构主义应势而生。结构主义对美国当时的教育状况进行反思，特别是对进步主义教育理论的不足和缺陷进行深刻检讨。其结论与要素主义、改造主义相似，即进步主义过于放松对学生知识学习的控制，过于强调儿童的需要与生活，过于忽视教材的逻辑性，过于弱化教师的权力地位，为此结构主义开始矫正，提出自己的主张。与要素主义、改造主义不同的是，结构主义认为教育不是供给文化的要素或是有助于社会改造的具体知识类型，教育应该供给学生一门学科的基本结构。例如，布鲁纳曾夸张地提出只要结构供给合适，任何学生可以掌握任何知识。他说："不论我们选教什么学科，务必使学生理解该学科的基本结构。"[1] 其背后的理论支撑在于，教师所教授的每一门具体学科中，无不内蕴着特定的"广泛和强有力适应性的观念"，这些具有适应性的观念进一步形成一门学科的基本结构体系，能够有规律地反映这门学科所蕴含的客观事实。学生通过学习不断获得学科结构知识，将有助于他们理解事物是怎样相互联系的，进而能够不断地扩充和深化知识学习。因此，就知识供给而言，结构主义一致认为基础教育应该供给的知识是学科的基本结构。

那么，什么是一门学科的基本结构呢？结构主义代表学者P.费尼克斯提出，一门学科的结构一般都包含两个必不可少的组成部分：一是学科的实质性结构，具体包含这门学科的"关键概念"，或称为"代表性观念"，它们构成一门学科的本质与核心，被视为学科的精华。二是学科的句法结构，具体包含这门学科所关涉的具体方法论体系。那么，为什么教育应该供给关于学科基本结构的知识呢？布鲁纳的回答是：第一，掌握学科的基本结构可以使学科更容易理解；第二，学科结构可以将相关的事情重新构思，便于学生记忆；第三，掌握学科的基本结构有助于学生更好地迁移，即"学到的观念越是基本，几乎归结为定义，则这些观念对新问题的适用性就越宽广"[2]；第四，掌握学科的基本结构能够尽可能降低"高级"知识和"初级"知识二者之间存在的落差。

从上述各大流派对教育知识供给的解答，可以看出，基础教育知识供给是教育研究中不可回避的重要论题，各大流派的视角不同，观点也

---

[1] [美]布鲁纳：《布鲁纳教育论著选》，邵瑞珍译，人民教育出版社1989年版，第27页。
[2] 同上书，第33页。

就不同，众说纷纭，为基础教育知识供给研究奠定了丰厚的理论基础。不同流派对基础教育知识供给的分析，具体可见表1。

表1　　　　　　　不同流派对基础教育知识供给的分析

教育流派	教育目的	知识观	知识供给内容
形式教育论	训练感官能力	知识的价值在于作为训练的材料，知识的掌握在教育上是次要的，重要的是感官的发展	语言、文字和古代历史等古典学科
实质教育论	获取知识	学习知识本身就包含着能力的培养，能力无须加以特别训练	实科知识
进步主义	关注儿童当下生活	知识是动态的，与生活相关的，知识有助于生长和发展	符合儿童需要与兴趣的知识、综合学科、活动
永恒主义	传承"永恒价值"、培养理性的人	理性知识是永恒不变的，文学经典蕴含永恒价值	经典学科 文学赏析 连贯的课程
要素主义	重视系统知识的传授，培养儿童的智力	知识有基本核心，有共同的、不变的要素	基本技能（读、写、算）与基本学科（英语、数学、科学、历史和外语）
改造主义	改进和改造社会	知识必须能够解决文化危机，知识学习应该有助于发展学生分析、批判以及做出决定的能力	有助于改善社会问题的技能和学科
结构主义	强调高难度、高速度的系统知识教学，培养成绩优异的学生	教育中最重要的知识是学科的基本结构、基本原理、基本概念	学术性课程和抽象理论，科学课程（数、理、化）尤为重要

（三）尚未满意的解答：基础教育知识供给的当下困境

1. 研究的欠缺

上述教育流派对基础教育知识供给机制的分析各有不同，但在回答基础教育应该供给什么知识的问题上，都不约而同地指向三个方面的因素，即社会需要、人的发展、学科特点。形式教育论和实质教育论虽然倡导的知识观不同，但都是指向人的发展，进步主义更是以人的发展作为知识供给的标准。改造主义、要素主义则更看重社会需要对知识供给的影响。结构主义注重学科本身特点。毫无疑问，社会需要、人的发展、学科特点的确是基础教育知识供给过程中必须考虑的三个主要因素，若是忽略或否定其中的任何一个因素，都是不科学、欠合理的。在此方面，各个流派对知识供给机制的解读没有问题。然而，这种解读背后的逻辑理路却引人深思。显然，在面对教育应该供给何种知识这个问题时，各个流派考虑的是将最有价值的知识纳入教育的知识供给体系，尽管各派的答案不同，但本质而言，都是基于对"什么知识最有价值？"问题的思考。"什么知识最有价值？"是英国社会学家赫伯特·斯宾塞在19世纪提出的命题，它引起了各大流派的系列思考，成为基础教育知识供给发展史上的一个里程碑，影响了之后的研究范式。这种研究范式一直到20世纪初才被质疑。质疑之声来自三方面的力量：知识社会学、新教育社会学和批判教育学。

知识社会学（Sociology of Knowledge）这一概念，发源于德文，为社会学泰斗级学者M.舍勒最先提出。迄今为止，各领域的知识社会学的研究，几乎都揭示了这样一个事实：知识是特定社会形态和文化样态的产物，知识的生产、供给无疑与特殊的社会情境和各类社会因素紧密相关。知识是人类主体思想的成果，而人类思想的产生却以主体存在的具体社会情境为根基。换言之，知识是社会的产物，知识结构往往成为社会结构的基本函数。知识社会学探讨知识与社会文化因素的关系，其主要任务之一就是要说明，思想与知识是如何受产生这些思想和知识的社会与文化背景影响。可以说，知识社会学对知识的重新定位带来了知识供给研究的另类视角。在知识社会学看来，知识哪怕是科学知识都是"社会建构"的结果，知识并不一定是对客观实在的反映和揭示，在很大程度上，它是"制造"的结果。既然知识更多的是社会建构的结果，而基础教育中的知识是直接来源于人类公共知识体系，那基础教育知识供给还会不会是完全客观中立的呢？如果它是价值负载的，那么它负载的会是谁的价值、代表谁的利益呢？这种价值负载又是以怎样的方式来组织知识，并以怎样的方式来教授？知识社会学的研究为基础教育知识供给开拓了新的视野，让知识供给研究摆脱"什么知识最有价值"这一研究窠臼，开始思考"谁的知识最有价值"。

新教育社会学是20世纪70年代以后在西方逐渐兴起的，代表人物是英国的巴兹尔·伯恩斯坦和麦克·扬。巴兹尔·伯恩斯坦的一些经典著作为他带来了较大的声誉和影响，例如，1958年版的《知觉的一些社会学决定性要素：亚文化差异的研究》，1975年版的《阶级、符号与控制：关于教育传递的理论》，以及1982年版的《符号、流动与文化过程再生产模式》等。麦克·扬的经典著作包括1971年版的《知识与控制：教育社会学的新方向》，1977年版的《社会、国家与教育》等。在《知识与控制：教育社会学的新方向》一书中，麦克·扬指出以往的研究将教育知识看作是普遍性、真理性、非政治性，这是错误的观点。教育中的知识是富有政治性的，当权者将他们认可的知识纳入教育中，并通过教育强加给所有学生，教育中的知识不可能是中立的。

批判教育学代表人物W.阿普尔进一步提出，教育中的知识是意识形态的产物。W.阿普尔对教育知识的分析从对"什么知识最有价值"这一命题的反思与批判开始。他一针见血地指出，赫伯特·斯宾塞发出这样的世纪提问，其本身并没有可挑剔之处，但显而易见的是，这一问题是一个过于简单化的问题。因为有关应当教什么的冲突是尖锐而深不可测的，它不仅仅是一个"教育"的问题，而且本质上也是一个"意识形态"的问题。不论我们是否同意这一点，知识供给本质上是特定阶级、具体种族、性别倚重与信仰冲突情境下的供给。简单而言，知识供给问题不只是教育中的问题，而更大程度上是一个政治性问题。W.阿普尔说："教育不是一项中性的事业……而是一种政治行动，无论教育工作者是否意识到这一点，他或她本身就是一个政治的存在（political being）。"[①] 因此，知识供给应自觉反省并批判性地审视社会诸种意识形态及政治经济制度形式可能对知识供给产生的多重效应。基于这种认知，W.阿普尔进一步指出："一个更好的表达这个问题的方式是要突出教育争论的深刻的

---

① Michael W. Apple, *Ideology and Curriculum* (second edition), London & New York: Routledge & Kegan Paul Ltd, 1990, p. 11.

政治本质，也即是'谁的知识最有价值？'"① W. 阿普尔认为，"谁的知识最有价值？"大致可以从三个维度来回应：（1）学校正在教的是谁的知识，以及学校正在生产谁的知识。（2）受教育者个体或学校是如何获得、学习那些"合法性"知识。（3）在知识的生产、获得与学习过程中，学校究竟做了些什么。

从上述知识社会学、新教育社会学以及批判教育学的观点中，大致可以归纳出知识供给关注重心的转变，即从观照知识供给本身的问题转向知识供给之外的政治问题，或者说是知识与政治的关系问题，知识供给研究突破技术层面、操作层面转向政治、经济和意识形态的层面，以追寻知识供给背后的意义。换言之，基础教育知识供给不再被视为纯粹的知识论问题或纯学术问题，基础教育知识供给也是"权力"和"控制"问题。由此，知识即权力，权力即知识，两者是一种共生关系，而知识与权力都具有控制的特性，所以，知识、权力与控制是三位一体的。正如让·弗朗索瓦·利奥塔所言："知识和权力是同一个问题的两个方面：谁决定知识是什么？谁知道应该决定什么？在信息时代，知识的问题比过去任何时候都更有统治的问题。"②

可见，历史上各个流派对基础教育知识供给的研究已显不足，他们基本上都是从"什么知识最有价值"这一逻辑理路去思考，其背后都不约而同地假定：教育知识的供给是一个完全客观中立的过程，是一个根据对学生、社会及学科的研究结果来综合认定的技术过程，它和主体无关，也与价值无关。显然，这个假定是站不住脚的。因为教育知识总是由某些主体来筛选，又是由某些主体来传播，也是由某些主体来评价其有效性，在很大程度上，知识是否有价值，有多大价值，在哪些方面有价值，它总是相对于特定的主体、相对主体自身的需要而言的，脱离主体本身来谈价值是苍白的。因此，关于基础教育知识供给的研究，除了要从学科特点、人的发展、社会需要等维度来进行客观的考查外，还需

---

① Michael W. Apple, *Ideology and Curriculum* (second edition), London & New York: Routledge & Kegan Paul Ltd, 1990, p. 1.

② [法] 让·弗朗索瓦·利奥塔：《后现代状态》，车槿山译，生活·读书·新知三联书店1997年版，第14页。

要从知识供给的主体,从知识供给主体的价值取向等维度来把握。我们从知识社会学、新教育社会学还有批判教育学的研究中,也看到了研究方式的转变。亦即,知识供给不仅仅要思考"什么知识最有价值",也要考虑"谁的知识最有价值",尤其在基础教育日益显现重要性的今天,挖掘基础教育知识供给的影响因素,明确基础教育知识供给的利益关系、寻求基础教育知识供给的干预机制,就显得尤为重要。

2. 现实的危机

如果说知识社会学、新教育社会学和批判教育学是从理论上给基础教育知识供给带来研究范式的转变,那么基础教育知识供给面临的现实危机则是从实践层面迫使基础教育急需反思自身的知识供给。

自新中国成立以来,中国基础教育共经历了8次改革,尤其是2001年以来开展的第8次基础教育课程改革(简称"新课改"),规模宏大,领域广袤,涉及全国各个省市,涵盖基础教育各个阶段。新课改的改革力度之大、决心之强,是前几次课改未曾达及,其背后有着深刻的时代背景和社会原因。四十多年的改革开放和市场经济发展,人们的价值观念和生活方式已发生了很大变化。尤其是20世纪90年代后,随着全球化趋势的发展,多元文化的渗透,中国的社会也开始转型,因此如何通过基础教育知识供给的变革来适应转型社会是当前基础教育改革的迫切要求,也是当前基础教育改革的社会动力。然而,区域性发展的不平衡、城市与乡村的二元结构、工业与农业发展的巨大差距造成的多元文化并存以及古今中外文化的交织导致中国基础教育知识供给面临复杂的文化环境和价值冲突。基础教育供给的知识是否是以城市文化、精英文化为本位?少数民族文化、农村文化在基础教育的知识供给体系中应该处于何种境遇?基础教育中的知识供给如何权衡男权社会与女权主义的关系?基础教育知识供给如何协调主流文化与大众文化的矛盾?等等,这些问题都是基础教育知识供给在社会转型期需要解决的问题,也是迫使基础教育急需反思知识供给的重要原因。更为严峻的是,教育部在1996—1998年进行了一次大规模调查,范围是9个省市的城镇和农村16000名学生、2000名校长、教师及全国政协教科文卫委大部分委员,调查的结果不容乐观,无论校长、教师还是学生对基础教育的知识供给普遍不满意,认为知识过难、过多且与时代脱节,并且基础教育过于注重知识点和解题技巧的掌握,而分析解决问题的能力、健康、劳动态度与技能、自主创造、动手能力、审美能力、搜集信息能力等诸多能力在基础教育知识供给体系中不受重视,结果导致学生高分低能、智商高而情商低。在联合国教科文组织的《学会生存:教育世界的今天和明天》这一经典名著中,传统基础教育知识供给的两大不足被指出:"第一个弱点是它忽视了(不是单纯地否认)个人所具有的微妙而复杂的作用,忽视了个人所具有的各式各样的表达形式和手段。第二个弱点是它不考虑各种不同的个性、气质、期望和才能。"[1] 受此影响,知识供给尽管有利于个体生存本领的提升(何以为生),却未曾供给个体其生存的理由和根据(为何而生),结果导致个体常常习得了相较以往更多类型和内容的知识,然而却无法领悟到知识学习的意义与愉悦。当前,"知识就是力量"几乎已经成为共识,公众信任教育知识,甚至是崇拜知识,那么,基础教育阶段知识供给若存在偏差,其后果将难以预料。新课改即是在这种背景下应势而生,新课改反思中国传统基础教育课程设置的诸多弊端,提出"为了每一位学生的发展,为了中华民族的复兴"的高远目标,努力实现基础学科知识教育与教育生活化、统一规制下的教育要求与灵活多变的课程设计、提升课堂教学效率与谋求教育平等这三对矛盾之间的平衡。当前,义务教育阶段新课程已在全国范围内全面实施,取得了重大进步。然而随着新课改的深入,困惑、问题和矛盾也始终如影相随,层出不穷。特别是 2003 年以来,一些对新课改"反思""质疑""探讨""争鸣""商榷"的文章渐多,时常存在一些争鸣,甚至是水火不容的尖锐对立。社会关于基础教育效能的质疑声音也越来越强烈。公众认为基础教育质量下滑,学校教育知识的供给已经不适应学生未来发展的需要。为此,反思基础教育知识供给中的问题、明确知识供给的现实危机迫在眉睫。

二 文献梳理与评析

直接以基础教育知识供给为对象进行系统研究开始于 20 世纪中后期,历程还很短暂,其重要性尚未得到应有的足够重视,因此,从当前

---

[1] 联合国教科文组织:《学会生存:教育世界的今天和明天》,教育科学出版社 1996 年版,第 105 页。

已有的关于此项问题的研究成果来看,成果数量还较少,成果的质量及成果形成的社会效应和社会影响尚难尽如人意。目前,借助中国知网,以及中国学术文献网络出版总库,以"知识供给"为主题词进行检索,相关文献仅有200多篇。对这200多篇文献进行深入阅读与内容整理,发现真正围绕"知识供给"这一问题而进行的探究只有30余篇,针对基础教育知识供给的研究更只有寥寥几篇。从国内关于基础教育知识供给研究的整体状况来看,这一课题尚是一个刚刚进入研究者研究视野的一个全新的问题视阈,还没有引起研究者们的重视。不过,基础教育知识供给的相关研究倒有一些,这些研究主要是从知识社会学、教育社会学角度出发,亦有一些学者从哲学和文化学的视角展开研究。

(一) 国外研究

国外关于基础教育知识供给的相关研究比中国早。早在20世纪初,教育中的知识供给问题就进入了研究者的视野,知识社会学、教育社会学、批判教育学、文化学等领域的研究者们表示了对这一论题的青睐。

1. 知识社会学的研究

知识社会学是社会学的分支学科,主要研究知识或思想的产生、发展及其与社会文化之间的联系。1924年,德国著名社会学家M.舍勒在《知识社会学的尝试》一书中首先使用"知识社会学"这一概念,至今知识社会学在西方至少已有近百年的历史。知识社会学从其研究的方法论和内容取向上看,对知识的研究可分为三个时期。

第一阶段:传统知识社会学。

所谓传统知识社会学,主要是指M.舍勒和卡尔·曼海姆的学说为代表而形成的知识社会学。M.舍勒在1923年版的《社会学与世界观》、1924年版的《知识社会学的尝试》,以及1926年版的《知识方式与社会》等个人专著中,集中阐释了"知识与思想都是社会生活的产物"这一核心论点。他把人类社会的知识进一步细分为"解脱的知识""教养的知识"和"事业的知识"三种基本类型,并指出这三类知识的产生不是客观的,都与一定的社会群体相关,某种社会群体共有的价值观、权力结构、代际关系、生产方式等决定了其会产生怎样的知识。为此,要研究知识的产生与发展,就要考察知识与社会群体的关系,考察何种社会群体产生何种知识以及为何某种知识得以发展。

M. 舍勒之后，卡尔·曼海姆成为知识社会学领域举足轻重的旗帜性人物。他的论著包括 1929 年出版的《意识形态与乌托邦——知识社会学导论》，1940 年出版的《重建时代的人与社会》，以及 1952 年出版的《知识社会学论文集》等。众所公认，曼海姆的代表作《意识形态与乌托邦——知识社会学导论》一书，标志着知识社会学正式成为一门独立学科。整体来看，卡尔·曼海姆通过对 19 世纪末 20 世纪初先后出现于西方社会的官僚保守主义、历史保守主义、自由民主思想、社会主义、法西斯主义五种社会政治思潮的审视与剖析，提出这些思潮"都是不同的社会群体历史经验的集合"的核心论点。他指出，尽管社会群体当中每个独立个体的认知、经验和价值取向不同，但对于知识或思想却有共同的假定，以及某个社会群体会产生某种知识并共享知识。卡尔·曼海姆提出，研究知识的产生和发展就是要找出知识与某种群体的联系，对知识的形成、发展、变化与社会存在的依赖关系进行研究，探讨知识反映社会存在的真实程度，建立起检验知识的正确标准。在卡尔·曼海姆看来，社会存在影响着知识的产生与发展。卡尔·曼海姆所说的社会存在包括阶级、社会地位、职业群体、代际关系、生产方式、权力结构、历史情境、竞争、冲突、流动，以及价值观、世界观、社会思潮、时代精神、民族精神、文化心理等。

传统知识社会学重点研究知识与社会群体、文化制度、历史情境、时代精神、民族文化心理等社会文化之间的联系。其所观照的知识主要是社会人文知识，并未包括自然科学知识。在传统知识社会学看来，自然科学知识是客观的、价值中立的，是不受社会文化因素制约的，享有免于受到批判和审视的特权。因此传统知识社会学研究视域下的知识，是二元对立的。

第二阶段：科学社会学。

科学社会学学说以罗伯特·莫顿（Robert K. Merton）为代表，莫顿的博士学位论文《十七世纪英国的科学、技术与社会》，开启科学社会学研究之先河。传统知识社会学将研究对象限于人文科学知识，科学社会学则打破这种樊篱，将对象延伸至科学，对科学进行社会学分析。然而，受传统知识社会学影响，墨顿仍未将科学知识视为是价值关涉的，其仅仅认为科学知识也是受到种种外部社会因素影响。在科学社会学学说那里，科学知识的生产很大程度上是逻辑、实验的结果，科学知识基于事实和中立性观察，社会因素并未深入生产过程，甚至个人的主观情感和价值取向也丝毫不起作用,但科学活动却受社会因素的强有力的制约,因而需要从社会视角研究影响科学活动的社会因素。可见,相比于传统知识社会学,科学社会学的研究取向做了改变,由对知识本身的社会学分析转向为分析影响知识的外部因素,此一阶段,知识社会学研究走的是一条"外史"的方向。

第三阶段:科学知识社会学(SSK)。

以大卫·布鲁尔(David Bloor)为核心人物的英国爱丁堡学派对知识社会学进行了较大幅度的革新。布鲁尔等人对曼海姆给定的知识社会学研究范畴进行了有益的拓展,把"科学知识"作为一种知识类型归入知识社会学的话语体系和阐释框架内。布鲁尔等人认为,无论是人文社科知识,还是自然科学知识,都是社会的产物,是社会主动建构而成的,尤其是以往被认为保持价值中立的自然科学知识,其生产、供给同样为特定阶级利益和社会意识形态、权力结构、利益集团等因素影响,所有知识都不是完全客观、价值中立。如果说,以墨顿为代表的科学社会学关注的是科学知识的社会存在和社会补益问题,缺失对科学知识的社会认识论层面的考察,那么,科学知识社会学无疑自觉认识到了这一点。基于科学知识社会学说,科学知识研究不能仅仅局限于其规律性、中立性和普遍性等外部效应研究,更应将科学知识视为一种典型社会现象进行剖析,应借助社会学的视角和方法来探讨科学知识的生产和供给。这些观念,无疑突破了科学社会学禁区。

知识社会学经历了传统知识社会学、科学社会学和科学知识社会学三个阶段,分别建构了以曼海姆为代表的"意识形态"知识社会学范式,以墨顿为代表的"精神气质"科学社会学范式,和以布鲁尔为代表的"强纲领"(strong programme)科学知识社会学范式,三者从根本上看都将重心集中于知识与社会的关系,即知识的社会建构问题,但是他们思想承继、聚焦的视角、政治立场、社会信仰和传统知识观不同,导致对知识研究也表现出不同。总体而言,知识社会学的研究表现出两种不同的主题,促使知识社会学的发展路线呈现出两种取向,即知识社会学的政治哲学取向和知识社会学的社会认知取向。

(1)知识社会学的政治哲学取向

这种取向主要是指,研究重心在考察阶级结构、权力控制、意识形态等对知识的制约和决定作用。一般认为，这种研究取向发源于马克思，如马克思曾提出"不是人们的意识决定社会存在，而是社会存在决定人们的意识"这一著名命题，该命题的核心内容就是知识是由社会存在决定的，知识依赖于其拥护者的社会角色与地位，尤其是阶级地位。应该说，马克思之后，曼海姆继承了这种政治哲学取向的分析传统，强调所有类型的知识都与知识生产、供给赖以形成的社会历史条件相联系，深受这些条件的影响。曼海姆认为我们的社会是非同质性的存在，可以划分为不同的社会集团，每个人都附属于某种社会集团，占据某种角色，发挥专门的社会功能，由于每个人赖以生存的资源都来自于其所附属的社会集团，因此必然导致其观察世界的角度和视野与其所处的社会集团密切相关，与其在社会集团的角色密切相关，与其在集团中所处的地位密切相关。简而言之，每个人的思想与观点不可避免具有鲜明的阶级性和意识形态性。虽然，曼海姆所言的"意识形态性"并不是仅仅指向政治性，但其研究的角度是具有政治哲学取向的。可以说，曼海姆的知识社会学源于马克思的"社会决定论"。他强调了知识与社会之间的互动关系，试图用因果链将知识与外部世界联结起来，认为知识就其发生学意义而言，取决于人们的社会地位、身份及阶级利益，根植于特定的文化类型之中。在具有政治哲学取向的知识社会学研究中，社会阶层、阶级利益、权力形式、知识控制、社会等级、社会制度、利益群体、知识再生产、社会种族、社会平等、社会民主成为频繁出现的关键词，这些关键词透露出这种社会学研究所指向的问题及其所追寻的理想。从基础教育知识供给这一维度来看，这一取向最终导致了新教育社会学和批判教育学的诞生，这一点下文将会谈及。

（2）知识社会学的社会认知取向[①]

知识社会学的社会认知取向是指知识社会学的研究重心集中于知识的产生与确证等基本问题的社会认识论因素，注重融汇、整合新学科的

[①] 知识社会学的社会认知取向是针对政治哲学取向而言，大体是指从社会角度去考察知识的生成问题。知识社会学的社会认知取向并不是否定政治对知识的影响，事实上，社会因素是不可能脱离政治视野。曼海姆的"意识形态"，墨顿的"科学的精神气质"，布鲁尔的"社会意象"，都全部或部分闪耀着政治的折光，只是主体架构不同而已。

思想于知识社会学研究之中，同时借鉴人种志的方法、语言情境论、文学批评理论以及科学哲学的最新进展，观照历史上的各式科学论战、实验室行为和科学话语文本的剖析等，在方法论上同样也坚持社会认知取向的分析。目前方兴未艾的科学知识社会学即是体现这一研究取向。科学知识社会学也关注知识问题中的政治因素的制约影响，但其没有把政治因素作为分析知识影响因素中的主要参照。如科学知识社会学的代表布鲁尔主要研究那些非意识形态的社会因素，如思维逻辑、语言形式和思维方式对科学知识生成的影响。

知识社会学的社会认知取向给知识社会学的研究带来了新的视角，它直接导致科学知识社会学研究的出现及蓬勃发展。然而，从整体来看，对基础教育知识供给影响最大的依然是政治哲学取向的知识社会学理论。尤其是20世纪70年代后期开始，这种取向的知识社会学与教育日渐合流，分化、整合出诸多教育知识和知识教育理论和流派的诞生，如新教育社会学和批判教育学，它们对教育知识的社会分析给基础教育知识供给研究带来了契机。下面将从新教育社会学和批判教育学的视角去梳理基础教育知识供给的相关研究。

2. 新教育社会学的研究

新教育社会学的代表主要是英国的麦克·扬和巴兹尔·伯恩斯坦。他们认为，西方20世纪70年代以前的教育社会学者在分析教育知识时忽视了知识的权力属性，他们在对中下阶层子女学业成就低下进行分析时，将原因归咎为中下阶层本身的不足，如父母的受教育水平、家长的教育方式、家庭的经济背景等，而不去分析教育中的知识供给是否存在问题，是否教育中的知识供给本身就不利于中下阶层。当传统教育社会学对教育知识的研究显示出种种不足时，新教育社会学研究也就应运而生了。新教育社会学指出，传统的教育社会学认为知识供给遵循特定的、持久存在的、政治无涉的、社会共通的价值标准，它忽略了知识供给的政治维度，因此是不够深刻的。新教育社会学认为教育知识同样与权力、利益有关，那些经过选择进入教育中的知识，并非如传统教育社会学所认为是非政治性的、天经地义的，实际上，教育中的知识供给恰恰是当权者通过教育把被他们认可的知识强加给权势较小的人们。知识是社会的产物，教育领域内的知识，同样有其政治性，作为教育社会学家，理应观照学校到底在讲授何种知识、谁的知识，努力揭示这些知识与社会阶级或其他社会利益群体的关系，揭示教育知识的阶级属性和阶级本质。

（1）麦克·扬的知识与控制理论

在麦克·扬那里，教育领域内的知识供给并非纯粹客观的，它时常需要符应特定利益群体的特殊诉求，反映社会阶层的权力分配格局。尽管过程极其复杂，然而知识必然是社会主体自觉建构的产物，它不可能是在真空中进行操作，总是受制于权力因素，教育中的知识有意无意地反映了某些群体的社会文化的选择。麦克·扬提出，学校的知识供给无疑会被特定的经济与文化活动所钳制，并受到个中各式权力的渗透性影响。教育活动中知识的生产、筛选和供给，实际上反映了并将持续反映着这种权力渗透与社会控制。换言之，正是权力渗透与社会控制，直接或间接导致了教育知识供给的差异性和阶层化。权力强势阶层会选择一些符合他们利益与价值观念的知识提供给受教育个体，至于个体获取哪种类型的知识，或特定的知识类型传递给谁以及怎样传递，所有这些都受到阶层利益与固有社会结构的影响。既然如此，为何教育知识又往往以"真理"或"客观存在"的形态呈现呢？麦克·扬认为，学校知识是一种意识形态，只是权势集团将其视为有效的、合法化的。学校对教育知识的筛选、设计与教授形式，集中体现出彼时社会阶级和阶层分化状况。知识之所以日益被赋予阶层意蕴，与其受到的社会评价紧密相关，与基于社会评价而形成的知识获得机会相关。社会统治群体总是基于"自身优先"原则，给予一部分知识以优先地位，利用权力将知识的主要范畴合法化，并使这部分知识得到社会认可，然后通过教育提供给学生。教育中供给的知识往往受到优势利益或权力集团的控制，弱势群体或处境不利群体所拥有的知识类型及其价值理念时常不会被选入教育领域并得到有效供给。即便有，也往往是出于均衡考虑或怜悯之心的"照顾"。如此看来，教育领域呈现出的知识，并非真理，有时甚至不甚客观。教育领域的知识并不比其他领域的知识更优越、更正确，也不比其他领域的知识更能客观地诠释世界，它甚至不比人们在日常生活中所获得的常识更高级。近年来，麦克·扬主张应基于政治激进主义的立场审视所有教育知识，提出作为一个有良心的教育知识论者，理应更多顾及教育知识的政治或意识形态属性，将教育知识视为特定阶层或群体利益的集中反映。

(2) 巴兹尔·伯恩斯坦的语言代码理论

巴兹尔·伯恩斯坦（Basil Bernstein），英国著名教育社会学家，他的主要著作有《论教育知识的分类与构架》《教育传播的理论分析》《社会阶级，语言和沟通》《选择与控制》等。伯恩斯坦的语言代码理论的核心概念是"分类"和"构架"，并以此为逻辑起点审视整体教育知识的结构样态，以及内蕴于结构样态的隐性权力逻辑，试图发掘各类知识编码模式所隐含的权力运作逻辑。"分类"是指不同知识领域分化的程度，涉及不同知识之间界限的清晰程度。"分类"强即指各种知识之间界限清晰，彼此泾渭分明。"分类"弱即指各种知识之间界限比较模糊，分化程度不高。"构架"是指在教学活动中，教育者与受教育者对教育知识控制权的享有程度和分配形式，它具体涉及教师和学生各自作为知识主体，对知识的选择权、学习强度和组织形式的控制。如果这种构架是"强构架"，学生对所接受的知识与教师对所传递的知识，在内容、方法、时机上缺乏自主性，任凭权威势力的操控；反之，在弱的"构架"下，教师与学生则拥有主动权。伯恩斯坦在"分类"和"构架"这两个概念的基础上，进而将教育领域的知识大致划分成"集合编码"与"整合编码"两种编码类型。这其中，集合编码一般在集合课程中呈现，整合编码则存在于整合课程。

"集合编码"具有较强的分类和构架，各种知识之间界限清晰，学生的选择权利很小。学生进入学校后，学习特定的科目，由于学科之间缺乏融合，掌握了不同学科专业的学生则表现出较大差异，这种差异导致学生建立一种明确的、界限分明的教育身份，进而产生一种科目认同意识，即学习相同学科的群体为了维护自身的地位，会对有共同学习经历、相似知识背景的成员表示接纳，而对其他领域的他人表示排斥。可见，集合编码将知识专业化、阶层化，从而促进社会等级化。在集合编码知识体系中，知识选择者对知识进行挑选，编入学校课程又通过筛选适合学习这些知识的学生，使他们具有某种特定的认知风格，成为上层阶级所需的人才。因此，集合编码有利于阶级文化的再制，实现社会控制。

"整合编码"具有较弱的分类和构架，各种知识之间的界限被弱化，学科之间的差异被模糊，课程之间相互联系。"整合编码"体现一种综合倾向，教育知识之间相互融合、交叉，学科之间不再是独立、隔离的。在"整合编码"知识体系中，学科的界限被打破，教师与学生选择知识的范围增大，学生之间的联系加强，不再因为学科专业的不同而导致身份界限分明。因此，在整合编码中，教师与学生的权力增大，流通性加强，这种知识体系有助于民主。

可见，不同类型的编码，知识的组织方式不同，决定了师生之间、教师之间、学生之间的联系程度不同。在集合编码中，知识通过一系列明显分离的学科等级来加以组织和分配，这种课程强调师生对学科的忠诚，强调社会现状的维持。传统的分科课程即是集合编码，学科之间分化明显，这种分化隔离了师生之间的交流，强化了教师的权威，降低了学生的自由。在整合编码中，知识通过综合课程加以组织和分配，这种课程消解了学科之间的界限，教师权威减弱，学生自主活动增加。与集合课程不同，整合课程对社会的现状形成了挑战，对社会阶层的界限进行了消解。

3. 批判教育学的研究

批判教育学是 20 世纪 70 年代后兴起的一种教育思潮，代表人物有美国的鲍尔斯、金蒂斯，法国的布迪厄、M. 阿普尔等，代表著作有鲍尔斯和金蒂斯二人合著的《资本主义美国的学校教育》，布迪厄所著《教育、社会和文化再生产》，以及 M. 阿普尔的系列代表作，如《意识形态与课程》《教育与权力》《官方知识》《民主的学校》《文化的政治学与教育》《权力、意义与认同》《教育的"适当"方式：市场、标准、上帝与不平等》等。批判教育学认为，教育不是客观和中立的，教育充满了利益纷争和权力博弈，教育中供给的知识与阶层的文化资本、意识形态密切相关。在批判教育学的代表人物中，布迪厄与阿普尔的成就尤为突出。

（1）布迪厄的文化资本理论

布迪厄认为，同经济资本相似，文化资本同样能够生产和再生产，只不过文化资本生产的不是物质和金钱，而是思想和社会地位。教育供给知识促使受教者获得文化资本，文化资本是教育知识的生产物，接受教育的过程也就是积累文化资本的过程。然而，对于受教育者而言，教育供给的知识并不是相同的，由于不同的等级、地位、种族、性别等社会差别，知识供给亦会随之表现差异，如此受教育者获得的文化资本即会不同，文化资本获取的不同进而又导致再生产出不同价值量的思想和社会地位，最终使受教育者在社会中处于分层的位置。因此，教育中的知识供给并不是客观、公平的，人们所接受的教育知识是有人为性区分的，布迪厄认为，这种人为性的不公平本质上是一种"符号暴力"，是"文化专断"的产物，教育知识供给复制并再生产了这种不公平。

（2）阿普尔的意识形态理论

阿普尔提出，教育中的知识供给不仅仅是一个"教育"的问题，而且本质上也是一个"意识形态"的问题。在学校中所教的和生产的是谁的知识，这不仅包括"认识论"问题，而且也是一个"价值负载"的问题，主流阶级总是把代表他们利益的知识说成是客观、中立的知识，在知识传授的过程中潜移默化地进行意识形态渗透，实现了统治阶级意识形态的再生产，从而达到合法化的目的。当然，由于学校也是社会的政治制度的组成部分，是国家的组成部分，所以学校同样需要使自己合法化，这样才能得到人们的支持与拥护。阿普尔指出，学校要通过知识进行意识形态的渗透，也离不开作为知识分子的教师的作用，是他们使意识形态形式看起来是中立的，并是在"帮助"儿童的名义下进行的，这自然而然地造成了合法化。由此看来，学校并不是我们通常所认为的那样是一个促进民主化和社会流动的机构，而是一种社会控制的机制，它实质上再生产了主流阶级的意识形态。

4. 课程文化学的研究

19世纪末20世纪初，研究者从文化视角对教育中的知识供给展开研究，认为文化是教育知识的母体，教育中供给的知识是对文化的一种精选、反映、复制和传递，而且，教育中的知识供给一般是受主流文化控制，是传播主流文化的工具。

英国文化学家威廉姆斯早在20世纪中叶就提出文化对教育知识供给的影响，在其著作《漫长的革命》一书他明确提出学校是主流文化的生成和再生的霸权机构，教育中的知识供给则是实现文化再生功能的一种手段。受威廉姆斯影响，英国课程论专家劳顿亦从文化的视角对教育中的知识供给进行系统分析。在1983年出版的《课程研究与教育计划》一书中，劳顿认为知识供给实际上就是"文化选择"①。劳顿曾说："教育不可能与价值无涉，不同的价值系统或思想会产生不同的课程。"② 在劳顿的视界中，只要是一个较为成熟的社会，就必然需要观照生活方式的延续和社会文化的传承问题。显然，教育是社会生活方式延续和社会文化传承的重要途径，社会借由教育这一分支系统，将自身最具代表性的文化样态在上代人和下代人之间实现代际传承。然而，鉴于个体或群体所能拥有的教育资源和受教育时间都存在特定限度，教育中的知识供给必须加以详细规划，以确保将最恰当的知识与文化传递给个体。

劳顿之后，伴随着20世纪90年代日渐开启的全球化进程，不少学者日益观照全球化现状下的文化多元样态，以及由于文化多元化导致的文化矛盾和文明冲突。在探索过程中，难免关涉文化危机、文化冲突与教育知识供给的关系。一些研究者，更是直接探讨学校场域内的文化多样化困境及出路，进而提出了自己的课程理想和教学设想。在这方面，美国学者班克斯、英国的林奇当属典型代表。这两位学者倡导教育领域内的知识供给应体现出对文化多样性的尊重，学校的核心要务在于实现不同受教育个体间的文化理解。这无疑为我们探讨学校知识供给和文化传承提供了新的视角和理路。

综合国外研究，可以发现国外从社会学层面对基础教育知识供给的探讨大都集中在知识与社会权力控制之间的关系领域，研究重点是知识的社会属性及其形成机制。由于教育在个体发展过程中所发挥的重要作用，教育中的知识供给成为一个利益争夺的重要领域。知识社会学、新教育社会学、批判教育学等都将揭示教育知识与社会不平等秩序之间的关系作为研究的重任，由此打破了教育知识完全"客观中立""价值无涉"的神话，教育知识的选择与传授并不是一个简单的技术操作与实践的过程，教育中的知识供给并不是纯粹地以促进儿童发展为目标，它同时也传播与再生产意识形态。教育知识与统治阶层所拥有的社会权力之间存在某种紧密相关，教育知识契合权力意志直接导致受教育个体出现

---

① Danenis Lawton, *Curriculum Studies Planning*, London: Hodder and Stoughton, 1983, p. 2.
② Ibid., p. 13.

阶层化,进而使受教育个体形成特定的政治立场。在较差的情形下,这种阶层化结果和政治立场控制可能成为社会不平等的直接根源。研究者们揭示了教育知识的政治属性,将知识与权力的内在联系从幕后转向台前,使人们清晰地看到知识供给的社会控制。知识社会学、新教育社会学、批判教育学的研究扩宽了知识供给的研究视野,丰富了知识供给的研究成果,也给传统的知识供给研究[①]带来了视角的转变。然而,研究的脚步并未停止,当教育知识的社会属性昭然若揭时,研究者们并未满足这一结论,有学者就对教育知识的社会决定取向提出了批判,课程文化学的研究者们主张教育知识供给研究应当摆脱政治决定论和经济利益决定论的窠臼,回归教育知识供给传承、更新人类社会文化的原本初心。他们进而提出,课程和教学传授知识的核心目标首先是"保存人类文明所必需的语言、知识和价值观"。[②] 他们这种论调,被称为文化素养理论。这一理论之所以具有一定的影响力,一定程度上是因为美国基础教育改革提供了必要的经验、教训。一些美国教育学者在反思美国教育改革之后发现,美国基础教育中的知识教育改革向来效率不高,导致这种状况出现的一个重要原因是美国历次基础教育改革"政治性倾向过于明显",教育知识供给和知识教育改革的过程经常异化为政府协调各方权力和利益,缓解族群矛盾和地区矛盾的过程。教育改革异化为政府的工具,改革本身成为社会手段而不服务于教育目的。其结果是,每一次改革过后,都会呈现新的需要改革问题,受害最深的反而是教师、家长和学生,他们在此起彼伏的改革中,时常需要承受转变、适应的代价。课程与教学专家卢夫莱斯指出,美国基础教育知识冲突更多的是政治需求的反映:一是由于政策的催化剂作用(比如1957年的苏联卫星上天);二是政策总是为强势群体所左右(例如数学教师协会或学院派数学家等);三是政策都是在相互比较中产生的(例如通过与其他国家学生成绩相比较,发现美国中小学生成绩不理想,而要发起全国性的标准化测验等)。一句

---

① 这里的传统知识供给研究,是指以往知识供给从学科发展需要、个体发展需要来研究教育应该供给什么样的知识,没有思考知识与权力、阶层、意识形态等之间的关系。

② Cuban, L., *How teachers taught: Constancy and change in American classrooms (1890 - 1980)*, New York: Longman, 1984, p.245.

话，课程的泛政治化，是与国家的政策直接关联的。① 卢夫莱斯之后，美国知名教育学者戴维斯、古皮也相继指出，美国基础教育知识供给和知识教育改革日益受到质疑过多、权威性不足的挑战。他们发现美国教育知识和知识教育改革的权力正在被逐渐削弱，被削弱的权力将被强化和转移到两个方向：政客与地方教育管理部门。② 可见，基础教育知识供给是个复杂的领域，政治、意识形态、权力等是干涉基础教育知识供给的重要因素，然而，诠释基础教育知识供给不应仅仅关涉社会政治学的知识，还应当多方获取更加科学、更为深刻的理论基础和方法论体系作为分析工具，尤其需要那些具有较高实证性的研究结论提供事实支撑和价值支撑，如文化学、哲学、心理学、教育学、统计学、测量学等，正是这些研究，促使了基础教育知识供给的影响机制逐渐显现，为本书奠定了研究基础。

（二）国内研究

相比于国外，国内研究稍显薄弱，本书主要从知识社会学、文化学、哲学、教育学四个层面进行梳理。这四个层面并不是孑然独立、毫无相关，比如教育学层面的研究，本书主要是从教育社会学的视角进行成果梳理，而教育社会学是社会学在教育中的应用，必然与知识社会学相关。本书是为了便于梳理，使基础教育知识供给研究的脉络更清晰，才做出如此划分。

1. 知识社会学的视角

从国外的研究中不难看出，从社会学的角度来研究和审视基础教育知识供给，成为知识研究领域非常热门的话题，应该说，国外这一研究倾向已经非常明显并取得了丰硕的成果，而国内这方面的研究还比较薄弱。

中国早期知识社会学的研究主要是将国外已有的成果翻译移植过来。一般认为，国内最早移植西方知识社会学的学者，当属时任燕京大学教

---

① 洪成文：《美国中小学阅读和数学课的历史发展及趋势》，《比较教育研究》2001年第10期。

② Davies, S. & Guppy, N., "Globalization and educational reform in Anglo-American democracies", *Comparative Education Review*, Vol. 41, No. 4, 1997.

授的李安宅（1900—1985）和张东荪（1886—1973）。其中，李安宅以《孟汉论知识社会学》作标题，将德国知识社会学家卡尔·曼海姆所著《意识形态与乌托邦——知识社会学引论》的一部分内容（该书第五编），由英文译介为中文，并在国内传播。张东荪在其著作《知识与文化》《思想与社会》《理性与民主》中，明确提出了思想是受"社会情况"左右的，知识是受到文化的左右。之后，知识社会学在中国逐渐兴起，1946年，上海中华书局出版了曼海姆的《知识社会学》，但知识社会学仍不是显学。一直到20世纪80年代，知识社会学的研究才逐渐扩大。笔者通过中国知网，以"知识社会学"作为主题进行检索，去除相关度不高的研究，在"1990—1999"这个10年，共计检索出10篇知识社会学方面的学术论文。"2000—2009"这10年，共计检索出63篇相关文献，从数量上看，尽管出现了较为显著的增长，然而如果深入剖析文献的核心立论，便会发现，这其中关于科学知识社会学的议论居于绝对优势地位。相对而言，直面普通知识社会学的相关文献，例如《知识社会学范式的发展历程》《知识社会学的历史观批判》《实证方法在知识社会学中的地位演变》《知识社会学的出路初探》等文献，基本属于述介性文献，探究性、创新性内容偏少。"2010—2017"这8年，对知识社会学的研究有了突飞猛进的发展，共检索到895篇，研究主题有对国外知识社会学的介绍、探索知识社会学本土化的途径、知识社会学领域中的教育知识生产等。

从著作来看，主要以翻译西方知识社会学作品为主，如曼海姆的个人专著《意识形态与乌托邦》、皮特·博格（Peter Berger）和托马斯·洛克曼（Thomas Luckmann）二人合写的《现实的社会建构》。总体来看，当前中国的知识社会学研究，在引进西方理论方面建树颇多，但一涉及本土性、原创性研究，则往往显得进展缓慢，甚至长期止步不前。令人稍感欣慰的是，最近数年间，国内不少学者开始意识到这一本源性缺失，他们一方面努力汲取西方优秀的知识社会学理论，热情地观照西方知识社会学前沿，另一方面也开始拥有一些真正属于"自己的"成果。在这方面，较为经典的优秀成果有吴刚教授所著的《知识演化与社会控制》、罗志勇的《知识共享机制研究》、刘珺珺等人合著的《知识与社会行动的结构》以及刘鄘的《知识与权力——科学知识的政治学》。这些已有成果，有助于我们认清知识的生产、传播是如何影响我们的知识供给，进而作用于基础教育。

总而言之，相比于国外，中国知识社会学由于起步较晚，目前依然处于发展期，成熟度还稍逊，相关的研究无论从数量来看还是从内容涵盖广度来看，无论是研究的深度还是研究的原创性，都稍显薄弱。在教育研究领域，较为重量级的研究成果也基本是建立在曼海姆等少数代表人物的知识社会学理论的基础之上，而以原创性知识社会学的视角去分析基础教育知识供给问题，这样的研究尚不多见。

2. 文化学的视角

国内有一些学者从文化学的视角探讨教育中的知识供给与文化传承的问题。范兆雄在其著作《课程文化发展论》中，对知识社会学的研究进行反驳。他认为，在社会学家的吹捧下，"谁的知识最有价值"取代"什么知识最有价值"成为知识论研究的新范式，这有些言过其实。在教育领域内，"什么知识最有价值"关涉知识选择的客观标准，是知识供给不容回避的重要论题。对此，对"什么知识最有价值"的审问和反省，无疑更为深刻地触及了基础教育领域知识供给的内在本质。这是因为，这一问题不仅内蕴着教育领域内知识供给的价值取向问题，同时内蕴着知识供给的系列标准问题。然而，较为遗憾的是，阿普尔本人虽然提出了这一问题，却没能很好地揭示这一问题的内在实质。总体来看，阿普尔的整个理论，论述的重心在于社会各阶级、各阶层对课程知识和普遍知识的选择，其在论证选择的内在逻辑时，常常自觉不自觉地忽略知识生产、传递和供给的客观标准。而事实上，基础教育领域内的知识供给无疑需要适应并顺从社会知识生产、传递的某些客观准则。换言之，这种供给虽然关涉阶级、阶层，但也绝非完全肆意妄为、随意取舍。倘不如此，先进知识与落后知识，知识传承与知识更新将失去其客观依据，进步与落后也将无法厘定，"知识社会"必将陷入功能失调和秩序紊乱。[①]

还有个别论者，他们在探讨当前基础教育知识供给存在的文化问题，并希望予以矫正，这些研究结论包括：现行的教育知识是一种一元文化

---

① 范兆雄：《课程文化发展论》，广东高等教育出版社 2005 年版，第 5—6 页。

和主流文化，现行的教育知识供给机制和内在逻辑往往体现出以社会优势群体的文化、历史、地理、风俗习惯、价值观等为中心来进行设置，忽略了其他族群的感受和需求，是一种知识上的文化霸权主义。女权主义的理论则认为，现行教育知识是一种男性中心，这种知识供给把男性的经验当作普遍的、放之四海而皆准的经验，拒斥女性的历史、传统、思维方式和情感体验，显然是一种男性霸权主义的体现。因而他们强烈要求改革现行的一元文化知识供给，推出新型的多元文化知识供给，以适应现代社会多元化的趋势。他们坚持一种多元文化知识供给观，认为教育知识应尊重和反映每个民族、种族的文化观及其文化体验的要求，揭露主流文化对少数民族群体和弱势群体（女性、老年人、残疾人）的压迫，展示少数民族群体及其贡献和社会问题等。①

3. 哲学的视角

从既有文献来看，基于哲学视角的教育场域知识供给的研究，体现在一些教育哲学教材和著作，以及相关的探索性论文中。例如，20世纪30年代，著名教育哲学家吴俊升先生，在他的经典著作《教育哲学大纲》中，集中论述了实用主义、经验主义、理性主义和社会学派知识论对教育的影响。② 20世纪90年代，黄济教授在其著作《教育哲学通论》中提出知识供给的研究重心应在于研究教育到底教授何种知识最有价值以及如何以最优的手段和策略引导个体习得知识。③ 石中英教授在其教育哲学专著《知识转型与教育改革》中考察了人类历史上的三次知识转型及其与教育改革的关系，他总结出，迄今为止人类社会先后演变出四个居于核心地位的"知识型"：神秘主义知识型、形而上学知识型、科学知识型与后现代知识型，它们分别对应于原始社会、奴隶和封建社会、资本主义和社会主义社会、后工业化社会。他进一步指出，当前应更加观照这些知识型与教育变革的内在关联和演进逻辑，特别是科学知识型与后现代知识型对教育变革的效应。该著作还从知识性质

---

① 陈时见、朱利霞：《一元与多元：论课程的两难文化选择》，《广西师范大学学报》（哲学社会科学版）2000年第2期。

② 吴俊升：《教育哲学大纲》，商务印书馆1935年版。

③ 黄济：《教育哲学通论》，山西教育出版社1998年版。

的转变与教育改革、知识增长方式的转变与教育改革、显性知识、缄默知识与教育改革、本土知识与教育改革等方面进行了专题研究。① 此外，知识的意义和价值是基础教育知识供给需要考量的重大问题，一些学者从哲学的视角出发认为基础教育知识供给研究不能绕开知识的意义和价值。中国学者李召存提出，教育知识应该观照学生的精神世界和生命意义，知识的主题应从"认识关系取向"转向"意义关系取向"，教育应加强知识与学生之间的联系。② 刘铁芳指出，教育中的知识不能只关心知识的结构关系，而要思虑知识与人的"意义关系"，"意义关系"是一种与人的精神成长和生存处境相连的内在价值关系，它不只关心知识的选择，更关心人对待知识的立场和态度，对这些问题的关注，无疑让我们更加深刻地认识到知识的教育本真。③ 学者苏鸿也曾指出，对教育知识的研究，需要实现由经典认识论取向向现代生存论取向的转型，这种生存论注重个体求知的生活世界和知识意义的发掘，注重借由意义的生发激励个体努力找寻自身存在的价值和意义，最终促进个体人生境界的升华。以激发知识意义为目的的教学设计和课程规划，应当实现生活化和人性化，注重对话、协商，为学生进入知识意义世界引路、领航。④ 与之类似，郭晓明博士也曾指出，当代社会知识的整体状况及其研究价值取向已经发生转换，教育中的知识自然需要随之发生转变，这种转变表现为应关注知识与个体精神充盈之间的关系，更加关心人对待知识的立场和态度，关心知识在整个教育场域中的存在样态和发挥效应的逻辑、方式，从而实现教育知识陶冶心灵、重塑灵魂的价值旨趣。⑤

4. 教育学的视角

从教育学的视角探讨基础教育知识供给的研究亦有不少，通过对已有的研究进行梳理，教育学层面的研究主要集中在以下四个方面：

---

① 石中英：《知识转型与教育改革》，教育科学出版社 2001 年版。
② 李召存：《走向意义关照的课程知识观》，《全球教育展望》2005 年第 5 期。
③ 刘铁芳：《教育：开放的阐释》，《河北师范大学学报》（教育科学版）2002 年第 1 期。
④ 苏鸿：《迈向意义的世界》，博士学位论文，华东师范大学，2007 年。
⑤ 郭晓明：《知识与教化：课程知识观的重建》，《华东师范大学学报》（教育科学版）2003 年第 2 期。

（1）研究基础教育知识供给与意识形态、社会政治的关系

中国学者陈侠在其著作《课程论》中明确阐释了教育知识的价值取向以及教育知识的选择与社会政治的关系，开启了中国基础教育知识供给的意识形态领域的研究。中国学者吴刚在其著作《知识演化与社会控制》中，承继了政治哲学取向的知识社会学分析范式。该书以"李约瑟问题"[①]作为切入点，考察中国古代社会知识的分类、筛选、分配、传递、评价等过程，他的结论是，所有这些过程，都存在统治阶级对教育知识的控制。

除此之外，还有不少论者，从中国当前如火如荼的课程改革入手，对基础教育知识供给过程中产生的问题、存在的困境及化解问题、困境的路径进行了较为详尽的论证。这些文论大多认为，在课程改革进程中，中国基础教育知识供给应当廓清知识与各种权力、利益之间的关系，避免知识供给遭受政治化或过度意识形态化的困扰。例如，吴永军在其著作《课程社会学》中，从课程的内容安排、课程的结构设计、课程的授受过程、课程的评价模式等维度对教育中的知识展开社会学分析，明确提出教育知识作为法定文化，是社会控制的中介。教育知识的社会性不仅表现在宏观层面，即课程与社会系统中其他各种因素之间的联系，而且也涉及微观层面，即教育知识成为联结教师与学生两种不同社会角色的一种媒介。夏正宝等人提出，教育中的知识供给是权力集团意识形态与价值观的体现，权力集团选择和组织知识，使其以课程计划、教学大纲、教科书等形式进入学校系统，如此知识即以合法化的形式被分层与分配到小学、中学和大学课程中成为学校知识。

（2）研究教育知识的选择与组织方式

高水红提出教育知识的选择与组织应该关注这样一些问题：知识何以能够出现？以怎样的一种现实"面貌"出现？这些"面貌"的支撑规则有哪些？这样的现实"面貌"被确定的条件与方式为何？何以能够有

[①] 李约瑟问题，或称李约瑟难题。李约瑟在1954年提出："为什么近代科学是在地中海和大西洋沿岸，而不是在中国或亚洲其他地方发展起来呢？"1990年再次提道："为什么现代科学只在欧洲文明中发展，而未在中国（或印度）文化中成长？"

效?① 这些问题能揭露社会组织关系、权力关系、控制原则等对知识的控制。刘丽群从知识准入课程的国家介入视角出发，提出国家通过建构知识、确定课程准入知识的"依据"、精心挑选代言人、严格审定教科书的方式介入基础教育知识供给。② 学者郝明君从课程知识生成来源分析，指出课程知识生成有外控生成和内控生成两种类型，外控生成强调权力控制下的文本知识生成，内控生成强调权力控制下的动态知识生成。③ 齐学红从教学过程的知识建构出发指出教学过程中的知识是教师与学生共同建构的结果，而这一过程充满矛盾和斗争，其中最为突出的是合法化的教科书知识与个人经验基础的个体知识间存在矛盾和斗争。④ 金美福从教师角色的视角提出教师作为"知识人"，应以教、学、研三种相统一的角色参与基础教育知识的生产传播。⑤

（3）研究基础教育知识供给中的冲突与矛盾

知识既然与权力、利益相关，那么在供给中必然会存在冲突与矛盾。一些学者对基础教育知识供给中的冲突与矛盾进行研究。苏君阳认为，教育中的主体拥有不同的立场、信息、经验，因此在对知识的选择、表达与应用时会表现出差异，这种差异便会导致冲突的产生。冲突的存在不仅是必然的，而且是必需的，其有利于提高知识供给的合理性和有效性。⑥ 王文邦指出，学校教学的知识与个体的知识存在冲突，学校教学的知识代表官方知识，个体的知识是以个体经验为核心的非官方知识，官方知识总是试图维护其权威地位，势必会对个体知识进行压制，如此便会产生官方知识与非官方知识间的"压制——对抗"，具体表现在四个方面：知识认知的价值冲突、知识适当的选择冲突、知识科学的标准冲突、

---

① 高水红：《从知识社会学的视角审视课程知识的呈现策略：一个导论》，《湖南师范大学教育科学学报》2005年第3期。
② 刘丽群：《论知识准入课程中的国家介入》，博士学位论文，湖南师范大学，2007年。
③ 郝明君：《知识社会学视域下的课程知识生成》，《教育探索》2009年第2期。
④ 齐学红：《教学过程中知识的社会构建——一种知识社会学观点》，《南京师大学报》（社会科学版）2003年第1期。
⑤ 金美福：《知识人：教师角色的知识社会学研究视角——知识人的社会角色分类方法及其应用和价值》，《外国教育研究》2003年第4期。
⑥ 苏君阳：《知识冲突与教育发展规划的制定》，《北京师范大学学报》（社会科学版）2006年第6期。

知识教授的权威冲突。① 周勇认为现代教育试图塑造"理性化的身体"、规范世俗日常生活,如此便会引发教育的现代性问题,即知识教化权力与个人日常生活之间的冲突,并且随着全球化进程的日益深入,不同地区文化与日常生活形式卷入到教育过程中,教育中的冲突无疑会变得更加复杂。为此,教育中的知识研究需要考察决定学生日常处境的知识权力机制在时空上的变化,并以叙事语言揭示不同学生与知识权力之间的作用关系。②

(4) 研究教材或教科书中的知识体系

研究教材和教科书中的知识体系是基础教育知识供给的重要领域,研究成果丰硕,具体而言,对教材和教科书的研究主要有以下维度:

①教科书中关于意识形态的研究

20世纪80年代,一些台湾教育研究者,积极展开教科书研讨。例如,陈伯璋借助阿普尔"谁的知识""谁的价值"的理论路径,对台湾高中《中国文化基本教材》与《三民主义科》等教科书进行了反思与审视,最终发现这些教科书无不体现出"价值赋予"的特质,并有可能导致种种"价值冲突"。③ 从20世纪90年代后,大陆学者开始关注对教科书内容的分析与研究,并取得了一定的成果,代表人物有吴康宁、石鸥等学者。吴康宁教授认为教科书中的教学内容是"社会对其未来成员加以控制(即社会控制)的一种中介"④,社会控制的重心不仅是在教学内容方面,而且表现在根据社会统治阶层的价值取向来对知识进行筛选。他通过对中国大陆与台湾初中语文教科书进行比较分析,发现台湾教科书文本中的议题大多侧重于个体日常生活样态,着重于呈现社会一般个体(社会公民)所应掌握的"游戏规则"及"修养规范";大陆教科书文本中的议题则是以宏大叙事为主要脉络,侧重于民族历史传统、优秀革命传统及历史、政治重大实践的记述,注重培养集体主义精神及培养个体

---

① 王文邦:《论我国中小学教育中的知识冲突及其消解》,硕士学位论文,东北师范大学,2012年。
② 周勇:《现代社会中的知识与教育冲突》,《教育研究》2003年第3期。
③ 陈伯璋:《意识形态与教育》,台湾师大书苑1988年版,第227—229页。
④ 吴康宁:《对教学内容的若干社会学分析》,《教育评论》1993年第4期。

对社会、国家和民族的责任感和使命感。① 这体现出教科书中的知识具有社会控制意涵，社会正是通过对教科书中的知识进行具体控制进而达到对统治阶级的顺应。

章家谊以初中段人教版、沪教版、香港启思版和台湾康轩版的语文教科书为研究对象，并进行比较分析，他主要针对所选语文教科书中的知识类型、教科书中的名词展开系统分析与研究，发现人教版和沪教版所含的名词数量比香港启思版和台湾康轩版多了几倍，在理科、工科、医科和农业科这四类名词数量上存在差距，四类版本的语文教科书在知识类型方面不够全面，缺失了某些知识类型，并且存在学科的偏倚，但是四种版本教科书都具有比较完善的观念结构。通过比较研究，他认为教科书并非是简单的知识合集，教科书"实际上是不同社会组织和集团在特定历史条件下相互妥协的产物，教科书必然打上某个或某些社会组织和集团的烙印"。② 因此教科书是意识形态的传递者。然而，并不是所有教科书的所有内容都是特定阶级意识形态的体现，教科书也会呈现内部冲突，使其中的内容显得更加合理。

石鸥、赵长林等人试图扬弃以往对科学类教科书的探究模式，主张科学类教科书研究应避免以具体的科学知识文本内容为中心，而应借由对科学教科书中隐喻知识的分析，揭示出科学教科书中个人英雄主义的隐喻及主流意识形态的暗示。③

王有升认为国家通过教科书进行思想政治教育和掌控是强有力的，这正是得益于国家对中小学教科书内容的整体掌控，全国统一的课程标准正是由国家正式认定而体现出国家的政治意图，任何学校所选用的教材都必须经由国家任命的教材审核机构进行审核，这甚至不存在中央和地方的差别，甚至"越是在偏远的地方，自觉进行政治教化的色彩越是强烈"。④

---

① 吴康宁：《课程社会学研究》，江苏教育出版社 2004 年版，第 180 页。
② 章家谊：《基于观念结构分析的中国初中语文教科书批评语言学研究》，博士学位论文，华东师范大学，2015 年。
③ 石鸥、赵长林：《科学教科书的意识形态》，《教育研究》2004 年第 6 期。
④ 王有升：《国家教育意志与教育公权力的运行体制分析——对国家与教育关系的一种理论探讨》，《南京师大学报》（社会科学版）2011 年第 5 期。

此外，中国学者针对教科书中知识内容呈现出的意识形态展开研究的还有许虹的《英语教材中的意识形态与权力：中国三套高中人教版英语教材的对比分析》、张静的论文《牛津高中英语教材中的性别意识形态透析》、于冰的论文《中学物理教科书的意识形态研究》、陈文革和吴建平合著的论文《科学教科书中的意识形态及其话语建构——以初中物理和化学教科书为例》等。

②教科书中关于内容价值取向的研究

中国学者对教科书中关于内容价值取向的研究主要有吴永军和刘云杉等。吴永军在对中国内地和香港的九年义务教育初中语文教科书进行比较分析下，对两套语文教科书的价值取向展开研究，针对语文教科书中的"政治性""工具性"和"学术性"① 作为选材的主要标准提出自己的见解。

刘云杉选取中国大陆出版发行的"九年义务教育三年制初级中学教科书"《语文》与台湾"国民中学"的《国文》教科书进行对比研究②，研究发现大陆和台湾的两套教科书虽然有相似的选题、表达与情感，然而课文所反映出的"自然视域"和"社会视域"却显示出明显的分歧，台湾教科书文本关注的重点大多是个人的日常生活、大自然，呈现出谦恭平淡的心态，大陆教科书文本则更多关注重要的社会实践、宏大的精神建设以及集体意识的阐释。之后，刘云杉选取1949年后大陆广泛采用的4套教科书进行比较分析，分别从"时间观"、"空间观"与"人我观"③ 三个维度分析这4套教科书，研究发现教科书中的文本更多反映的是一种反复、封闭的时间观与空间观，审美趣味也在发生变化。

傅建明以人民教育出版社出版的《语文》教科书（试用版）为分析样本，对语文教科书中所蕴含的价值取向及其呈现方式进行初步的梳理

---

① 吴永军：《中国大陆、香港九年义务教育初中语文教科书价值取向的比较研究》，《教育理论与实践》1999年第11期。

② 刘云杉：《视域的分歧——大陆与台湾初中语文（国语）教科书比较》，《教育研究与实验》1997年第4期。

③ 刘云杉：《教科书中的童话世界——一个社会学视角的解读》，《教育研究与实验》2000年第5期。

与分析①，他将教师教学用书中涉及价值取向方面的内容作了统计，最终发现小学语文教科书承载的是国家认可的价值观，教科书呈现出社会优势团体的价值观，有效地控制着教科书的价值取向。

陈雨亭对隐蔽课程中性别不平等展开分析②。她通过对隐蔽课程的界说，从学校、班级、教科书三个层面对隐蔽课程中的性别不平等分别展开分析，认为中国中小学教科书中存在严重的性别不平等，这在语文、数学、物理、化学、历史教科书中均有体现，如语文教科书中对男权制社会意识形态的宣扬，以数学教科书为代表的理科教科书经常与女性的日常经历脱节，许多题目的表述常具有性别刻板。这些隐蔽课程中的性别不平等使女性缺乏可效仿的正面女性形象，最坏的后果便是易使女生产生内化的性别自卑感，对男生而言则会加重他们的心理压力等。由此，陈雨亭提出相应的解决对策，可以通过使用性别平等的教科书、采用多种形式促进隐蔽课程中的性别平等和采纳多元文化主义教育观等方面有效改善隐蔽教科书中性别不平等问题。

此外，关于教科书中知识的价值取向的相关研究还有何立新的《新课标背景下语文教科书价值取向研究》、孙雯雯的《人教版初中语文教科书价值取向研究》、杨戈的《高中语文必修教科书选文价值研究》、黄伊的《新课改前后小学语文教科书价值取向对比分析研究》等。

国内对于教科书的分析与研究取得了一定的成就。首先，研究的范围涵盖不同年龄阶段，包括幼儿阶段、小学阶段、中学阶段、高等教育阶段，涉及不同学科，包括语文、数学、历史、思想品德、社会、英语等。其次，研究的主题涵盖教科书中的价值观念、性别意识、意识形态、民族等。最后，研究的方法主要采用数量上的统计与分析，也有学者分析教材中的角色和形象塑造。从总体上看，成果还是可喜的，但仍存在不足，如较少对教材的文本内容做深层次的意义分析，更多流于表面的数量统计；过多地关注了外来势力对教材的控制，简单地认为教材的实

---

① 傅建明：《我国小学语文教科书价值取向研究》，博士学位论文，华东师范大学，2002年。

② 陈雨亭：《隐蔽课程中性别不平等的社会学分析》，硕士学位论文，曲阜师范大学，2003年。

施是一个反映外来势力控制的过程，没有把教育作为一个有机的整体来研究。

（三）评述

从国内的研究现状中，可以看出，知识问题一直是教育领域的核心问题，教育应该供给什么知识、谁的知识也是学者们乐此不疲的研究主题，不同的学科从不同的视野做出了解读。从已有的研究成果，不难发现，从社会学角度来研究和审视基础教育知识供给，成为该领域非常热门的话题，国外这一研究视野已经取得了丰硕的成果，国内的研究虽显薄弱，但一个显而易见的事实是，这一研究领域的成果在快速增加，关注度在迅速升温，研究的主线也日趋明朗化。综观国内研究，仍有许多有待继续和深入的问题。

1. 多集中于知识供给的事实研究，少关注知识供给的原因分析

在知识社会学传入中国之前，国内对知识供给的研究将关注点放在"教育应该提供什么知识"，分别从学科的发展、个体的发展、社会的发展去做出解读，研究的重点放在供给怎样的知识才是好知识，怎样将这些知识进行设计、编排，基本很少思考教育为什么应该供给这些知识。当然，教育应该供给什么知识这一方面的研究是非常必要的，这无可厚非，但也需要明白的是，这仅仅是认识知识供给的维度之一。因为，在基础教育知识供给机制中，"谁的知识"能够进入知识供给往往比怎样设计、编排知识更是基础性、前提性、根本性的问题。如果进入教育的知识是某些群体刻意为之，则这些知识常常不能成为最具意义、最有价值的那类知识。一旦受到刻意性和人为的宰制，即便课程规划和教学设计再完善、再周到，都会因为前提性、根源性的知识供给质变而迷失了教育意义。因此，教育供给"谁"的知识同样也是认识知识供给的维度。知识社会学在中国传播并流行后，一些研究者开始关注教育供给"谁"的知识，试图寻求知识供给背后的影响因素。但是，从国内已有的研究来看，这些研究更多地将关注点放在了知识与权力、知识与意识形态、知识与控制等话题上，虽然相对以往的研究，已有很大的提高，还仍显不够。这些研究仍然还是只看到基础教育知识供给与权力的关系，至于知识供给与权力联盟的实质，为什么有些群体能够通过控制基础教育的知识供给来实现权力的再生产，权力的介入对社会的发展、主流文化的

传播、权力的合法化等带来什么样的影响等，这些问题并没有太多深入的研究，研究基本上停留在知识供给的事实层面，较少对事实背后的原因进行分析。

2. 多集中于知识供给的静态解读，少关注知识供给的动态分析

整体来看，国内从社会学这一学科维度对知识供给问题的关注，主要侧重于对教育领域内现有知识生态的诠释与剖析，研究视点大多集中在当前流行的知识文本话语或教科书知识呈现方式、价值取向的分析。毫无疑问，这种研究现状属于静态的教育知识研究范畴，研究停留于知识被筛选、被选择到教育场域之后的价值、效应分析，而对为何会生产这些知识，为何是这类知识而非那类知识进入教育供给领域，以及在供给过程中知识的价值嬗变和动态教授过程，缺乏深刻剖析。关注知识供给"过程"的研究明显不足，尤其鲜有关注知识供给背后的权力逻辑与利益纷争。

3. 多集中于知识供给的成效分析，少关注知识供给的干预机制

国内研究侧重于分析基础教育知识供给与权力、意识形态的关系，看到了权力、意识形态对知识供给的控制，揭示了权力、意识形态通过知识维护了社会的秩序并保持社会延续。也就是说，国内研究多集中于基础教育知识供给的成效分析，对知识供给与权力、意识形态的结合进行利弊剖析，这种研究是必需的，但是需要指明的是，成效分析并不是最终目的，知识供给的研究还是应该回到自身，关注知识供给的干预机制，通过对知识供给的干预优化知识供给的意义与价值。基础教育知识供给并不是只有一方力量介入，实际是多方力量共同介入，也不是只有一个影响因素，而是多个影响因素共同作用，那么，多方力量、多个影响因素的共同参与，期间的冲突、矛盾、抗争也就在所难免。比如，国家力图使特定的知识进入课程，使自己的知识成为官方知识，而与此同时，其他社会力量也会以自己特有的方式，站在自身的立场来挑战和抵制官方知识，并力图使自己的知识能够进入基础教育知识供给体系中，冲突和矛盾就产生了。冲突和矛盾一旦产生，便会有各种抗争和博弈，博弈的结果可能是利于社会和个人发展，也可能有悖于社会和个人发展。因此，基础教育知识供给应该加强对干预机制的研究，以避免不良后果的产生。

第一章

基础教育知识供给的理论研究

基础教育知识供给是一个复杂而深刻的问题，基础教育中的知识并不是随意的，从国家到地方再到学校，知识是被层层筛选、分配、组织，最终以课程和教科书的形式进入到基础教育阶段的学校中。此时，课程和教科书不仅仅作为一种静态的文本存在，成为教师教授知识和学生学习知识的主要来源，而且本质上这种经过层层过滤的知识更是权力控制的深度体现。从某种程度上来看，基础教育中的知识体现的是深层意义上的意识形态、价值取向、政治立场等问题，知识供给也受制于一定的权力。那么，知识到底被赋予什么价值？知识供给如何受到控制？要对这些问题进行深度挖掘，首先应厘清知识供给中涉及的关键性概念。

第一节 知识的含义与属性

一 知识的含义

"知识"是人们最熟知和使用最广泛的概念之一，但是想要对其下定义却不是容易的事。作为一种存在，知识可以促进受教育者的完善和发展，但也可以压制受教育者，使其异化。不同的知识界定可能导致知识带给受教育者不相同的过程和结果。

什么是知识？对这一问题的回答，一般会涉及如下关系：

第一，知识与认识者的关系。认识者在获得知识的过程中究竟是以个体身份出现还是以社会身份出现？究竟是积极主动还是消极被动的？究竟是理性起主导作用还是感性起主导作用？究竟如何处理知识陈述与自己的知识信念之间的关系？

第二，知识与认识对象的关系。知识是不是对外部世界的镜式"反映"？真正的知识是不是与外部世界相符合？确立一种知识真理地位的经验证据是不是充分的？认识的对象是不是在认识之前就客观存在？

第三，知识作为一种陈述本身的逻辑问题。知识有没有统一的或标准的陈述形式？如果有的话，是什么？如果没有的话，又是因为什么？概念和命题仅仅是一种逻辑的构造还是一种历史文化的产物？不同领域知识的概念和命题又有什么不同的特征？如何为一种知识陈述辩护？

第四，知识与社会的关系问题。知识是价值中立的吗？科学研究活动是一种纯粹理智的行为吗？知识与利益、权力、意识形态、性别等是什么关系？社会生活中知识的生产、传播、配置又是怎样受到社会因素制约的？[1]

可见，知识的含义界定需要考虑三个方面的问题：其一，知识与认识者的身份问题，如认识者是个体身份还是社会身份。其二，知识的属性问题，如知识的个体属性、社会属性、普遍性、确证性、历史文化属性等。其三，知识的"社会性"问题，如知识与社会因素之间的制约关系。可见，知识的含义界定涉及多种学科，异常复杂。

具体的知识界定，更是多种多样。如，《辞海》对知识的定义是："知识是人们在社会实践中积累起来的经验。"《韦氏大词典》对知识的定义是："知识是通过实践、研究、联系或调查获得的关于事物的事实和状态的认识，是对科学、艺术或技术的理解，是人类获得的关于真理和原理的认识的总和。"《教育大辞典》对知识的定义是："知识是对事物属性和联系的认识，表现为对事物的知觉、表象、概念、法则等心理形式。"《中国大百科全书·教育卷》将知识界定为："所谓知识，就它反映的内容而言，是客观世界在人们头脑中的主观印象。就它反映的活动形式而言，有时表现为主体对事物的感性知觉或表象，属于感性认识；有时表现为关于事物的概念或规律，属于理性认识。"又如，M. 波兰尼指出："人类有两种知识。通常所说的知识是用书面文字或地图、数学公式来表述的，这只是知识的一种形式。还有一种知识是不能系统表述的，例如我们有关自己行为的某种知识。如果我们将前一种知识称为显性知识的

---

[1] 石中英：《知识转型与教育改革》，教育科学出版社 2001 年版，第 19—20 页。

话，那么我们就可以将后一种知识称为默会知识。"① 法国社会学家奥古斯特·孔德从实证主义立场出发，将知识分为宗教知识、形而上学知识和实证知识。德国哲学家 M. 舍勒根据人类知识的组成形式和社会性质，将知识分为拯救的知识、文化的知识和实践的知识。德国哲学家哈贝马斯从人的三种认识兴趣出发，将知识分为技术的知识、实践的知识和解放的知识。

可见，因研究者个人价值观、知识背景、认识问题的方法、途径不同，知识的含义即不相同，知识是一个复杂的概念。伯特兰·罗素晚年就曾深切感受到"知识是一个不能够得到精确定义的名词"②。然而，尽管知识的含义错综复杂，我们也要回答这个难题，因为，如果不能回答"什么是知识"，那么自然而然就难以回答"什么是有教育价值的知识"，进而无法解答基础教育应该供给什么知识。

首先，知识的本义应是"人类认识的成果和结果"，知识的含义界定一般总要涉及知识与认识者（人）、知识与认识对象（物）两种关系。考察前述诸多知识定义可以看出，研究者们基本都是认同知识是人类认识外界的过程与结果，只不过由于认识的过程与结果受不同因素的影响，研究者们出于自身的研究角度给予了不同的知识界定，由此也可以表明知识总是同"认识"及"认识背景"相关联。

其次，教育中的知识还需考虑知识的"教育"特性，知识的"教育"特性应是"培养人"。教育不是一般的活动，教育的特殊性在于它是有目的的培养人的活动，教育的使命在于"培养人"，它是专门进行知识传授，把人培养为人的活动，所以它一刻也离不开已有的"认识的成果和结果"。因此，从"培养人""成人"这一永恒的教育理念来看，在教育领域中，知识的定义仅仅停留在"人类认识的成果和结果"这种宏观层面是不够的，还需认识到教育知识的特性是"培养人"，为了人的发展和成长。那些忽略了"培养人"，看不到"人"，见"物"不见"人"的种种知识概念，要么超出了教育研究的视野，要么忽视了知识的"教育"特性，理应得到修正和更新。

---

① M. Polanyi, *The Study of Man*, London: Routledge & Kegan Paul, 1957, p. 12.
② 鲍宗豪:《论无知：一个新的认识域》，上海人民出版社1991年版，第140页。

二　知识的属性

（一）普遍性、客观性和价值无涉

早在古希腊时期，知识的属性即被提出。

苏格拉底认为，真正的知识是概念的知识，概念表征事物的本质，事物的本质是普遍而不变的，因此，知识就是把握事物普遍而不变的本质，知识具有普遍性。这种对知识属性的界定被西方很多哲学家赞同。笛卡尔认为，由感官获得的知识是个别的、片面的，这种知识是混乱的、不确定的，只有理性才能获得普遍的、必然的认识，在笛卡尔的心目中，确定的、普遍的、必然的知识才是人类应该追求的知识，笛卡尔明确表示，数学是确定性知识的最高尺度。笛卡尔之后，斯宾诺莎、莱布尼茨等人承袭了理性主义的知识论传统，认为知识是客观存在之物，关键的问题在于如何去"发现"；强调了知识的绝对性的特征，致力于寻求知识的绝对普遍性、客观性、必然性和可靠性；强调了知识与认识对象的完全"符合"或"一致"。

可见，关于知识的属性，尽管不同学者表述不同，但是我们依然能找到关于知识属性的共同之处：

知识具有普遍性。知识是对外在世界的客观反映，这种反映不以个体的注意、兴趣为转移，也不以时间、空间的转换而转移，知识一经形成，便会成为客观的、有效的成果，无论时代的变迁还是地域的变化，这种成果都不会改变，是确定无疑的，是可反复验证的。知识如实地反映着、揭示着事物的本质，而本质是稳定的，甚至是唯一的，因而知识也是确定的，具有"普遍的可证实性"和"普遍的可接纳性"。

知识具有客观性。客观性也被视为知识的基本属性，它与普遍性紧密相关。知识的客观性，也即知识的真理性，其主要指知识正确地反映了事物的本质属性或事物与事物之间的本质联系，与事物本身的属性及事物与事物之间的本来关系相符合，包含着不依赖于人和人的意志的客观内容。

知识是价值无涉。价值无涉是对知识价值倾向的判断，客观性、普遍性的知识作为对事物的如实反映，是中立的，不偏不倚的，因而也是价值无涉（value free）的。这意味着，知识作为对事物之间因果关系的反映，为所有人共享，知识不因人而异，也不因阶级而异，知识不代表任何个体和集团的利益。

(二) 个体性、境遇性和价值关涉

人们以客观性、普遍性、确定性和价值无涉性为评判标准，将知识客体化、对象化，这样必然导致知识的内容和形式都是唯一的、标准的、确定的，拥有这些特征的知识才能称为真正的知识并纳入到教育中。这种对知识属性的解读势必给基础教育带来一些影响，如基础教育的灌输式教学，学生的唯书唯上、服从知识权威，课程编制严格遵循知识的逻辑体系等等。知识的普遍性、客观性、价值无涉，这种观点在历史上占据很长时期，一直到近代，一些学者对其进行质疑，提出知识的属性还应是个体性、境遇性和价值关涉。

关于知识的个体性，瑞士的皮亚杰作了较充分的阐释。皮亚杰试图超越传统知识论主客对立、主客二分的思维模式，形成一种超二元论的知识观。这种知识观通过"同化""顺应"等建构方式，消减主体和客体之间的对立。皮亚杰认为，个体是在与周围环境的互动中建构起自己的知识结构，个体与周围环境的互动涉及两个基本的过程："同化"和"顺应"。同化是个体将外部环境的有关信息整合到自己已有的知识结构中的过程，顺应是指个体原有的知识结构无法同化外部环境的信息所引起的知识结构发生重组与改造的过程。个体通过同化与顺应两种形式认识周围环境并建构起自己的知识结构，在这过程中，个体的经验世界和认知图式势必会影响知识结构的形成，由此建构而成的知识因而必然具有个体性。皮亚杰在《发生认识论原理》中指出："认识既不能看作是在主体内部结构中预先决定了的——它们起因于有效的和不断的建构；也不能看作是在客体的预先存在着的特性中预先决定了的，因为客体只是通过这些内部结构的中介作用才被认识的，并且这些结构还通过把它们结合到更大的范围之中（即使仅仅把它们放在一个可能性的系统之内）而使它们丰富起来。"[1]

可见，个体在与新知识的接触中并不是一块"白板"，以往的学习、生活促使个体形成了对周围环境的理解和看法，个体是带着已形成的理

---

[1] ［瑞士］皮亚杰：《发生认识论原理》，王宪钿等译，商务印书馆1981年版，第16页。

解和看法去接受知识，用皮亚杰的话来说，个体是带着已有的认知图式去认识新事物、学习新知识。因而，知识的学习并不是简单地由外而内的转移和传递，而是个体的原有知识与新知识相互作用的过程。在这里，知识成为个体与周围环境相互作用的结果，又由于每个个体的认知图式和所处情境殊异，由此建构而成的知识必然具有个人色彩和个体属性。

知识的境遇性指知识不仅是对现实情境的一种解释和假设，而且随着个体的经验和处境不断变化，其境遇性更多的是强调知识"存在于一定的时间、空间、理论范式、价值体系、语言符号等文化因素之中，任何知识的意义也不仅是由其本身的陈述来表达的，而且更是由其所位于的整个意义系统来表达的"①，因而在具体情境中，人们需要结合自身原有的经验对知识进行加工和创造，这也是知识动态生成的体现。可见，在基础教育中，如果只强调知识的确定性，只关注知识的结果，忽视甚至无视知识在具体情境中的过程和意义，知识教学便很容易陷入机械和满堂灌式的境遇中。

知识的价值关涉性②指知识受社会价值的指引，知识本身体现出有关社会的价值趣味和价值要求，渗透着人们不同的态度和价值倾向。且不说和人类价值密切相关的人文学科知识，就连自然学科知识也是渗透着价值取向的，反映着价值判断和价值追求，是有价值偏向（value bias）的，因而是价值关涉（value relevant）的。例如，某些后现代知识论认为："科学知识型确实不是如其自身宣称的那样是尽善尽美的，不是适用于所有学科的，不是价值中立，具有客观性、绝对性、价值性和普遍性的。……为了自己的利益，它利用政府、企业、新闻媒体、教育等手段不断地强化自己的价值形象，将那些有待'质疑'的观念灌输到每一个公民的头脑里。"③ W. 阿普尔也指出知识不仅仅是一个分析的问题（什么应被看作知识），也不是一个简单的技术问题（我们怎样组织和储藏知

---

① 石中英：《知识转型与教育改革》，教育科学出版社2001年版，第151页。
② 杨江玲、方红：《知识教育非生活化的现状审视与实践突破》，《教育导刊》2016年第10期。
③ 石中英：《知识转型与教育改革》，教育科学出版社2001年版，第77页。

识以让儿童能获得和掌握它），更不是一个纯粹的心理学问题（我们怎样让学生去学习知识）；相反，知识的研究是一个意识形态的研究，即在特定的历史阶段，在特殊的机构中，特殊的社会群体和阶级把学校知识看作是合法性知识。[①] 简而言之，知识特别是教育中的知识是主流阶级的权力、意志、价值观念、意识形态的体现和象征，它实际上是一种官方知识，是一种法定文化。如此，可以得出结论，知识必然是价值关涉的，必然会反映特定社会群体和利益集团的价值诉求。

（三）正视知识的多重属性

对待知识的属性，不能只看重某一维度，知识既具有普遍性、客观性，同时也具有个体性、境遇性。知识的属性本就是多元，追求知识普遍性、客观性的同时也不能排除知识的个体性和境遇性。对知识属性的思考应从单一属性观走向多重属性观，应由一元辩护走向多元理解，才是对待知识属性的基本理念。

例如，知识的确是人类认识外在世界的成果与结晶，因而知识是具有普遍性的。但是，人们在与外在世界接触的过程中，个体的兴趣、价值观也会影响个体与外在世界的接触，知识是人们与外在世界相互建构的结果，显然，个体性的差异会影响知识的产生与创造。因此，知识是普遍的，但在某种程度上说，知识也是个体的，知识既具普遍属性，也具个体属性，二者并不矛盾，更非非此即彼。

又如，知识具有客观性。然而，由于受所处社会条件的制约，个体认识外在世界的境遇不同，知识也是具有境遇性的。如，在早期社会，受时代因素的制约，"地心说"被世人认可并信任，对于那个时代而言，"地心说"就是客观的、普遍的知识。但是众所周知，后来"地心说"被"日心说"取代，"日心说"成为公众知识，被普遍接受。可见，知识的客观性，是相对于时代而言，相对于不同个体的经验世界而言，相对于个体认识外在世界的境遇而言，知识既具有客观性，同时也具有境遇性，知识的客观性与境遇性也不矛盾，也非非此即彼。

再如，知识是价值无涉。知识的普遍性和客观性决定了知识是价值

[①] M. W. Apple, *Ideology and Curriculum* (second edition), London& New York: Routledge & Kegan Paul Ltd., 1990, p. 45.

无涉的，然而，前面我们已经论述，一方面知识是普遍的、客观的，另一方面，知识也是个体的、境遇性的，知识的个体性、境遇性决定了知识是价值关涉的，知识具有价值取向。就知识而言，它不可能外在于人的认识和思维而被我们所描述、所感知，因此，从外在世界获得的知识，必然不会是纯粹的、中立，它总是会烙上人的主观思维印记，因而，知识的价值无涉与知识的价值关涉也不矛盾。

事实上，从单一维度去看知识的属性并不可取。知识社会学的成果已经表明，知识是某一特定群体所认同并推行的，如果这一特定群体是民主和前进的，那情况还算乐观；如果这一群体是专制和落后的，那么对知识属性的单一解读只会加剧这种专制和落后，中国封建社会科举取士制度和"八股文"式的知识考究即是明证。加上知识与权力的关联性，对知识属性的认识便更要小心，因为，在一个强权和专制的社会，让某种知识类型占据优势地位，得到"多数人的共识"，似乎并不困难。因此，在没有达到理想社会的条件时，还是要正视知识的多重属性。

此外，人的多样性和社会的复杂性也必然导致知识的多重属性。尽管某一特定群体在推行他们的知识时，会使用各种制度、规范等手段排除异己，将其他知识拒绝在外，但是知识的产生、流通、传递总是充满了矛盾和冲突，各种利益博弈在所难免。因而，即使权力具有对知识的限定功能，但同样不能剔除关于知识的所有争议，企图建立一种具有强权性质的绝对化知识类型（属性），注定徒劳、荒唐、无用。而且，不同群体、不同阶层（级）、不同性别的个体之间，知识往往差别迥异，即便现今社会强调文化融合，也无法否定知识的多种样式。因此，正视知识的多重属性在所难免，是必然的。

三　知识的意义

（一）知识的社会意义

知识的社会意义，表现在如下三个方面：

第一，传承社会文明。文明是历史文化积淀的产物，其常常以知识的形式保存，也依靠知识传承下去。文明本身经常表现为特定的知识体系，而且文明也是特定的知识群体所创造，因此，知识常常成为文明传承的重要手段。社会根据文明发展的需要，将某些知识体系以及这些知识体系蕴含的价值和精神传递给社会个体，社会个体通过知识的学习接受社会文明的知识体系和价值标准，实现社会文明的传承。在社会文明传承的过程中，社会与个体就像信号发射系统的两端，社会发射文明信号，通过知识被个体接收、理解和同化，个体也会发射信息，创造新的社会文明，其间的沟通，主要也是通过知识来进行。

第二，促进社会发展。知识对社会的发展，起着至关重要的作用。无论是培根的名言"知识就是力量"，还是当今社会"知识就是第一生产力"的提出，知识对社会发展的作用都是有目共睹的。丰厚的知识积累，可以促使社会快速发展，知识的贫乏，则常常是社会贫困、落后的根源。在"知识经济"背景下，"知识价值论"逐渐兴起并凸显，知识被视为一种资本，投入资本即会有大回报，知识对经济增长的贡献率日益提高，甚至取代资本和劳动，成为最重要的生产要素和财富。除此之外，在促进社会政治发展方面，知识也有其重要价值。知识能传递政治思想，引领政治舆论，创设政治氛围，知识在对政治维持与建设方面具有不可忽视的作用。

第三，引领社会变革。知识的发现、总结与创新一直贯穿于人类改造自然、社会及人自身的整个过程。知识能够弥补人类先天的不足和缺陷，增强人们改造自然、社会及自身的广度和深度。正是因为知识，人类不断地协调、解决自然、社会及自身的矛盾，引领社会变革，使人类自身向前发展。彼得·德鲁克曾将社会划分为三个阶段，不同的阶段，知识的意义随之发生变化。这三个阶段是：第一阶段在工业革命之前的启蒙时代，知识更多的是关于事实的知识，即"关于是什么"的知识，知识的意义是让人们得到知识，启迪和智慧；第二阶段是自公元1700年开始的工业时代，知识由"关于是什么"转变为"关于做什么"，即知识进入应用阶段，这一阶段技术发明层出不穷，从而提高体力工人的劳动生产率，知识的意义导致了工业革命和生产力革命；第三阶段是"二战"以后的知识时代，知识是关于知识的知识，知识的意义是"知识应用于知识本身"，导致知识工作者生产力的提高，带来管理革命。① 尽管彼得·德鲁克仅仅只是看到不同历史阶段知识的不同意义，但是，从知识意义的变迁中可以看到知识对社会变革的引领是一以贯之的。

(二) 知识的教育意义

知识的教育意义体现为知识对个体的德育、智育、美育等诸方面的功能。

知识的德育意义，在古希腊时期就被意识到，苏格拉底很早就提出"知识即道德（美德）"的论断。苏格拉底认为，个体是否做出道德的行为，源于个体的判断是否正确，当个体做出道德的决策和行为时，是因为他的判断是正确的，而个体之所以做出不道德的决策和行为，则是因为按照错误的判断行事。因此，让个体做一个有道德的人，实际上就是教人知识，教人什么行为是正确的。虽然知识并不等同于道德，但是知识蕴含的德育意义是不可忽视的。首先，通过知识，学校可以引导学生掌握基本的社会道德准则和行为规范，知识是学校德育的基本媒介。其次，道德的形成依赖知识。伦理学的研究表明，道德的成分包括道德认知、道德情感、道德意志、道德行为，其中，道德认知即是关于道德的知识，可见，道德的形成有赖于正确的认知。

知识的智育意义，是指知识对个体的智力开发和能力提升的积极意义。知识是人类认识外在世界的成果，在人与外界相互作用中，人动用自己各方面的能力（观察、想象、运算、推理等），不仅生产出物质产品，也生产出精神产品——知识。因此，知识凝聚着人们的能力与智慧，个体通过知识的学习进而提高能力、发展智慧，正如某学者所言，"任何知识一旦形成，便包含了一定的智慧价值，能给人的智慧培育以一定的积极影响。"② 知识可以转化为智力，基本已是共识，教育的重要目的也在于，通过知识，使学生的心智得到相应程度的开发。

知识的美育意义，是指知识对个体审美素养的培养和提高的积极意

---

① [美]达尔·尼夫：《知识经济》，樊春良、冷民等译，珠海出版社1998年版，第35—61页。

② 潘洪建：《教学知识论》，甘肃教育出版社2004年版，第93页。

义。庄子云:"判天地之美,析万物之理。"① 充分说明知识与审美存在紧密联系。亚里士多德提出"美在体积的大小和秩序""美是模仿自然",也证明了审美与知识的密切相关。知识本身就蕴含美,在追求知识的过程中,人们在对象中发现规律、探索秩序的同时,也从自己的活动中体现了自身的力量,获得纯粹的愉悦,因而"知识"本身就是美的源泉,追求知识本身蕴含审美。

第二节 知识供给的含义

解析知识供给的含义,必须对课程和教科书的含义一并解析,因为进入基础教育中的知识最终是以课程和教科书的形式呈现给教师和学生。

一 课程

对课程概念的解读有很多,美国教育家博比特提出"课程"是儿童及青年为准备完美的成人生活而从事的一系列活动及由此取得的相应的经验。杜威则认为"课程"是儿童在教师的指导下所获得的所有经验。阿普尔认为"课程"主要是指官方知识,并且是合法性知识、合理性知识。劳顿认为"课程"是社会文化的选择。

在中国,学者们对课程的定义也各有不同。如《中国大百科全书·教育》中将课程进行广义和狭义的划分,广义上的课程是"所有学科的总和"和"学生在教师指导下各种活动的总和"②;狭义上的课程主要是指一门具体的学科,比如"语文课程""英语课程""政治课程"等。除此之外,还有很多学者对课程进行了不同角度的定义,如吴也显认为"课程"是有组织的教学内容,是教与学相互作用的中介。③ 钟启泉认为"课程"是学校有计划、有组织地编制的教育内容④。中国台湾学者黄政杰在分析研究国内外各种文献后总结出关于课程的定义包括了学科(教

---

① 《庄子·天下》。
② 《中国大百科全书·教育》,中国大百科全书出版社1985年版,第207页。
③ 吴也显:《教学论新编》,教育科学出版社1991年版,第269页。
④ 钟启泉:《现代课程论》,上海教育出版社1989年版,第177页。

材)、经验、目标、计划四类①。吴康宁认为"课程"是社会的法定文化或法定知识②。吴永军认为"课程"是社会提供给学校师生借以互动的法定知识③。可以看出，不同学者站在不同的角度和话语对课程进行概念界定。

总之，在教育学视野下，"课程"更多强调的是学校教育中有计划、有目的的教育内容，在社会学视野下，"课程"则涉及知识的社会性，强调社会对知识的影响。

二 教科书

教科书是知识供给的重要组成部分，将需要供给的知识以物态的方式呈现出来。阿普尔曾对教科书的核心地位论述道："在全世界许多国家的学校课堂上，正是教科书为教学提供了大量的物质条件，确定了什么才是值得传承的精华和合法文化。"④ 关于教科书的概念，《中国大百科全书·教育卷》中将其定义为："根据教学大纲或课程标准编定的、系统的反映学科内容的教学用书。"⑤ 学者钟启泉认为教科书是"学校或任何学习集团在学习一定领域的知识时所运用的教材"⑥。石鸥认为教科书应该具有三个标准：根据学制依学年学期编写出版；有与之配套的教授书或教学参考书；依据教学计划分门别类地编写和出版。⑦

此外，教科书容易与教材混淆，很多人认为教科书就是教材，实际上两者并不相等。广义上的教材包括教师教授过程中可利用的一切素材，是"教授及学习的材料和师生之间的媒介"⑧，是"由一定育人目标、学习内容和学习活动方式分门别类组成的可供学生阅读、视听和借以操作

---

① 黄政杰：《课程改革的理念与实践》，汉文书店1985年版，第14页。
② 吴康宁：《教育社会学》，人民教育出版社1998年版，第311页。
③ 吴永军：《课程社会学》，南京师范大学出版社1999年版，第29页。
④ M. W. Apple, *Teachers and Texts: A Political Economy of Class and Gender Relations in Education*, Boston: Routledge, 1988, p. 81.
⑤ 《中国大百科全书·教育》，中国大百科全书出版社1985年版，第207页。
⑥ 钟启泉：《现代课程论》，上海教育出版社1989年版，第16页。
⑦ 石鸥：《最不该忽视的研究——关于教科书研究的几点思考》，《湖南师范大学教育科学学报》2007年第5期。
⑧ 钟启泉：《现代课程论》，上海教育出版社1989年版，第177页。

的材料"①，包括课本、补充练习、自学手册、复印材料、辅导资料、幻灯片、教学实物等，而狭义上的教材则特指教科书。可以说，教材的外延比教科书宽泛，教材是教科书的上位观念，但教科书是教材家族中所占比重最大、作用最大、使用面最广泛、内容最基本也是最成熟的重要组成部分，也是必不可少的一部分。

在基础教育知识供给的研究中，需要对基础教育阶段的教科书展开分析，这里的教科书主要指国家和地方发行的教材，如义务教育课程标准实验教科书等。在基础教育阶段，教科书不仅是教师教授知识和学生学习知识的主要文本，更是课程的中心环节，负载着主要价值观、主流文化和思想内容，同时也是知识供给中的一个重要组成部分。

三 知识供给

供给，是经济学上的概念，指把生活中必需的物资、财产、资料等提供给需要的人使用。

在传统的供给理论中，供给的对象往往是商品、物资、钱财等物质形式的产品和劳动力。在知识价值论提出后，知识被纳入了供给的对象。知识价值论认为，知识经济时代，知识、信息技术在生产中的作用越来越大，知识对经济增长的贡献率日益提高，甚至取代资本和劳动，成为最重要的生产要素和财富。在知识社会中，价值的增长不是通过劳动，而是通过知识实现的，知识是一种完全不同类型的劳动，商品价值的实体是知识，价值是由商品生产过程中所使用的知识量决定的。知识的使用，能够在生产中创造新价值，创造大于生产或购买它所花费的价值。因而，知识如同商品，被纳入供给体系中。

如此，便可以得出知识供给的含义。所谓知识供给，即把知识提供给需要的人使用，基础教育知识供给，即把知识提供给基础教育阶段的学生使用，在这过程中涉及知识的产生、传递、习得这三个主要的方面。

首先便是知识的产生。学校教育中的知识代表着人类知识中的一部分，这部分知识并不是随意产生，也不是固定不变的，而是经过一系列

---

① 廖哲勋：《课程学》，华中师范大学出版社 1991 年版，第 197 页。

精心筛选后最终进入学校教育中的，学校不仅为师生传承知识、获取知识提供了一个主要渠道，而且成为知识学习的主要场所。这一筛选的过程涉及社会中不同的团体、身份等级等方面，带有特定社会集团的印记，因而这部分知识并非客观中立，而是带有特定阶级的意识。

其次，当知识形成之后，知识的传递（也称为"再脉络化"）成为知识供给中的一个中间过程。在这一过程中，知识被进一步筛选和组织，进而将符合官方的知识，如学科知识、教学知识等转化为特殊文本，如课程、教科书等，教师再将特殊文本转化成具体的知识，传授给众多的学生。在知识的再脉络化过程中，政府、学校、教师甚至是教科书出版机构、审定人员等都转化为"知识的再生产者"，或者可以称之为"知识再脉络化的执行者"。在知识的再脉络化过程中，多方力量的参与必然因领域、阶级、机构等方面的不同，彼此相互竞争妥协，分离结合。

最后，知识的习得是知识供给的最终阶段，这一过程涉及学生对知识的获得。在这一过程中，教师将知识传递给学生，并根据学生的学习情况给予评价；学生则在知识的习得过程中进行社会个体的适应及塑造，进而达到社会化的目的。不过值得注意的是，教师在传递知识时也存在对知识进行补充或修改，与之对应，学生在习得知识时也不可避免地融入自己的阶级、身份等成分，以自己的经验去习得知识。

基础教育知识供给这个定义看似简单，实际复杂。

首先，知识经过"社会—教育—个体"的路径进入教育领域。社会生产知识，提供知识，然而，社会供给的知识纷繁复杂、种类繁多、良莠不齐，个体如何在有限的时间兴利除弊获得有价值的知识？学校教育的产生解决了这个难题。学校教育是知识传承、知识学习的主要方式，它是有目的、有计划、有组织地向个体传授知识的活动，其特点是地位的正式性和管理的严格性，是个体后天学习和接受教化的主要渠道，相对于其他获得知识的方式而言，学校教育的效率更高、效果更佳。因而，个体获得的知识虽然是由社会供给，但是更多的是在教育中接受知识、享用知识。为此，知识由生产到被消费，需要经过一定的路径，即社会生产知识，然后通过教育，最后落实到每个个体，可简单概括为"社会—教育—个体"。

其次，进入教育后，知识需要经过"筛选—组织—分配—传递—学习—评价"的供给路径。教育供给的知识来源于社会,但并不是一切知识都纳入教育体系,也不是让一切科学的知识都进入教育之中,因为学生的时间和精力总是有限的,所以真正能够进入教育的知识也一定是有限的,知识的无限性与学生接纳的有限性,决定了教育有必要对知识进行筛选。筛选过后,知识则需要进行组织与分配。知识组织是指将筛选出的各种知识妥善排列组成课程结构,使各种知识在动态运行的教育系统中产生合力,以有效实现教育目标。知识分配则是对组织好的知识进行科目、学时、开设顺序等做出安排。通过筛选、组织、分配,知识则会表现出系统性、顺序性、层次性等特征,此时知识则可进入学校层面,由教师传递给学生,学生经过学习获得一定的发展,也可能产生一些问题,甚而对社会产生一定影响。学生的转变及社会的变化则可以检测反馈知识的筛选、组织、分配、传递、学习是否实现了教育目的,实现的程度如何,实现的效果如何,并据此做出改进的决策,这可称之为知识评价。于此,知识通过"筛选—组织—分配—传递—学习—评价"这一路径完成了知识在教育领域中的供给流程。

再次,基础教育中的知识供给有特殊性。基础教育中的知识供给是在知识的社会供给的大环境下实施和实现的,但由于教育有其自身的独特性和相对独立性,因而基础教育中的知识供给有其特殊性。基础教育中的知识供给首先应符合宏观的社会知识供给,不能获得社会准入的知识自然不能获得教育准入。在此基础上,基础教育中的知识供给还会考虑到课程设计和教学活动开展的需要以及教育培养人的价值旨趣。教育在选择、组织、分配知识时,会考察教育教学的规律,知识的安排、规划与设计往往要依据相应的教育教学规律展开。与此同时,教育的价值旨趣在于培养人,促使人的社会化和个性化,那么教育在供给知识时毫无疑问要服从培养人的价值旨趣,由于教育对这些知识的选择和组织常常是有目的、有计划的直接针对受教育者进行的,可以说是对社会知识的再组织和再选择,因此其往往比社会知识具有更强的针对性,能对受教育者个体的教化发挥更强的功能效用。

最后,基础教育知识供给受多种因素影响。显然,教育要选择有价值的知识提供给学生,而哪些知识是有价值的,这本身就是一个复杂的问题,不同时期、不同阶层甚而不同群体都有不同的意见。孔德曾提出,生产力的差异以及人的理智发展导致人类先后经历三个阶段：神学时代、形而上学时代和实证时代；对应不同的时代，知识也经过三个进化阶段：神学知识、形而上学知识和实证知识。在神学时代，神学知识占统治地位，那么教育自然而然传授的是神学知识，形而上学时代教育主要传授的是形而上学知识，而实证时代教育传授的是实证知识。由此可见，知识的教育供给必然受到生产力、经济的制约。此外，知识的教育供给必然也会受到文化的制约，中国古代的教育内容以"四书""五经"为主，而西方的教育内容则是"七艺""七技"，哪怕当前已进入全球化时代，中国的教育内容与西方的教育内容亦有很大差别，可见文化是影响教育知识供给的重要因素。另外，知识社会学与教育社会学的研究也表明，知识供给不是一个客观的过程，知识是具有社会性、权力特性和意识形态性，无论从知识的选择、组织还是评价来说，知识都与社会结构、社会制度紧密相关。可见权力、意识形态、社会结构、社会制度等同样是基础教育知识供给的影响因素。

第三节 知识的社会供给

前文已述，知识供给经过"社会—教育—个体"的路径进入教育领域。可见，知识供给包括知识的社会供给和知识的教育供给，下文将分别对知识的社会供给与教育供给展开论述。知识的社会供给是指社会将知识提供给个体，然而，在纷繁复杂、种类多样的知识体系中，社会应该供给哪些类型、哪种结构、哪些价值的知识给个体？哪些知识会被准许在社会通行？社会通过哪些手段控制知识的生产与传播？由此可知，知识的社会供给不是一个单纯的问题，尤其随着知识社会的到来，知识的社会取向、社会对知识的控制等问题越来越受到重视。

一 知识的社会性分析

马克斯·舍勒认为，全部知识的全部形式都具有社会特性。任何一种知识，都是特定社会的文化在知识上的反映，知识的产生、存在与发展，既与社会的经济条件、政治环境相联系，也与该知识所产生、存在的社会文化密不可分，有其特定的文化土壤和背景。我们从早期社会最初的知识的生产过程中，即可窥见一斑。笔者在某著作中曾经看到一幅描述早期社会人类生产劳动的画卷：

> 当最早的人类开始直立行走时，它是采取一种更为有效的行动方式以适应环境条件的变化，它可以在开阔的林地寻找广泛的食物资源，可以在更大的地域范围来来去去；当它使用自然的工具获取食物时，它是为使自己能够生存下去。当最早的人为工具——由卵石打击几片石头而制成的粗糙的石片、刮削器和砍砸器——开始出现时，他摸索着在活动的意向、工具、活动效果之间建立某种关系链，这使他知道了某些事：例如他对石器或工具的了解、对运用天然工具的了解。早期制作工具的原始人对加工石头的基本法则具有较好的直觉。在非洲发现的距今140万年的一种石器组合表明，石器制造者心中有一个他们想要制造出来的石器的模板，他们是有意识地将一种形状施加于他们利用的原材料上的，这种泪滴状的手斧的制作需要非凡的技巧和耐心。[①]

在这一段描述中，我们看到了原始社会人类的生存状态。最初的人类在大自然面前是渺小的，生存的需要迫使原始的人类不断地尝试、制造工具去适应环境。在制造工具的过程中，人类"摸索着在活动的意向、工具、活动效果之间建立某种关系链"[②]，这种"关系链"的产生通过"尝试—错误"模式不断进行，最终就可能生产出最初的"知识"。可见，知识虽然是人类认识外界的成果和结晶，知识的生产依然遵循因果性的追求、逻辑性的推论，具有客观性，但是不可否认，知识的生产最开始源于人的需要，是人类基于生存的适应性活动的结果，知识体现出人文性和社会性。尤其当阶级和国家出现后，知识的人文性和社会性大大增加，知识与政治、权力、利益的关系日益密切。

由于个体总是生活在一定社会中，社会的文化传统和文化模式总是

---

① 吴刚：《知识演化与社会控制》，教育科学出版社2002年版，第36—37页。

② 同上书，第36页。

会影响到知识的生产与供给。埃米尔·涂尔干曾提出，知识不可能是纯粹的，要想了解知识的性质和内涵，必须从错综复杂的社会生活和社会现象入手。卡尔·曼海姆更加明确地指出，知识是由社会决定的，研究知识要考察知识背后的社会集团，社会集团不仅决定了某种知识的产生，还影响知识的形式、结构和内容。在个体存在之前，先有社会存在，因而社会存在总会影响个体的价值观念、思维方式和语言符号等，个体不可能完全脱离社会存在而仅仅从自身的经验中提取出知识，可见，知识是社会与个体相互建构和互动协商的结果，知识深受社会存在的影响。有论者曾经指出，在个人主义和集体主义的文化模式中，个体关注的知识会表现出不同。在个人主义社会中，个体被认为是独立的，自我被放大，个人选择优先于群体目标，因此个体对自我有关的知识更加关注。而在集体主义社会中，个体被看作是集体中的一员，自我隐匿在群体中，群体目标优先于个人选择，个体被要求与群体保持"共识"的和谐关系，因而集体主义文化中的个体则更加关注他人意见和集体"共识"的知识。[1] 由此可知，处于不同社会文化制度中的个体，会将文化制度下的规则和规范内化为自身的知识价值取向，从而影响其对知识的选择、吸收与采纳。

不仅人文知识深受社会与文化的影响，科学知识同样也受社会因素的影响。过去科学知识总是以一种客观的、普遍的、价值中立的姿态出现，不允许对其质疑，科学知识是可以反复验证的，放之四海而皆准，科学研究者应该严守中立、不问政治、客观公正。然而，著名科学社会学家墨顿通过数量分析不仅说明了科学事业已经成为社会上"有兴趣、有能力的人们积极参与的事业"，而且也说明了科学兴起的文化背景和价值观念。他还论述了新教伦理（如颂扬上帝、刻苦和勤奋、神佑理性等观念）与科学家的精神气质之间的紧密联系，由此阐述了科学、技术的发展是受到多种社会价值因素影响的。此外，许多科学社会学家，如斯托勒、哈格斯特龙、戴维·本、哈根斯等也都对科学知识的客观性、普遍性和价值中立性提出质疑。他们认为，科学是在广阔的社会情景中产

---

[1] H. R. Markus & S. Kitayama, *Culture and the self: Implications for cognition, emotion, and motivation*, Washington, D. C.: Psychological Review, 1991, pp. 224–253.

生、发展起来的,因此它既受到社会价值因素的影响,同时也影响着社会的价值观和人们的价值观,忽视科学受社会价值因素的影响和忽视科学对社会价值的影响一样都是不全面的。著名哲学家哈贝马斯也认为,科学知识只是知识体系中的一种形态而已,它的存在是为了满足人们某方面利益的需要,人们在发展这种知识时不可能不渗透利益的因素。[①] 可见,即便是科学知识,并不处于特殊的社会地位,也受到社会的政治、经济、文化因素影响,甚至"当我们把科学放在广阔的社会背景中来加以考察时就不难发现,科学研究者在探索的过程中不可能不受到个人所持有的世界观、价值观、文化观、人生观乃至性别观念、民族观念、宗教观念等左右,科学本身不可能不受到社会的权力、意识形态、阶级、阶层、利益等因素的制约"。[②]

综上所述,知识的社会性已是昭然若揭,知识的生产、选择、传递、消费总是和社会文化、政治、经济等因素相关,总是和意识形态、价值观念、阶层利益存在错综复杂的关系。虽然知识仍然讲究客观性、普遍性,但是这种客观性、普遍性并不是单纯的、纯粹的,它受到了种种关系的裹挟。因此,明确知识的社会性,剖析知识背后的文化制度和阶层利益,才能令知识真正实现为个体和社会服务,也有助于建立一种民主、公平、正义而又正派的知识制度。

二 社会对知识供给的控制

社会对知识供给的控制表现为社会监控知识供给的过程,使其符合社会认同的价值取向,保证知识按照特定的旨趣发挥其功能,同时防止"异端"的知识进入供给体系。社会对知识供给的控制实际就如净化器和过滤器,将知识按照社会自己的需要进行甄别和选择,然后供给给个人。这种对知识供给的控制首先是为了社会自身的稳定和延续,社会通过各种手段干涉知识的供给原则和价值取舍,从而维护特定的社会秩序。其次,知识是供给给个体,社会通过对知识供给的控制最终控制着社会个体。因而,在一个民主、有序、公平、正义的知识供给体系,则会有助

---

① 崔绪治、浦根祥:《从知识社会学到科学知识社会学》,《教学与研究》1997年第10期。
② 楚江亭:《真理的终结》,北京师范大学出版社2005年版,第14页。

于个体的生命幸福和社会的可持续发展，在一个病态的社会里，偏执、极端、错误的知识供给往往会导致个体不幸福的生活和社会的混乱。

具体而论，社会对知识供给的控制主要通过以下因素来实现：

（一）政治和意识形态因素

政治和意识形态对知识供给的干预早已有之，"就统治阶层而言，政治手段具有最直接、明快的效力，它直接控制着社会的政治走向和文化的发展"[1]。任何一个统治阶级都会利用政治、意识形态控制着国家和社会。比如，秦始皇的"焚书坑儒"，通过政治控制社会的文化走向；汉代的"罢黜百家，独尊儒术"，将儒家学术推上政治的舞台，利用儒术控制社会的思想。又如，德国纳粹公然屠杀犹太人，与其在学校教育中推行纳粹精神莫不关联，纳粹在学校中设置德意志历史、德意志地理等学科，将意识形态融入教育麻痹民众，政治控制了知识。还有日本，一直试图进行地方分权化的教育改革，但最终还是走向中央集权化，这和日本的政治权力体制的特点有很大关系。日本一直是中央集权制的国家，"二战"后，美国的"地方分权制"进入日本，日本不得不推行美国的政治体制，在日本 50 年代的教育改革中，美国两次派出教育使团到日本参与制定课程改革的原则和方案，"帮助"日本教科书的制定、教师的培训以实现分权制，但由于日本的"集权意识"根深蒂固，因而战后日本的教育改革呈现出分权制与集权制相互博弈最终又走向集权制的局面。

从东西方知识的供给来看，任何国家、任何社会对流通的知识都是精心选择、有所偏袒，为什么有些知识受到了青睐，而有些知识却遭到排斥？在社会学者看来，流通的知识都是符合统治阶级或优势集团的价值取向。因此，统治阶级为了维护自己的统治，为了保证其意识形态和价值观的再生产，必须对知识供给采取控制。而控制知识供给一个主要的、基础性的、有效的手段就是控制教育中的知识供给，通过对教育领域中提供的知识体系的控制，直接控制每个接受教育的人。在奴隶社会和封建制社会中，政治手段是最常用的社会控制方式。后来随着民主和公平意识的加强，政治对知识供给的控制不敢明目张胆，转而以隐蔽的方式实现控制，统治阶级将自身的文化和价值观念通过合法化和科学化

---

[1] 张行涛：《考试的社会学概观》，《教育理论与实践》2000 年第 3 期。

的外衣成为主流社会的意识形态，以权力的知识化和知识的权力化使民众认可统治阶级的文化和价值观念。

1. 政治、意识形态控制知识供给的价值取向

统治阶级要想巩固和强化其政治和意识形态，控制知识供给的价值取向往往是最基础、最有效的手段。统治阶级将其认可的价值观、规范等纳入基础教育知识供给中并让学生接受内化，如此，政治和意识形态就在基础教育中得以再生产。反观各个国家的知识供给体系，几乎所有国家都在基础教育中安排了比重很大的意识形态课程，如政治课、公民课、道德课或宗教课等，培养学生一定的政治意识，忠于特定的政治。美国学者马西亚拉斯等人曾对14个资本主义国家的社会课、公民课的教材进行调查研究，结果表明这些课程的教材带有强烈的意识形态，强调对国家的忠诚、爱与服从。[①] 中国基础教育中的德育课在目标中就明确提出要对学生进行马列主义、共产主义、爱国主义、集体主义教育。美国学者阿普尔曾指出，早期课程的专家都把课程看成是能产生价值一致、道德同质的工具，这是基于社会控制的目的。[②] 事实上，基础教育知识供给的价值取向的确反映了一定的政治和意识形态，也是一定阶级传承其政治文化的工具。正是由于政治、意识形态与知识供给价值取向的相关性，我们从对政治和意识形态的分析中，可以找寻知识供给的价值取向，同样，从对知识供给的研究中亦能找到政治和意识形态的蛛丝马迹。

2. 政治、意识形态控制知识供给的决策与管理

美国学者哈钦斯认为："任何一种教育制度都无法摆脱其所处的政治环境而存在，教育制度必须反映政治社会的要求。"[③] 统治阶级利用政治权力控制知识供给的运行机制，控制知识供给的决策与管理。在集权制的政治权力体制下，知识供给的体制往往也是集权制的，如上述例子中的日本，还有苏联，包括中国，集权制下的知识供给决策与管理体制也

[①] 鲁洁：《德育社会学》，福建教育出版社1998年版，第274页。

[②] M. W. Apple, *Ideology and Curriculum* (second edition), London & New York: Routledge & Kegan Paul Ltd., 1990, p. 48.

[③] R. M. Hutchins, *The Learning Society*, New York: Praeger Publishers Inc, 1968, p. 5.

是高度集中的，教育部的权力很大，教学计划、教学大纲、教科书全国统一。在分权制的政治权力体制下，知识供给决策与管理体制也体现出分权的特征，如美国，每个州独立设置教学计划，独自编订教材，连学制也是各具特色。政治、意识形态控制知识供给的决策与管理，从一些课程改革中亦可窥见。如美国在20世纪50年代末发起的结构主义课程改革，起因源于美国与苏联的军备竞赛，而苏联率先将第一颗人造卫星发射上空，美国社会随即发起全社会的课程改革，以布鲁纳等人为代表展开了以自然科学学科现代化为中心的课程改革，提高基础教育知识供给中的"科技含量"，目的在于提高美国的科技实力和政治优势，由此带来"学术性课程"在美国20世纪60年代独领风骚。到20世纪70年代，由于美国社会矛盾危机加剧，各种家庭、经济、社会冲突频繁发生，其政治决策将重点转向社会危机，于是基础教育知识供给的重心也放在了有关多元文化、生计教育、实用读写算方面的知识，"学术性课程"的地位也就一落千丈了。

3. 政治、意识形态控制知识供给的内容

知识供给的内容同样受到政治、意识形态控制。米歇尔·福柯运用考古学的方法对知识的发生与发展进行考察，得出知识与权力存在密切关系的结论。他指出，常常被人们视为客观的、价值无涉的知识却成了文明机制的控制者，成了主流势力遮掩世俗欲望的道具，成了愚弄边缘群体的工具。作为传授知识的课程当然也是权力的一种方式，知识供给的内容不是我们通常所理解的客观知识、绝对真理，而是具有意识形态的特性，它背后隐藏的是权力。布迪厄也提出，学校教育是再生产不平等的社会结构的重要途径，课程作为教育的内容，作为合法化的文化，作为一种文化资本，在文化再生产过程中起到举足轻重的作用，在造成社会不平等方面充当重要角色。因为课程是作为一种"符号暴力"在从事社会的再生产，也就是说，通过课程资源的获得，建立起一种权力支配与被支配之间的关系。尤其在现代社会，教育是人们进入现代社会的通行证，教育的多少、文化符号拥有量的差别，导致将人划分为不同学识和能力的群体和个体。课程也分为古典的、现代的和实际的，学生是否学得好或他们适合学哪类课程取决于他们的能力和聪明程度，这样，课程的等级性就掩盖了以文化资本为基础的阶级制度，结果是文化资本少的学生要在学校取得成功非常困难,而文化资本较多的学生可能通过学校教育积累更多的文化资本,从而在社会上获得更多的成功机会。[①] 政治、意识形态控制知识供给的内容从对教材的分析中也可发现。如中国在商、周时期供给的知识主要是戎和礼,这与商、周时期的政治要求相关,对于商、周时期而言,国家还处在奴隶制阶段,国家的任务主要是维护统治和防御外敌入侵,故而关于作战的知识就成了学校教育的主要内容。同时,"礼乐"的知识也被认为至关重要,所谓"乐修内,礼修外",因而有关礼乐知识也被纳入商、周时期的知识供给中。汉代之后,国家供给的知识则是"四书""五经",这与汉代之后国家加强伦理教育和宗法束缚有关,"四书""五经"大部分都是"伦""理"之学,试图通过伦理教化固化民众的思想,遵守封建的宗法制和等级制。可见,政治、意识形态会对知识进行筛选,符合它们价值取向的知识才会被允许进入教育中的知识供给。

(二) 经济因素

经济是基础,社会经济发展水平是影响知识供给的根本性因素。基础教育所供给的知识必须反映所处历史阶段经济发展水平,才能适应生产力发展的状况,满足经济发展的需要。在古代社会,经济水平极其低下,此时期的知识供给更多是宗教知识,自然科学知识极其贫乏。一直到近代社会,机器大生产带来经济的发展,自然科学的知识逐渐受到了重视,代数、三角、物理、化学、生物学等学科进入了基础教育知识供给体系。例如中国宋元明清时期,虽然供给的知识仍然以经史为主,但是也开始关注一些经世致用的知识。如王安石变法,改革教材,既是为了统一思想,也是为了培养实用人才。到了清末,实学更是被明确提出纳入知识供给中,如"主以中学,辅以西学"的提出,张之洞的"中学为体,西学为用"的主张以及"师夷长技以制夷"的思想等。到了现代社会,经济快速发展,计算机、信息技术、分子生物等知识成为经济增长的核心要素,与此同时,计算机科学、分子生物学、遗传工程、空间科学、新能源、新材料、信息论、系统论、控制论等学科进入了知识供

[①] 黄忠敬:《知识·权力·控制——基础教育课程文化研究》,复旦大学出版社2003年版,第50页。

给的体系。再以美国为例，在殖民时代，美国的经济不振，依附于英国，那时美国基础教育中的知识完全效仿英国，课程中充满着神学精神，重视理论学习，轻视实用学科，带有英国式的贵族性、狭隘性。美国独立后，工业和贸易自由促进了经济的发展，学校的课程也发生了变化，增加了数学、地理、经济等课程。可见，基础教育提供与经济发展同质化的知识是显而易见的。著名知识社会学家舍勒认为，不仅知识的性质具有经济制约性，而且知识的增长也是受到经济因素影响的。舍勒在分析了科学知识、宗教知识、形而上学知识的起源与发展后指出，人类对于科学知识的追求其实早在古代就开始了，但之所以等到近代才结出硕果，不是因为其他的原因，而是社会的需要和制约的问题，其中，经济的制约占据很大成分。在古代社会，生产力低下，人们需要的不是自然的权威而是宗教的和形而上学的权威，因此宗教知识和形而上学知识能够得到社会其他组织的支持并取得发展。但到了近代社会，随着工业的发展、新教以及新兴资产阶级的出现，人们需要科学知识来提高自身对自然的控制能力，因此促进了以自然科学为核心的科学进步。没有经济因素的影响，就不可能有科学事业的发展。因此，经济因素在知识供给过程中扮演了一个积极的和重要的角色。

（三）文化因素

知识作为观念形态的文化，是文化的一种特殊表现形式，因而基础教育中的知识供给必然会受到文化因素的制约。可以说，文化是教育中知识的主要源泉，基础教育中所供给的知识只能在社会文化发展所允许的范围内，"就历史发展而言，课程缘起于文化传承的需要，没有文化便没有课程。"[1] 任何一种知识都会打上文化的烙印，基础教育中供给的知识总是传递、延续着某种文化，同时也创造和更新文化。文化是知识供给的源泉，知识供给是文化延续和创造的主要方式，文化影响知识供给，知识供给同样对文化具有反作用。从正规学校教育产生之初，知识供给就被赋予了传承社会认定了的文化的职责，而且在学校教育的发展历程中，知识供给从未改变过这一职责，也未脱离主流文化发展的轨道。中国从汉武帝时期，推出"罢黜百家，独尊儒术"的政策，儒家文化成为

---

[1] 郝德永：《课程与文化》，教育科学出版社2002年版，第2页。

封建时期主流文化、官方文化,从而也决定了教育中供给的知识是以儒家文化为主,"四书""五经"成为学校教育的内容。直至鸦片战争以前,中国学校教育的知识供给基本上是对儒家文化传统的传承。一个社会的主流文化往往从根本上决定着教育中的知识供给,影响着学校教育的课程。

当一个社会的政权发生更替时,新政权总是要否定旧政权,那么新文化取代旧文化就是必须,而通过知识的教育供给来实现新文化的宣扬就成为新政权乐意而为之事。新政权会选择新文化进入教育中的知识供给,作为合法化的知识,甚至是真理传递给每一个受教育者。如俄国十月革命后,列宁要求对旧学校进行根本改造,否定旧文化,歌颂新文化,强调要用共产主义思想占领学校,培养共产主义道德。列宁曾宣称:"我们反对民族文化,它是资产阶级民族主义的口号之一。我们拥护民主主义的和社会主义的国际主义文化。"[1] 中国社会主义制度建立以后,也对教育中知识进行了肃清,剔除封建伦理思想、帝国主义的殖民文化,以马列主义思想、毛泽东思想、社会主义文化充实教育中的知识供给,强调教育要为无产阶级服务,要为社会主义服务。中国1952年颁布的第一个全面规范中小学的课程的政府文件《小学暂行章程》《中学暂行章程》,目的就是反对旧文化,强调以"民族的、科学的、大众的文化"作为教育知识供给的指导思想。可见,文化的变迁和更新会影响到知识的教育供给,知识供给对于文化选择、文化传播、文化融合、文化变迁等表现出维系功能和变革功能。当社会的文化相对稳定时,知识供给维系文化的稳定;当社会的文化发生变迁时,知识供给发挥变革文化的功能,改变旧文化,重新创造一个新文化。

可见,文化制约知识供给,知识供给反作用于文化,一方面,文化是知识供给的源泉,文化的延续、传承、变迁、革新影响知识供给的内容与体制;另一方面,知识供给维持文化及其结构,保持文化的相对稳定性,也对文化起到更新功能。总之,文化与教育知识供给有着唇齿相依的密切联系。抛开文化,知识供给就成了无源之水、无本之木;知识供给又在传承、变革、创造着文化。

---

[1] 《列宁论国民教育》,人民教育出版社1959年版,第154页。

第四节　知识的教育供给

知识的教育供给是指教育通过一定的原则和标准选择、组织知识，进而将知识提供给受教育者。知识的教育供给是在知识的社会供给的大环境下实施和实现的，二者是母系统和子系统的关系。由于教育有其自身的独特性和相对独立性，因而知识的教育供给在遵循知识社会供给的原则和价值旨趣时，也有自身的特殊性。并且，在教育自身规律和独特性的引导下，教育也有自身知识控制的原则、手段和方法。

一　知识的教育供给应遵循的价值旨趣

知识的教育供给是知识的社会供给下的子系统，知识的教育供给首先应遵循宏观的社会供给的价值旨趣，在正常情况下，没有获得社会准入的知识自然是不能获得教育准入。在此基础上，由于教育领域的特殊性，知识的教育供给通常还会考虑学科发展和受教育者成长的需要，遵循学科发展的规律和受教育者身心发展的规律，并由此形成自身特有的价值旨趣。

关于知识的教育供给应遵循的价值旨趣，也有不少研究。如 R. A. 普林格在《知识与学校教育》中就提出，进入教育领域的知识应遵循以下的价值旨趣[①]：

　　社会的效用。有些教材，如工艺学（包括工艺画）、自然科学、数学，这些都应当教给学生，因为它们将会给人们在复杂的工业技术社会里求得生存提供一个必要的基础。
　　社会责任感。有些教材，如政治学、社会学、社会心理学，在任何民主社会里都具有可激发人们的社会和政治自觉性的重要意义，所以都是应当选用的。

---

① ［英］丹尼斯·劳顿：《课程研究的理论与实践》，张渭城等译，人民教育出版社 1985 年版，第 127—128 页。

共同文化教养。历史肯定地曾在过去被用来提供一种共同的遗产，为促进某些类型的社会统一服务。也许，通过人们可以共同享用的文学传统，我们将可保持一种对价值观念和目的的共同认识背景。

个人满足感。有些科目，尤其是审美和运动一类的科目，由于它们可以引导学生参加一些能使他们个人得到很大满足感以及在这一意义上说是能提高生活价值的活动，因此也应当选择。

有关认知的方面。人们可能会赞同，像哲学、考古学等一类科目，即使不会引起学习者太大的兴趣，或者也没有太大的社会实用价值，但是它们仍然具有特别重要的意义。

家长与社会压力。既然家长们要求对孩子学的内容有一些发言权，那么课程中的学科不言而喻也会部分地反映出家长们的愿望。

心智能力。人们过去主张，某些科目（如拉丁语）对促进一般心智能力特别有好处，尤其对促进分析和逻辑思维能力有好处。当然，这曾是一种为早期的专业化辩护的论据，认为不管你学习什么东西，只要所学的东西会给心智带来好处的都可以。

美国教育家詹姆斯·S. 科尔曼认为教育应该提供以下知识或技能[①]：

（1）智能，这是学校教育教得最好的。

（2）一些中学毕业生可能具备的职业技能，这样，每个18岁的中学毕业生，不管是否还继续上学，都能派他们从事某种职业。

（3）做出决断的技能，即在复杂的情况下，做出必然产生重要后果的决断技能。

（4）一般的物理和机械方面的技能，使年轻人能够处理工作之外、家中或其他地方遇到的物理和机械方面的问题。

（5）官僚政治和组织技能，即作为一名雇员、顾客、诉讼委托人或作为管理者或企业家，如何应付官僚机构。

（6）照顾不能自立者的技能，即照顾儿童、老人、病人的技能。

---

① ［美］理查德·D. 范斯科德、理查德·J. 克拉夫特、约翰·D. 哈斯：《美国教育基础——社会展望》，北京师范大学外国教育研究所译，教育科学出版社1984年版，第311页。

(7) 应急的技能，即如何在紧急或陌生的情况下，有充足的时间处理紧急情况。

(8) 在辩论及争论时的口头表达技能。

美国"2061计划"也提出为使学生能够适应现在和未来生活的需要，教育中的知识供给应遵循以下标准或价值宗旨[①]：

实用。推荐学习的内容——知识或技能，能否大大增加毕业生长期就业前景，是否有助于个人决策。

社会责任。推荐的内容能否帮助公民明智地参与做出有关科学技术的社会决策和政治决策。

知识的内在价值。推荐的内容是否包括了科学、数学和技术的重要方面，这些方面在人类历史中是如此至关重要，或对我们文化的影响如此广泛，以至于不讲授它们，通才教育就是不完整的。

哲学价值。推荐的内容是否有助于人们提高思考诸如生与死、感觉与现实、个人利益与公众利益、肯定与怀疑等人类永恒问题的能力。

丰富孩子的童年时代。推荐的内容能否使孩子的童年更加充实丰富（对于孩子，这段生活很重要，并将影响其未来生活）。

教育应该供给什么知识，这一直是众多研究者热衷谈论的论题，在本书的"导论"中，已经罗列了实质教育论、形式教育论、进步主义、永恒主义、社会改造主义、结构主义等教育理论流派对这个论题的观点，尽管众说纷纭，但基本都是从三个方面做出解答。从上述R. A. 普林格、詹姆斯S. 科尔曼以及美国"2061计划"所论及的知识的教育供给应遵循的原则和标准来看，尽管表述不同，但从中分析，可以发现，也仍然是从三个方面进行论述：

第一，教育供给的知识应符合社会发展进步的需要。如前所述，教

---

① 美国科学促进协会：《面向全体美国人的科学》，中国科学技术协会译，科学普及出版社2001年版，导言。

育是社会母系统下的子系统，那么教育供给的知识自然应符合社会的价值旨趣，在前文"知识的意义"一节中曾提及，知识的社会意义在于传承社会文明、促进社会发展、引领社会变革，那么，教育供给的知识也应实现知识的社会意义，符合社会发展进步的需要。作为社会的重要的"教化"系统，教育的功能很重要地表现在它是社会延续、发展必不可少的工具，"是架在人类社会的过去、现在和未来之间的转化之桥，教育起着整个社会的不断'创造性再生产'的作用"[①]。教育自然要承担起促进社会发展的责任，所供给的知识符合社会进步的价值旨趣；自然要承担起维护社会主流的意识形态的责任，所供给的知识符合主流意识形态的价值旨趣。因此，那些可以推动社会发展进步，可以维护社会主流意识形态的知识，同样也受到教育的青睐。如上述材料中普林格所提出的有关社会效用、社会责任感、共同文化教养的知识，美国"2061计划"所提出的有关社会责任、哲学价值的知识，这些知识显然是符合社会进步的价值旨趣，自然也便成为教育优先选择的知识，获得教育准入的资格。

第二，教育供给的知识应符合教育教学活动的需要。只确定教育供给的知识应符合社会发展进步的需要，还不足以全面地表达出知识的教育供给应遵循的价值旨趣。因为，符合社会发展进步需要的知识是众多的，哪些知识才能被教育领域准入？获得教育准入的知识有何特殊性？知识的教育供给与知识的其他供给有何区别？这就需要进一步讨论知识的教育供给相对于其他知识供给的特殊性问题。事实上，这种特殊性的确存在，那就是教育在选择知识时，除了考虑社会发展进步的需要之外，还会考虑教育教学活动的需要，考虑学科发展的需要，考虑课程编制的规律。关于这点，从对课程和教学知识的开发过程，即课程标准的制定、颁行，教学知识的选择、审察、评价等具体活动的考察中，即可发现。作为从属于"培养人"的知识和服务于课程与教学开发、设计的知识，无论从何种意义上讲，都必须受制于教育教学规律。在教育教学活动中，知识的编排和表述也受到相应的控制，以便知识可以针对特定的发展阶段、情境和可能性，对每一个个体的具体发展和可能性分别予以适当的促进、完善或限制。在教育教学活动中，绝对自主的、不受特定教育因

---

① 叶澜：《教育概论》，人民教育出版社2006年版，第34页。

素干预的知识完全是天方夜谭。

第三，教育供给的知识应符合个体发展的需要。教育供给的知识，无论它以什么为价值旨趣，最终要考虑的始终是人的问题，应符合个体发展的需要。这便意味着，知识的供给应考虑个体身心发展的规律，应考虑个体个性发展的需要，应考虑如何编排知识以使其最大限度地促进个体的发展。对于个体发展而言，过高或过低的知识结构水平都不利于发展，只有指向个体的"最近发展区"，才能有效发挥知识的效用。关于这点，进步主义和结构主义的课程改革即是很好的明证。进步主义强调降低知识的结构水平，推崇依据学生的兴趣来进行教学，由此导致学生知识学习明显放松，学业成绩不理想，进步主义课程改革最终没有彻底推行。而结构主义恰恰相反，它对进步主义进行反思和批判，强调加强知识的结构水平，认为任何一种知识总能够以某种方式教给任何一个阶段的任何儿童，由此引起美国学校的高难度、高速度的课程改革，然而，结构主义同样没有持续多久，以改革失败告终。因而，个体发展的需要是知识的教育供给始终要遵循的价值旨趣。而且，个体发展的需要是变动的，随着时代的发展，随着情境的改变，个体发展的需要也在随之改变，同时每个个体发展的需要也存在差异，这些都是知识的教育供给需要解决的难题，这意味着知识的教育供给要时时检视自身，避免故步自封、随波逐流，防止知识教育对个体的不尊重和不关心。当知识的教育供给没有考虑到人的发展需要，进行呆板的说教时，其结果只能是不得人心，难以取得个体的信任。

二 基础教育知识供给的主体

自 2001 年中国实施基础教育课程改革以来，中国基础教育知识供给的主体不再是国家，而是国家、地方、学校三者共同形成知识供给的主体，此外一些社会组织和团体也成为知识供给的主体。这不仅体现出知识供给的多样性与多元化，同时也体现出各方的权力冲突和利益博弈。

（一）国家层面的知识供给

"国家影响最有效的途径，国家权力最可用的侍仆，不是军队、监狱，也不是精神病院和医院，而是学校。"① 一个国家要维护自己的统治，都是"软硬兼施""双管齐下"，除了采取硬性手段，如军队、监狱等，还会采取"软"的手段，如控制民众的思想。其中，学校教育无疑是国家实施"软"性控制最有效的途径。因为，学校是个体社会化最重要的机构，学校教育通过有目的、有计划、有组织的教学活动对个体传授知识、进行价值引导，一方面促使学生发展，使学生获得知识、能力与价值观，学生得以顺利成长；另一方面也促使学生形成与社会一致的思想与价值倾向，为社会遴选和提供各种所需人才，保证社会的稳定与发展。可以说，学校教育从诞生起，任何国家都未放松对学校教育的控制，从未放松对学校教育知识供给的干预。当然，国家可以通过干预学校教育的领导权、受教育权、学校教育运行的制度等来控制学校教育，但知识，作为教育的第一要素，作为学校教育的核心构成，是学校教育对个体施加影响的主要媒介，毫无疑问会成为国家控制的关注重点。事实上，国家一直也是干预并控制着学校教育的知识供给。

国家对基础教育知识供给的干预与控制伴随着知识供给的所有流程。国家通过制定教育目的，发布一系列的教育方针、政策，有目的、有针对性地对知识进行筛选和剔除，然后确定每门学科的培养目标、课程标准，接着选拔专家编写教材、审查教材。虽然表面上看，选择知识的权力下放到专家学者身上，但事实上，专家学者往往是由国家选定，代表的是国家的标准和要求，是国家意识形态的代言人。尽管国家对知识供给的干预和控制不似传统社会那样赤裸裸，但是，基础教育知识供给无论如何都不可能摆脱国家层面的干预，只不过这种干预隐蔽化了。

（二）地方层面的知识供给

地方层面的知识供给主要是指地方各级教育主管部门在遵循国家层面的政策规定下，根据地方的经济、政治、文化及教育发展水平，充分利用地方资源进行的知识供给。在地方层面上，知识供给的供给主体主要是地方教育主管部门，即知识的来源主要受到地方教育主管部门的制约，而地方层面知识供给又是通过学校教育中的课程、教科

---

① 苏国勋、刘小枫：《社会理论的政治分化》，生活·读书·新知三联书店 2005 年版，第 353 页。

书及地方课程来呈现出知识的供给,可以说进入课程和教科书中的知识是被地方教育主管部门所认可的知识,是合法知识、权威及主流价值的集中体现。

(三) 学校层面的知识供给

除了国家和地方以外,学校也是知识供给的重要主体。学校自主开发校本课程,提供给学生学习,这是学校层面的知识供给。此外,教师在教授知识时会对知识进行再选择、再加工,然后传递给学生,可称之为教师个人的知识供给,也将其归于学校层面的知识供给。

(四) 社会层面的知识供给

社会层面的知识供给包含了多个方面,社会里所有可利用的资源都可以直接或间接地成为知识供给的渠道和来源。现代社会是以知识为基础、网络为载体的知识经济,信息产业的极速发展是当今社会发展的主要标志之一,因而,在社会知识供给中,信息资源是不可或缺的一大部分。一方面,以新媒体为代表的"第五媒体"是知识供给的重要来源,如数字杂志、数字报纸、数字广播、移动电视、网络等;另一方面,各种物质信息资源如校外图书馆、博物馆、展览馆、科技馆等也属于社会知识供给的重要组成部分。除此以外,各个地区富有特色的资源也在社会知识供给之内,如武汉市内存在的大量培训机构、辅导中心就已经形成了武汉市特有的一种社会资源。据武汉市教育局 2016 年统计显示,武汉市共计培训机构 467 所,其中合格的有 343 所[①],在这些合格的培训机构中,新东方教育科技集团旗下的新东方学校是典型代表,新东方学校不仅遍布武汉市各个城区,拥有众多学员,而且集教育培训、教育产品开发、教育服务等于一体,可以说,这样规模较大的培训机构已经构成了武汉市社会知识供给中不可忽视的一股力量。

从上文论述的基础教育知识供给的四个主体,可以看出知识供给的主体富于多样化。国家位于知识供给主体的主导地位,支配和主导着基础教育的知识供给,地方和学校在遵循国家政策的前提下也为基础教育供给知识,行使知识供给的权力,此外,由社会中的信息资源、地方资

---

① 武汉市教育局:《教育部门审批的民办培训机构 2016 年下半年监督检查情况公告》(http://www.whjyj.gov.cn/news/20161227/n12303994.html)。

源组成的知识供给也构成知识供给中所必不可少的一部分。这些来自不同方面、不同层面的知识供给共同织就了基础教育知识供给网络，它们彼此配合，同时也互相规约限制。那么，中国基础教育知识供给的不同主体是如何供给知识？基础教育知识供给有何困境？不同主体之间如何协调？要弄清楚这些问题，必须审视当前中国基础教育阶段知识供给的现实状况，即供给现状。

三 必要的说明

在中国23个省、4个直辖市及5个少数民族自治区中，每个省份自治区的知识供给因经济、政治、文化等因素的影响存在较大差异，如北上广一带与中国西北地区的知识供给是不同的。同时，武汉市作为湖北省省会，位处中部地区，其知识供给也独具特色。

本书重点以武汉市为代表，选取武汉市中小学作为研究对象，通过对武汉市当前的课程与教材的研究，对武汉市中小学师生的调查，了解知识供给存在的问题，在此基础上寻求基础教育知识供给的干预机制。

基础教育知识供给，按照学段划分，可分为幼儿教育阶段的知识供给、小学教育阶段的知识供给、初中教育阶段的知识供给、高中教育阶段的知识供给。由于义务教育阶段知识供给国家、地方、学校都非常重视，国家专门发布了《义务教育教学用书目录》，指定了具体出版社的教材供中小学选择，教材管理较规范。就湖北而言，幼儿教育阶段国家没有指定出版社发行教材，教材五花八门，各式各样，难以统计分析。高中教育阶段湖北教育出版社只出版了数学教材，大部分学校采用的都是人民教育出版社的教材。因而，本书重点以义务教育阶段的知识供给（小学教育阶段知识供给和初中教育阶段知识供给）为研究对象，以此了解基础教育知识供给的现状与问题。

第二章

国家层面的知识供给

国家层面的知识供给是指国家作为知识供给的主体提供知识给学生。国家委托有关部门或机构制定和颁布各种课程政策，确定各个领域或学科的课程标准或教学大纲，编写教科书，从而完成基础教育的知识供给。国家层面的知识供给是基础教育知识供给的主体部分，集中体现了国家的意志，是决定一个国家基础教育质量的主要因素。

第一节 国家供给知识的原因分析

2001年，《国务院关于基础教育改革与发展的决定》与《基础教育课程改革纲要》明确指出，为了保障不同地区、学校和学生的要求，课程应该实施国家、地方与学校三级课程管理模式。文件进一步提到：国家制定中小学课程发展的总体规划，确定国家课程的门类和课时，制定国家课程标准，宏观指导中小学的课程实施。在保证实施国家课程的基础上，鼓励地方开发适应本地区的地方课程，学校可开发或选用适合本校特点的课程。可见，新一轮基础教育课程改革虽然提出国家、地方、学校三级共同构成基础教育知识的供给方，但仍强调国家层面的知识供给是主体部分，是核心部分。相对于地方和学校，国家供给知识具有不可取代的优势。

第一，保障全体学生拥有学习的权利。国家面向全体学生提供知识，因而国家应保证全体学生皆享有学习的权利，其供给的知识也是以适合所有学生为目标，以培养一个国家公民应该具备的知识、能力、态度为目标。一般而言，国家制定的知识标准不能太高，应使大多数学生都能够掌握，从而避免那些处境不利的学生被排除在外。

第二，明确规定学生在接受学校教育期间应达到的标准。国家供给的知识实际上也是一个质量标准，它规定了各学段各学科的学习指标，界定了学生学习达到的成就标准，为各级各类学校及教师提供了清楚的、具体的教育质量标准。此类标准可用于制定教育目标、评价教育目标的完成效果、并对教育过程进行全程监控，同时也是比较分析各省市、各地区的学业质量的重要依据。

第三，增强学生在校教育期间接受知识的连贯性与连续性。国家供给知识是针对所有学生、所有学校、所有学段，具有统一性和基础性的特点，这也决定了国家层面的知识供给相对于地方层面、学校层面的知识供给而言，更加具有连续性和连贯性。它使不同学段之间的知识相互连贯，形成一个连续的知识框架，从而为不同学段的学生顺利过渡提供便利。

第四，为了解基础教育质量提供依据。新一轮的基础教育课程改革虽然提倡国家、地方、学校共同供给知识，但是也明确提出国家层面的课程占80%以上，地方和学校的课程至多占据20%。为此，了解一个国家的基础教育质量，国家层面的知识供给是重要依据。同时由于各个省市、各地区的地方知识供给、学校知识供给各具特色、形式各异，因而国家层面的知识供给也为公众及研究人员讨论知识供给问题提供了一个共同对话的基础。

国家供给知识的优势是显而易见的，全世界大部分国家、地区的基础教育知识供给是由国家完成或者主要由国家完成。中国在漫长的历史长河中，也是由国家担任教育领域知识供给的唯一主体。国家之所以热衷于为教育领域供给知识，除了上述所论及的优势之外，还有一些其他原因。将知识供给纳入更大、更深的背景进行追问，我们可以从历史、政治、文化等方面找到国家进行知识供给更多的、更深层次的原因。

一　知识供给实现了对人的规训

"规训"一词主要是由法国哲学家、社会思想家福柯提出并进入社会学领域的研究视野。福柯在1975年出版著作，名为《规训与惩罚》(*Discipline and Punish*)，这里的"规训"具有纪律、教育、训练、校正、训诚等多重含义。福柯在这本著作中深刻揭露了学校教育中的规训现象，认为学校教育通过各种形式，对教育中的人实施规训化和程序化，揭示了学校教育如何控制他人的身体和心灵，使其按照预定的速度和效果，成为预想中的人。其中，知识供给是学校教育实现对人的规训的重要形式。

知识供给实现对人的规训，这个观点颠覆了以往人们对知识供给的认识。在第一章中，笔者曾经提及知识的属性，在很长一段时间内，知识的属性被认定为客观性、普遍性和价值无涉性，知识是客观的、不以人的意志为转移的，是放之四海而皆准的真理。"知识就是力量""科学的知识最有价值"成为知识研究领域的旗帜，追求知识、穷尽真理是人们学习的目标，人们相信通过知识能够揭示必然世界，而知识的确也给人类带来巨大的改变，知识增进了人类的自由，知识使人类获得了前所未有的解放。对于个人而言，知识同样作用巨大，没有知识，个人不可能有很大发展，更不可能有多大自由（这里的自由更多指向精神自由）。但是随着知识研究的深入，知识的其他属性也被逐渐揭露出来。人们在与外在世界接触的过程中，个体的兴趣、价值观也会影响个体与外在世界的接触，知识是人们与外在世界相互建构的结果，显然，个体性的差异会影响知识的产生与创造。因此，知识也是个体的、境遇性的和价值关涉的。正是知识具有多维、多元的属性，决定了知识一方面能够促进个体的发展，另一方面又实现对个体的规训，知识在让个体获得更多自由的同时，也在对个体进行着规训、训练和校正。

1. 知识通过对人的社会化实现对人的规训

教育的功能有两种：一是促进个体的发展；二是促使个体实现社会化，成为社会中的人，从而促进社会的发展。这可称之为教育的个体功能和社会功能。教育对人的社会化是非常有效的，因为它选择的是对社会有利的内容传递给个体，而且是以个体容易接受的形式去传递，毫不夸大地说，教育是促使个体社会化最主要且最有效的方式。那么，教育如何实现对人的社会化？教育对人社会化的形式是多样的，如学校对环境的设计与创造、学校举办的各种活动、学校举行的各种仪式等，都能实现人的社会化。但是，知识作为学校教育的核心构成，作为连接社会、教育、个体的主要载体，在个体社会化过程中承担着尤为重要的作用。

甚至可以说，教育实现个体社会化的主要形式便是知识供给。

社会要传承，国家要延续，总是会选择对社会、国家有利的知识传递给个体。社会、国家将某些知识体系以及这些知识体系蕴含的价值和精神传递给个体，个体通过知识的学习接受这些知识体系和价值标准。也就是说，社会、国家引导学生了解和理解特定的知识，通过特定的知识传递特定的价值标准，从而将学生培养成拥有特定的能力、情感和价值观。一言以蔽之，学生发展成什么样的人，取决于教育将什么类型、什么性质、什么价值的知识供给给学生。如此，社会、国家需要什么样的人，便会通过知识供给影响个体，通过知识供给来实现对人的规训。对于统治阶级以及居于优势的社会群体而言，要保证自己的统治延续，保障自己的优势，那么，控制知识供给，选择供给的知识，是其关注的焦点。从这个意义上说，通过教育实现个体社会化的过程，实际就是通过知识对个体规训的过程，教育通过知识实现个体的社会化从而也实现对个体的规训。

2. 知识的群体性对人的规训

知识虽是由个体发现和创造的，但个体总是从属于一定的社会，从属于一定的群体，因而知识本质上是群体的，具有群体性。任何一种知识，均折射出当时的社会文化。知识的产生、存在与发展，既与社会的经济条件和政治环境息息相关，也离不开其产生与赖以存在的社会文化土壤。而且，个体在发现和创造知识时，并不是一块"白板"，所处群体的文化、研究"范式"等促使个体带着已形成的理解和看法去接受知识，用皮亚杰的话来说，个体是带着已有的认知图式去认识新事物、发现新知识。这便是知识的群体性。同时，知识总是必须为某个社会、某些群体认可并推崇，才能保存并传承下去，这也说明了知识是群体的，是"类"的。如前所言，知识的群体性使个体带着群体的文化、群体的研究"范式"去发现新知识、学习新知识，这实际就是对个体的规训过程。个体通过知识获得了群体所认可推崇的价值观点、文化体系，得到群体的接纳，这个过程意味着个体消除自身的"个性"，获得"群体性"，知识的学习过程实际是千姿百态的个体被群体同化的过程。同时，群体为了自身的权利，也必然会通过知识建立一种身份，个体学习知识获得了身份，成为群体的一员，群体会对有共同学习经历、相似知识背景的成员表示接纳，而对其他领域的他人表示排斥。关于这点，教育社会学家巴兹尔·伯恩斯坦已有深刻的研究，他指出一些课程将知识专业化、阶层化，从而促成社会等级化，知识的选择者根据一定的标准对知识进行剔除与选择，并将其编为学校课程，在学生群体中筛选出适合学习这些知识的学生，使其形成某种特定的认知风格，从而成为上层阶级所需的人才，于是通过知识的专业化、阶层化，以促成社会等级化。可见，知识的群体性也实现了对人的规训。

3. 知识的意识形态性对人的规训

价值关涉性是知识的重要属性，知识受到社会价值的引导，其本身也表达着社会的价值要求与价值趣味，反映着人们的态度与价值倾向。需要进一步说明的是，除人文学科知识以外，自然学科知识也不可避免地透露着价值取向、价值判断与价值追求，也存在价值偏向。特别是教育中的知识是主流阶级的权力、意志、价值观念、意识形态的体现和象征，会反映特定社会群体和利益集团的价值诉求。知识的意识形态性很多学者都有研究。福柯曾提出可以通过两种权力形式来实现对人的规训：一是国家权力、君主权力、法律权力，这种权力是通过镇压、暴力、消灭等形式来对人进行规训；二是生产性权力，不同于国家权力、君主权力、法律权力，生产性权力不是镇压和消灭式的，相反，它是生产性的，它通过对人反复改造、矫正从而生产出某种有用而驯服的产品，使人无论从行为上还是思想上都符合某种规范，听从某种规范。教育就是生产性权力，它通过知识渗透某种意识形态，从而生产出标准化和规范化的个体。福柯认为，知识的意识形态性是对人进行规训的最有效方式。个体在知识的学习中，接受知识所带来的意识形态，接受知识所代表的社会群体和利益集团的思想、观念，接受的程度越高，就越能获得社会群体和利益集团的认可，越能在教育体制中占有更多的优势。同样地，要想在教育体制中获得优势，个体就必须接受知识的规训，接受社会群体和利益集团赋予的思想和观念。对此，路易斯·阿尔都塞的论述虽然有些夸张，却也十分贴切：大概没有一种意识形态的国家机器能像学校那样，可以让所有儿童一天八小时充当义务听众。[1]

---

[1] 袁胜育：《西方意识形态研究的历史发展》，《社会》2004年第4期。

由此可以看出，知识促进个体发展、授予个体自由力量的同时，也在规训着个体。这是由知识的特性和教育的功能所决定的。任何一个国家都不会放弃对知识供给的关注，因为供给什么知识、怎样供给知识直接影响到培养什么样的人。知识是社会、国家对人实行规训的重要中介。

二　知识供给实现了国家权力的合法化

"合法化"的基本含义是宣称、显示和证明是合法的、适当的或正当的，以获得授权或承认。国家权力的合法化即是宣传、显示和证明国家权力是合法的、适当的或正当的，使国家权力获得承认，以保证其成员意志服从。很显然，只有当国家权力获得民众的忠诚和拥护时，其统治才能是有效的和稳定的；相反，当国家权力受到民众的质疑和反对时，其统治必然会动荡不安甚至消亡。可见，国家权力的合法化是国家政治统治稳定的基础。那么，国家如何实现权力的合法化？又是什么能够提供国家权力合法化的支持？知识供给与国家权力的合法化存在什么关系？

一般而言，国家权力的合法化至少需要三个基础，一是意识形态基础（国家权力从人们认知、价值观、信仰等理念方面获得支持），二是制度基础（国家权力的获得和运作必须有组织和制度的支持），三是有效性基础（国家权力必须取得实际成就）。其中，学校教育在国家权力的"意识形态基础"方面发挥着关键且有效的作用。通过教育，特别是通过教育中的知识供给，国家意识形态得以传播，并推广至社会，以便全体社会成员接受，在此过程中，国家权力得以合法化。

关于知识与权力的关系，很多社会学家做过研究。哈贝马斯曾指出，政治的合法化，需要将政治建立在某些被认可的价值上。这些被认可的价值是与一定的社会规范相联系，需要一定的社会规范去证明。也就是说，当某种政治在当时的社会规范中具有被认可的价值时，这种政治权力才具有合法性。葛兰西认为，国家权力主要依靠说服、教育等途径向民众进行意识形态灌输，从而使民众的意识形态一致化。韦伯提出，人们对于国家权力的服从，不仅包括习惯、自身利益的服从，还在于人们对于国家权力的认可和信仰。只有在国家拥有被认可的权力和人们对国家权力的自愿服从时，国家权力才能有效。而人们对国家权力的认可和信仰则与知识有莫大关系。阿尔蒙德也指出，国家权力的合法化建立在民众的认知取向、感情取向和评价取向上，如果民众在认知上对国家权力和政策制度有比较清晰的知识，在情感上有着良好倾向，在评价上拥有好感，那么这个国家的权力就会成功地实现合法化。可见，无论是哈贝马斯、葛兰西、韦伯还是阿尔蒙德都认为，国家权力的合法化离不开民众对国家权力的认可和服从，而认可、服从的形成和巩固，自然离不开知识，教育知识的供给本质上就是使民众形成一定的情感、态度和价值观，进而拥护和服从国家权力。

除此之外，麦克·扬和 W. 阿普尔等人进一步对知识如何实现国家权力的合法化进行了研究。麦克·扬对学校知识的层次进行了研究，发现高层次知识主要有四个特点：强调文字书写、个人主义、知识的抽象性以及与日常生活和普通经验的非联系性。实际上，知识本身并不具备这些特点，是知识经过筛选和组织后具备了这些特点，这些特点可以被看作是教育价值的社会规定，规定了知识的教育价值与特定时期统治阶级的利益和信仰相一致。麦克·扬指出，高层次知识的特点正好符合统治阶级的经济和政治的标准，这些占统治地位的经济和政治的标准于是成为教育中知识分层的决定性因素。知识的高度分层进一步设立了教育成败的标准，掌握高层次知识的学生意味着获得成功；相反，无法掌握高层次知识的学生则被认定为失败者，由此导致学生之间形成一种严格的等级关系，进而导致学生进入社会后的分级分层。可见，国家的政治、经济秩序通过知识的分层得到了巩固和维系。W. 阿普尔对知识的追问"谁的知识最有价值"同样指向知识与国家权力的关系。W. 阿普尔认为，在教育中，生产知识的主体，选择知识的主体，都是社会中的优势集团。所谓优势集团，是指在政治、经济上占据主导地位，甚至在文化上也占据主导地位。显然，国家权力作为优势集团，主导着知识的生产与选择。国家从整个知识领域中选择代表它们利益的知识进入到教育供给系统中，通过知识的传授潜移默化地进行意识形态渗透，实现了意识形态的再生产，从而达到合法化的目的。

可见，知识并不是我们所认为的那样客观、中立，而是一种国家控制的机制，它实质上实现了国家权力的合法化。无论是从知识的选择、组织还是评价，都与国家权力紧密相关。知识是国家权力合法化的媒介，渗透着权力关系和意识形态。被国家权力认可的知识必然会维护国家权力，执行着国家控制的职能。为了维护国家权力，国家必定会牢牢抓住知识这一媒介，干预教育中的知识供给，如国家委托相应部门制定课程计划、教学大纲、课程评价标准，统一编订教科书和教辅材料等。可以说，知识与国家权力息息相关。

三 知识供给实现了经济和文化的再生产

以美国的萨缪·鲍尔斯和赫尔伯特·金蒂斯为代表的经济再生产理论认为，学校教育复制和再生产了社会中的经济关系，学校中的各种社会关系和知识供给再生产了社会经济结构和社会阶层关系。在社会中，不同的职业对人的知识与能力要求不同，知识和能力又同学生的受教育经历、文凭相关，于是就演绎成不同的职业对学生的受教育经历、文凭的要求不同。通常，高级职业要求较高的学历、文凭，其经济报酬和社会声望也较高；反之，低级职业只需要基本的学历、文凭，其经济报酬和社会声望也不高。如此，如果想要获得较高的经济报酬和社会声望，个人就必须去接受较高的教育。于是，教育便成了社会分层的关键因素。一批经济学家和社会学家通过对学校教育的研究，发现学校教育与社会的经济结构之间确实存在直接的"对应"关系。第一，教育中的各种社会关系，如行政人员与教师的关系、教师与学生的关系等"复制"了社会的等级分工。行政人员权力大于教师的权力，教师的权力又大于学生的权力，这种权力路线一定程度上加强了学生的等级意识，使学生习惯于社会分层。第二，学校教育为高级职业供给所需的知识，通过知识分层实现经济再生产。学校教育总是给予那些高级职业所需的知识以优先的地位，同时也是以这些知识去评价学生的学业成败，这不仅为经济生产提供了劳动力，同时也将职业所需的各种因素，如知识类型、行为标准、价值观念等赋予学生，从而将学生统合到经济系统中。第三，学校教育把高级职业、经济报酬等外在因素作为奖惩学生的标准，学生学习的动机是知识之外、教育之外的因素，而不是获取知识过程中产生的愉悦、兴趣，如此学生对知识学习的观点也发生异化，学生关注的重心转移到经济报酬等方面，社会经济结构于是将触手伸及学校教育，干预学校教育。因此我们看到，学校教育中的知识是经济再生产的媒介，学校教育复制和再生产了社会中的经济关系。

知识供给同样实现了文化的再生产。文化再生产理论认为，教育在延续和传递文化的过程中，也再生产了文化中不平等的阶级结构和社会关系。法国社会学家皮埃尔·布迪厄提出，社会由一个个场域（field）构成，场域间存在着各种竞争和冲突，而决定竞争和冲突的力量即是"资本"。在布迪厄看来，"资本"并不仅仅是一个经济学上的概念，他提出"资本"有三种基本的形态：(1) 经济资本。经济资本就是一般意义上理解的"资本"概念，这种资本可以直接转换为金钱和财产。(2) 文化资本。即"那些非正式的人际交往技巧、习惯、态度、语言风格、教育素质、品位与生活方式"[1]，在某种特定条件下，文化资本能够转化为经济资本，而这个转化的过程，则主要是在学校教育过程中进行。(3) 社会资本。社会资本是指一个人通过在社会组织中的位置获取利益的能力，社会资本在一定条件下也能转换成经济资本。布迪厄认为，当代社会，文化已取代政治、经济等因素跃居于社会生活的首位，简单而言，一些问题已经无法通过政治、经济来解决，而是需要文化的介入。文化已经渗透到社会的所有领域，对文化的延续和再生产便成为关注的焦点。布迪厄指出，文化资本包括三种基本形态：身体形态、客观形态和制度形态。身体形态通常指通过家庭环境及学校教育获得并成为精神与身体一部分的知识、教养、技能、品位及感性等文化产物。客观形态即物化状态，具体地说，就是书籍、绘画、古董、道具、工具及机械等物质性文化财富。制度形态是指将行动者掌握的知识与技能以考试等方式予以承认并通过授予合格者文凭和资格认定证书等方式将其制度化。文化资本的积累通常是以一种再生产的方式进行。文化资本的再生产主要通过家庭教育和学校教育来实现。家庭无疑是文化资本再生产的场所，父母的知识修养、文化品行自然而然会影响到儿童，儿童通过模仿和环境的渲染继承父母的文化资本，实现文化资本的再生产。同样，学校教育也是文化资本再生产的重要场所。如学校教育中的学历制度，学校教育将某些知识与技能予以正式的地位，并通过考试、授予学位等制度化的方式将这些知识与技能置于重要的地位。一方面学生的身体形态资本

---

[1] [美] 乔纳森·H. 特纳：《社会学理论的结构》，邱泽奇等译，华夏出版社2001年版，第192页。

会影响到学生在学校教育中知识学习的成败，另一方面知识学习的成败又进一步影响着他未来能够拥有的资本。布迪厄做出总结，学校里传授的知识是社会中优势集团的文化，也就是中产阶级文化，它贬低弱势集团的文化，因此，具有不同家庭背景的学生所拥有的文化资本具有巨大的差异。其结果是，文化资本少的学生要在学校取得成功非常困难，而文化资本较多的学生可能通过学校教育积累更多的文化资本，建立了更多的文化优势，从而在社会上获得更多的成功机会。因此，知识成为一种文化资源，成为人们增强支配地位和获得权力的途径。

综上所述，知识供给实现了对人的规训，实现了国家权力的合法化，实现了经济和文化的再生产，因而，任何一个国家都会介入到基础教育中的知识供给。而对于基础教育知识供给而言，国家也是知识供给的重要主体。需要指出的是，国家虽然会出于意识形态的传递、权力的合法化、文化的再生产等原因进行知识供给，但是，社会需要、学科发展、个人发展等同样也是国家在基础教育供给知识过程中需要考虑的因素。这些原因并不是非此即彼，相互排斥，而是相互交织、综合作用。

第二节　国家供给知识的模式和机构

一　基础教育知识供给的模式

从世界范围看，基础教育知识供给有三种模式：一是集权制，代表性国家有法国、瑞典、韩国等。集权制模式下的知识供给实行从中央到地方到学校的垂直型领导，地方教育行政部门和学校贯彻和执行中央知识供给的政策和决定，此种知识供给的模式是自上而下，各机构的权力也是逐层递减的。二是分权制，代表性国家有美国、德国、加拿大等。分权制模式下的知识供给主要由地方教育行政部门负责，中央管辖的事务很少，权力也较小。三是混合制，代表性国家有英国、日本。混合制模式下的知识供给由中央和地方共同完成，中央和地方的教育行政部门共同参与知识供给事务。该模式是介于集权制和分权制二者之间的一种模式。在该模式下，国家教育行政部门仅仅行使法律规定范围内的职权，地方教育行政部门在法律规定的职责范围内享有实际上的自主权。

中国目前的知识供给采取三级管理模式，即中央、地方和学校三级共同构成知识供给主体，共同参与知识供给。以往，中国采用的是集权制知识供给模式，知识供给由国家统一完成，直到20世纪90年代，这种模式开始遭到质疑。1989年国家教委曾组织中小学课程改革赴英考察团，时任教育部课程教材研究所所长的吕达是考察团的一员，考察结束后，在一系列研究报告中，他提出了知识供给的三级管理模式。此后，他又在其著作《独木桥？阳关道？——未来中小学课程面面观》中提出"在我国普通中小学实施'三级课程、三级管理'"，认为国家、地方与学校应该各自发挥自己的职能，将课程分为国家课程、地方课程与学校课程，并预测在中国的普通中小学实行三级课程、三级管理具有切实可行性。[①]由此产生了知识供给三级管理的最初理论模型。从1999年开始，中国开始设置知识供给三级管理模式。1999年6月，第三次全国教育工作会议发表了《中共中央国务院关于深化教育改革全面推进素质教育的决定》，指出"调整和改革课程体系、结构、内容，建立新的课程体系，试行国家课程、地方课程和学校课程"。2001年6月，国务院召开了全国基础教育工作会议，随后发表了《国务院关于基础教育改革与发展的决定》，指出"实行国家、地方、学校三级课程管理。国家制定课程发展总体规划，确定国家课程门类和课时，制定课程标准，宏观指导中小学课程实施。在保证实施国家课程的基础上，鼓励地方开发适应本地区的地方课程，学校可开发或选用适合本校特点的课程。"同时，教育部颁布了《基础教育课程改革纲要（试行）》，指出"改变课程管理过于集中的状况，实行国家、地方、学校三级课程管理，增强课程对地方、学校及学生的适应性"。中国自此正式实施国家、地方、学校三级知识供给模式。

在中国，三级知识供给的基本模式主要表现为：由国家制定课程发展总体规划，确定国家课程的种类和课时安排，制定国家统一的课程标准，并在宏观上对课程实施进行指导；地方教育行政部门则依照国家的课程发展总体规划设置、制定适应当地需要的课程，包括开发与选用地方课程；学校需要执行国家课程与地方课程，同时也可以开发或选用符

---

① 吕达：《独木桥？阳关道？——未来中小学课程面面观》，中信出版社1991年版，第247—250页。

合本校特点的校本课程。三级知识供给模式将国家、地方与学校课程在课程计划总体中所占的比重重新划分，减少了国家硬性规定的成分，在课程内容的选择与课时的安排上，地方与学校有了一定程度的决定权，拥有了选择余地。可以看出，三级知识供给模式既不是集权制，也不完全是分权制，是中国结合国情探索出的新模式。

二 国家供给知识的机构

2011年，教育部印发《义务教育课程设置实验方案》，确定了义务教育阶段的培养目标，提出了课程设置的原则，提供了义务教育课程设置表，并规定"地方与学校课程的课时和综合实践活动的课时共占总课时16%—20%""省级教育行政部门可根据本省不同地区社会、经济、文化、发展的实际情况，制定不同的课程计划；学年课时总数和周课时数应控制在国家所规定的范围内；根据教育部关于地方课程、学校课程管理与开发的指导意见，提出本省地方课程、学校课程管理与开发的具体要求，并报教育部备案"。由此可以看出，虽然国家允许地方、学校共同为基础教育供给知识，但是其所供给的知识不能超过知识总量的20%，而且"学年课时总数和周课时数应控制在国家所规定的范围内"。可见，在三级知识供给模式中，国家仍是知识供给的主要供给方。

那么国家如何为基础教育供给知识，是通过什么机构供给知识？国家通过教育部为基础教育供给知识，教育部既是国家教育行政的最高机构，也是国家供给知识的职能部门。在基础教育知识供给中，教育部的职能表现为：

1. 确定全国基础教育的培养目标。

2. 制定课程计划与课程标准，规定基础教育的课程结构、课时分布。

3. 制定课程实施过程的指导性意见，指导和监控地方、学校贯彻执行知识供给政策。

4. 制定基础教育的课程评价制度，保障国家知识供给各个阶段的目标能够有效落实。

5. 确定三级课程管理政策，制定地方与学校的课程管理指南，规范地方课程与学校课程的开发，对地方与学校的课程管理进行指导。

6. 颁布教科书、教材开发与管理政策，向学校和社会定期公布审定完毕的中小学教材目录与教材使用情况评估报告。

7. 监控国家基础教育课程运行质量，定期抽查与跟踪中小学教学、评价与考试、课程资源开发与利用等情况，并提出评估报告。

综上可知，教育部负责基础教育知识供给的各方各面，从课程计划、课程标准、课程实施、课程评价、课程管理到教材开发、课程运行、培养目标等，国家教育部统一进行研究、规划、推广和执行，覆盖了全国基础教育知识供给。在培养目标上，教育部制定教育的总目的，以及各级各类学校的培养目标，并对基础教育的人才培养方向提供指引。在课程计划上，教育部规定基础教育的学习领域、科目数、总课时及课时分布等，并对地方、学校的严格执行展开监控。在课程标准上，教育部制定各阶段的课程标准，如义务教育课程标准、高中课程标准等；制定各学科课程标准，如义务教育阶段语文学科课程标准等，指导和督促地方和学校执行。在课程实施上，国家颁布政策、意见等文件，指导、保障知识供给的顺利实施，如在2014年，教育部印发了《教育部关于全面深化课程改革落实立德树人根本任务的意见》，在此文件中提出了"充分认识全面深化课程改革、落实立德树人根本任务的重要性和紧迫性"，以及"准确把握全面深化课程改革的总体要求"，提出了"着力推进关键领域和主要环节改革"，提出了"切实加强课程改革的组织保障"。在课程评价上，教育部规定了中小学的考试形式、考试内容，特别是一年一度的高考，成为中小学知识供给的指挥棒。教育部从全国层面对知识供给进行整体规划，制定出各级各类学校以及各类学科的课程标准，并规定了核心课程的最低课程标准和评价标准，保障全国范围内的学生在核心课程上能够接受统一的教育，实现教育机会均等和教育公平。同时，通过对知识供给的规划和监控，某些价值观和意识形态也得到了传递和传承，国家权力实现合法化，经济和文化实现了再生产。

在教科书、教材的开发上，国家成立了基础教育课程教材发展中心，是教育部直属事业单位，主要承担组织基础教育课程教材的研究、开发、评估工作及其他相关业务工作。同时国家建立了全国中小学教材审定委员会，由国家教育委员会聘请专家、教师和教育行政领导干部组成。此委员会的职责主要是审定中小学各学科教学大纲，包括经省、自治区、直辖市教育部门和重点高等学校推荐的教材，以及由人民教育出版社、中央级科研单位和全国性学术团体编写的教材。2017年7月6日，国务院决定成立国家教材委员会，旨在更好地改善教材管理工作。委员会的职责主要在于认真落实党和国家关于教材工作的重大方针政策，对课程设置、课程标准制定，以及意识形态属性较强的国家规划教材进行审查，这不仅体现出国家在课程设置、课程标准制定及国家规划教材方面进行严格的审定，更在深层上凸显出国家对课程、课程标准及教材中的知识强有力的控制。

第三节 国家介入基础教育知识供给的形式

从上文中可见，国家成立了相关部门负责基础教育知识供给，通过一系列的政策和规定对基础教育知识供给进行控制和管理。除此之外，国家还通过一些隐性的形式介入到基础教育知识供给中，从而更好地实现对知识供给的干预和控制。

一 国家通过教育目的介入基础教育知识供给

知识是浩瀚无垠的，而被纳入到基础教育知识供给体系的知识却是有限的。那么，这必然导致一个问题，什么样的知识才能被选择进入知识供给体系？可见，在筛选知识时必须有一个"依据"。那么，依据是什么？其内容又是什么？

国家通过教育目的确立了知识选择的依据，限定知识选择的标准和方向，以此介入基础教育知识供给。《中国大百科全书·教育》将教育目的释义为"把受教育者培养成为一定社会需要的人的总要求。教育目的是根据一定社会的政治、经济、生产、文化科学技术发展的要求和受教育者身心发展的状况确定的。它反映了一定社会对受教育者的要求，是教育工作的出发点和最终目标，也是确定教育内容、选择教育方法、检查和评价教育效果的根据"[①]。由此可见，教育目的是知识供给的主要依据，基础教育是在教育目的的指示下筛选知识进入到知识供给体系。那么，中国教育目的的具体内容如何？其又如何影响到知识供给？

国家制定教育目的，确立知识供给的依据时，是层次递进，逐渐细化，可称为四级教育目的（详见表2—1）。

第一级：教育总目的。由政府国家提出，明确人才培养的方向和原则，提法较抽象化。如1995年颁布的《中华人民共和国教育法》规定："教育必须为社会主义现代化建设服务，必须与生产劳动相结合，培养德、智、体等方面全面发展的社会主义事业的建设者和接班人。"

第二级：各级各类教育目的。由政府国家和教育专家提出，明确各级各类人才培养的规格和标准。如国家提出义务教育目标的是"掌握基础知识、基本技能和方法。"

第三级：课程目标。由学科专家提出，明确各类学科的课程计划和课程标准，将国家总目的和各级各类教育目的转化为各学科的目标，是从"抽象"逐步过渡到"具体"的过程。如国家规定语文课程的目标是"具有独立阅读能力，注重情感体验，激发想象力和创造潜能。"

第四级：教学目标。由教师提出，教师制定一节课、一次活动的目标，这是教育目的在课堂教学中的具体化。

表2—1　　　　　　　　教育目的四级结构

层级	名称	制定者	内容
一级	教育总目的（教育方针）	政府国家	明确人才培养的方向和原则（抽象化）
二级	各级各类教育目的	政府国家 教育专家	明确各级各类人才培养的规格和标准

[①]《中国大百科全书·教育》，中国大百科全书出版社1985年版，第172页。

续表

层级	名称		制定者	内容
三级	课程目标	义务教育等阶段的课程目标	学科专家	从"抽象"逐步过渡到"具体"
		语文等学科的课程目标		
		各年级的语文课程目标		
四级	教学目标 （本单元或本节课或本次活动）		教师	具体化

教育目的通过四级结构实现了从宏观到微观，从抽象到具体，由此明确了各级各类人才培养的规格和标准，确定了知识准入基础教育知识供给的依据。那么，国家确定了哪些人才培养的标准？这些标准又受到什么因素影响？政治、经济、文化等如何干涉教育目的？本书通过对中华人民共和国成立后教育目的的变化进行梳理，试图寻找教育目的对知识供给的影响与干预。

（一）中华人民共和国成立后中国教育目的的变化

1. 从新中国成立到"文化大革命"之前（1949—1965）

从新中国成立到"文化大革命"开始之前，这17年的时间里，中国一共三次明确提出过教育目的，分别是在1957年、1958年和1961年。三次教育目的基本思想一致，所以重点以1957年的教育目的为例。

1957年，《关于正确处理人民内部矛盾的问题》一文指出："我们的教育方针，应该使受教育者在德育、智育、体育等几方面都得到发展，成为有社会主义觉悟的有文化的劳动者。"[①] 这次教育目的提出受教育者全面发展的思想，同时也提出了受教育者必须成为"有社会主义觉悟的劳动者"。当时中国存在部分学生不关心政治，教育脱离了生产劳动，学生不愿意参加生产劳动的问题，所以这次教育目的凸显教育的政治倾向和教育的生产劳动倾向，强调教育必须为受教育者的发展服务，也必须

---

① 《毛泽东著作选读》（上册），人民出版社1986年版，第780—781页。

为社会发展服务。教育目的直接为知识供给提供依据，规定了方向。在此次教育目的的指导下，学校教育偏向供给无产阶级的知识和生产劳动的知识。

2. "文化大革命"期间（1966—1976）

"文化大革命"期间教育目的加强了教育的政治性和教育的生产性。在这期间提出了"紧密结合阶级斗争和路线斗争的实际组织教学"的教育目的，造成了教育上的重大错误。过分强调教育的政治性，把学生的政治问题估计得过于严重，导致政治严重地渗透到教育，教育成为政治斗争的工具。同时，强调学生是"劳动者"，走向极端，学校在知识供给方面颠倒知识与劳动的关系，把生产劳动当作教育的主要任务，知识供给几乎停滞，严重降低了学生知识学习的质量，教育大幅度下滑。

3. 从十一届三中全会到新课改的提出（1977—2000）

"文化大革命"结束后，教育事业百废待兴，首先要做的就是拨乱反正。1978年，宪法修正案第十三条规定："国家大力发展教育事业，提高全国人民的文化科学水平。教育必须为无产阶级政治服务，同生产劳动相结合，使受教育者在德育、智育、体育几方面都得到发展，成为有社会主义觉悟的有文化的劳动者"。1978年的宪法修正案特别强调了教育的重要性，凸显教育的地位。

1981年，中共十一届六中全会通过了《中国共产党中央委员会关于建国以来党的若干历史问题的决议》，规定了中国新时代下的教育目的为："加强和改善思想政治工作，用马克思主义世界观和共产主义道德教育人民和青年，坚持德、智、体全面发展、又红又专、知识分子与工人农民相结合、脑力劳动与体力劳动相结合的教育方针。"

1982年，《中华人民共和国宪法》规定："国家培养青年、少年、儿童在品德、智力、体质等方面全面发展。"这是中国第一次以法律的形式正式规定教育目的。

1986年，《中华人民共和国义务教育法》规定，中国义务教育的目的为"义务教育必须贯彻国家的教育方针，努力提高教育质量，使儿童、少年在品德、智力、体质等方面全面发展，为提高全民族素质培养有理想、有道德、有文化、有纪律的社会主义建设人才奠定基础"。此次教育目的提出了"人才"二字。

1995年,《中华人民共和国教育法》提出,"教育必须为社会主义现代化建设服务,必须同生产劳动相结合,培养德、智、体等方面全面发展的社会主义事业的建设者和接班人。"这是关于中国教育目的最权威的表述。

1999年,《中共中央国务院关于深化教育改革全面推进素质教育的决定》指出,"实施素质教育,就是全面贯彻教育方针,以提高国民素质为根本宗旨,以培养学生的创新精神和实践能力为重点,造就有理想、有道德、有文化、有纪律的德智体美等全面发展的社会主义建设者和接班人。"并明确提出要以"素质教育"替代以往的应试教育。

4. 新一轮基础教育课程改革（2001年至今）

2001年中国基础教育进入课程改革,国家颁发了《中共中央国务院关于深化教育改革全面推进素质教育的决定》与《国务院关于基础教育改革与发展的决定》两个文件,皆明确提出贯彻素质教育的思想。2006年,国家新颁布了《中华人民共和国义务教育法》,规定中国的教育目的是:"义务教育必须贯彻国家的教育方针,实施素质教育,提高教育质量,使适龄儿童、少年在品德、智力、体质等方面全面发展,为培养有理想、有道德、有文化、有纪律的社会主义建设者和接班人奠定基础。"国家政策在基础教育领域得到了积极的响应,基础教育课程改革也得到了大力推进。基础教育知识供给在知识的体系、结构、内容等方面都进行了改革,在知识筛选、知识分配、知识组织、知识传递、知识评价等都做出了重大调整。改革的趋势是改变过去应试教育的僵化局面,突出学会学习、终身学习的理念；改变死记硬背,强调学习的愿望、兴趣和方法；改变"万校一书""万人一面"的培养方式,强调全面、自主、有个性地发展。

（二）教育目的对知识供给的影响

从上述对中华人民共和国成立之后中国教育目的的梳理,可以发现一些规律：

1. 从注重政治性转向关注人的发展。中华人民共和国成立之初,教育目的偏重政治性,这与当时的社会背景相关,阶级斗争、巩固政权是当时面临的主要任务,因而国家强化教育对学生政治观念、意识形态的培养，教育目的表述中使用"有社会主义觉悟"词语，并强调培养"劳动者"。"文化大革命"期间，错误估计教育的政治性导致基础教育遭遇了一场浩劫，教育目的只注重培养学生成为"有社会主义觉悟的劳动者"，而忽略了"德智体美劳全面发展"，此时期的教育使用最频繁的词汇是"阶级斗争""劳动者""无产阶级政权"等。1978年后，教育拨乱反正，开始重视人的发展。"社会主义建设者和接班人""社会主义建设人才""德、智、体全面发展"等词语成为教育目的的着重点。2001年的新一轮基础教育课程改革更是将素质教育作为目的，培养爱学习、会学习、乐学习的学生。

2. 从注重人的劳动能力到关注人的全面发展。1978年之前的教育目的强调培养学生成为"劳动者"，过分关注人的劳动能力，导致基础教育的知识供给几乎停滞，被劳动教育取代。"文化大革命"结束后，德智体美劳全面发展成为关注点，在历次有关教育目的表述中，使受教育者在德育、智育、体育等方面得到发展均被提及。

3. 从强调人的被动接受到关注人的主动学习。早期教育目的凸显政治色彩，强调政治观念、意识形态的灌输，此种目的下的教育，个体很难讲究人权，更别提主体性的发展。"文化大革命"期间，这种现象尤为明显，走上极端，个体是被动接受教育的安排，难以获得主动发展。改革开放后，人权、主体性、主动学习成为教育关注的重点。新一轮的基础教育课程改革明确提出"反对过于注重知识传授，强调知识与技能、过程与方法、情感态度与价值观'三维'目标的达成"，强调以"学生要学"代替"要学生学"，并且尽可能激发学生的兴趣，让学生主动参与、勤于探究、乐于动手、学会合作。

教育目的的演变离不开国家政权的干预，教育目的总是由占统治地位的政治集团制定，总是由统治集团根据自身利益和权力需求来确立并修正。教育目的是知识供给的依据，教育目的直接影响知识供给的内容、途径和效果。因此，基础教育在实现为学生供给知识的责任和义务时，同时也为国家政权和政治集团服务。学生学什么知识、学哪些方面的知识、具有何种能力、信仰什么等都受到国家政权和政治集团的影响。

综上所述，教育目的为中国基础教育知识供给提供了依据，从中华人民共和国成立之初教育目的凸显政治色彩到新课改关注学生自主发展，教育目的历经了多次变化，而每次变化势必影响到知识供给。毋庸置疑，基础教育知识供给受到教育目的的强烈影响。那么，在教育目的影响下的知识供给代表的是哪些群体的利益？这些利益有利于学生发展吗？国家是站在强势集团的立场上，还是站在广大人民群众的立场上？对这些问题的回答非常困难，但是确定的是，教育目的必然会受到政治、经济等因素的影响，教育目的也是由占统治地位的政治集团制定的。因而，知识供给必然会受到政治、主流意识形态的影响。这些历朝历代、各国家各地区都不可避免。因此，对于知识供给而言，不是逃离政治、意识形态的影响，而是要厘清自身如何受到政治、意识形态影响，以及政治、意识形态影响的程度如何？知识供给如何在政治、意识形态影响下促进学生发展？

二　国家通过教材介入基础教育知识供给

在教材方面，当前，中国教材的出版、发行已经改变过去僵化、统一的局面。国家允许地方出版、编制、发行教材，但是需要经过国家的审定、报批。最初，中国教材是国定制，由国家统一制定课程管理体制、课程规划、课程结构、课程内容等方面，各地区必须统一使用国家出版的教材，即人民教育出版社出版发行的教材，这种情况一直持续到1986年。1986年，中国新成立了中小学教材审定委员会和各学科教材审查委员会，中小学教材由国定制变为审定制。这意味着教材市场的开放，自此打破了全国统一使用同一种教材的局面。1988年，国家教委颁布了九年义务教育教材编写规划方案，这是国家首次提出，应该根据九年义务教育的要求，并参照中国幅员辽阔，人口众多，经济发展极不均衡的基本国情，在统一审定的基础上，实现教材多样化，并计划花费四至五年的时间，逐步完成四种教材的编写工作。这四种教材分别是针对全国大多数地区的六三制教材一套、五四制教材一套、经济发达地区的教材一套、经济薄弱地区的教材一套。同时，多家出版社、高校向国家教委报送了编写方案，经审查、批准后，展开教材开发。2017年7月6日，国务院决定成立国家教材委员会，目的在于进一步完善教材管理相关工作，对国家课程设置和课程标准制定，以及意识形态属性较强的国家规划教材等进行审查。

可见，中国教材的发展经由国定制走向审定制，由最开始的全国统一教材走向教材的多样化。2001年开始的新课改，国家更是明确提出了课程三级管理机制，即国家课程、地方课程、校本课程共同组成基础教育的课程体系，教材更加走向多元和多样，符合地方特色与校本特色的教材粉墨登场，精彩纷呈。目前，湖北省的中小学教材多种多样，每一区域选用不同教材，每一学科选用不同教材。这意味着地方、学校自主选择教材的权力增大，同时地方、学校也能够自主开发、出版、发行教材。因此，对于本书而言，基础教育知识供给就存在国家层面的知识供给、地方层面的知识供给、学校层面的知识供给。

国家层面的知识供给指由国家作为主体来为基础教育选择、提供知识，在中国，就是教育部委托相关部门来开发、发行教材，如教育部下设直属单位"基础教育课程教材发展中心"，主要承担组织基础教育课程教材的研究、开发、评估工作，以及其他相关业务工作。其职责包括组织基础教育课程教材建设的研究工作、拟订基础教育阶段国家课程方案与课程标准、组织基础教育实验性课程教材及教学资源的研究开发工作、承担地方教研部门联络服务工作，为教研工作提供专业指导、承担并组织基础教育课程、教材、教学及其他基础教育领域的相关评估工作等。同时，国家委托相关出版集团开发、发行教材，如人民教育出版社。在教材市场未开放之前，全国使用的教材都是由人民教育出版社出版。如今，除了人民教育出版社，教育科学出版社、中华书局、译林出版社、人民美术出版社等都参与了教材出版发行。这些由国家指定或是委托的出版社出版发行的教材，都可以称为国家层面的知识供给。

地方层面的知识供给则主要由地方各级教育主管部门根据地方的经济、政治、文化的发展水平，充分利用地方资源而进行的知识供给。如湖北教育出版社出版发行的小学教材，包括一至六年级的《语文》、一至二年级的《道德与法制》、三至六年级的《品德与社会》、三至六年级的《英语》、三至六年级的《信息技术》、一至六年级的艺术教材。中学教材，包括初中一至三年级的《语文》、初中一至三年级的艺术教材、高中一至三年级的《数学》、高中一年级的《信息技术》。

学校层面的知识供给则是以学校为本位，由学校自己选择、组织知识来供给于学生，如校本课程，此外，师本课程也属于学校层面的知识供给，即教师基于自身的理念和对学生的了解对供给的知识进行转化、改造、扩展以及自主独立开发的知识，本书也将其纳入学校层面的知识。

虽然，基础教育知识供给分为国家层面、地方层面、学校层面的知识供给，但是，国家对知识供给的干涉与控制存在于所有层面。尽管国家提倡知识多元化、教材多样化，但是，国家也明确规定，所有公开发行的教材必须经过审定核准。为此，国家教委1996年印发出台了《关于中小学教材编写审定管理暂行办法》，提出教材只有达到审定标准并经复核报审定委员会主任批准后方可作为试用本使用。质量低劣的教材，或出现严重政治性、思想性、科学性错误的教材，或不适用于教学的教材，则停止使用。同时，中国2001年启动新课改时，也明确提出"教材编写者应根据教育部《关于中小学教材编写审定管理暂行办法》，向教育部申报，经资格核准通过后，方可编写。完善教材审查制度，除经教育部授权省级教材审查委员会外，按照国家课程标准编写的教材及跨省使用的地方课程的教材须经全国中小学教材审查委员会审查；地方教材须经省级教材审查委员会审查。教材审查实行编审分离"。同时，国家会先行进行总体设计，并制定出课程标准和教学大纲，地方层面的知识供给和学校层面的知识供给要依据国家制定出的课程标准和教学大纲，不能违背国家总体设计。可见，国家对知识供给的控制和干预渗透到地方和学校层面，地方和学校确实可以供给知识，但是，供给什么知识，以什么方式供给知识，仍然需要接受国家的干预和监督。

可见，基础教育知识供给必须经过国家过滤，国家排斥、不认可的知识，审定时或者将其排斥在知识供给之外，或者将其加工、修饰或粉饰后再进入知识供给。这种加工、修饰或粉饰，据韦克斯勒的研究，一般有三种形式：①与其他文本、政策和立场相比，文本被改变了立场，例如它不再是研究者的论述，或被压迫团体文化论述的一部分；②文本已被选择、简化、浓缩或扩充，如主流的教学方法或出版商的利润政策将知识分化为片断，以便于师生的教与学；③文本立场被改变，被重新聚焦，组织和使用知识的原则被改变。[①] 因此，进入基础教育中的知识，首先是以国家的利益和需要为参考标准的，尽管我们不能说，与国家利益和需要相吻合的知识都能进入基础教育的知识供给中，但基础教育供

---

① 欧用生：《课程改革》，台湾师大书苑2000年版，第181页。

给的知识必须首先是与国家意志相吻合。

第四节 国家层面知识供给的现状审视

本书重点以武汉市为例了解国家层面知识供给的现状，但在此之前，先来了解下全国范围内的知识供给概况，以期对全国的基础教育知识供给有个基本了解。

一 全国范围内基础教育知识供给概况

在学校教育中，课程和教科书是知识的主要载体，是教师教授知识和学生学习知识的主要媒介。因而，针对全国范围内的基础教育知识供给的概况分析，主要从课程、教科书这两大方面展开。

（一）课程

中国对基础教育的课程有明确的政策文件规定，如《中华人民共和国义务教育法》《九年义务教育全日制小学、初级中学课程方案（试行）》《基础教育课程改革纲要（试行）》等，这些文件不仅严格规定着中国各省、自治区、直辖市内中小学阶段的课程，而且成为中国各个地方教育部门具体实施课程计划的指导性文件及统一标准。

对于幼儿教育阶段的课程，国家在 2001 年颁布试行的《幼儿园教育指导纲要》中提出"幼儿园的教育内容是全面的、启蒙性的，可以相对划分为健康、语言、社会、科学、艺术等五个领域"。文件中提到的"健康、语言、社会、科学、艺术"五个领域即是幼儿园的课程。幼儿教育是基础教育的奠基阶段，与基础教育的其他阶段对比而言，有其特殊性。幼儿教育主要任务是保护幼儿的生命和促进幼儿的健康，帮助幼儿形成良好的生活习惯和性格特点，因而这一阶段的课程不像其他阶段一样分为语文、数学等，而是以五大领域的方式对幼儿实施教育，其供给的知识具有全面性、启蒙性的特点，没有进行学科分类。

对于义务教育阶段的课程，国家有着严格的限定和统一的规定。中国的课程主要可分为分科课程及综合课程两种类型，分科课程注重一门学科知识的逻辑体系，是一种单学科的知识组织模式；综合课程则包含两种或两种以上学科的知识，注重的是知识的整合性。在小学阶段，课程设置主要以综合课程为主，小学低年级开设的课程主要包括语文、数学、体育、艺术（或音乐、美术）、品德与生活；小学中高年级开设的课程主要包括语文、数学、科学、外语、品德与社会、综合实践活动、体育、艺术（或音乐、美术）。在初中阶段，课程设置表现为分科与综合相结合的课程，主要包括语文、数学、外语、科学（或物理、化学、生物）、历史与社会（或历史、地理）、体育与健康、艺术（或音乐、美术）、思想品德，以及综合实践活动。除此之外，城市中学要求逐步开设职业技术课程，农村中学在达到国家课程基本要求的同时，可因地制宜地设置符合当地需要的课程。

高中阶段的课程，课程结构设置也是表现出分科与综合相结合的特点，教育部2003年印发了《普通高中课程方案（实验）》，该文件明确提出，普通高中课程由学习领域、科目和模块三个层次构成。学习领域包括语言与文学、人文与社会、数学、科学、技术、艺术、体育与健康和综合实践活动八个学习领域，每一领域由课程价值相近的若干科目构成。八个学习领域一共包括语文、数学、外语（英语、日语、俄语等）、历史、地理、物理、化学、生物、艺术（或音乐、美术）、体育与健康、思想政治、技术等12—13个科目。每一科目又由若干模块构成，模块之间既相互独立，又体现学科内容的内在逻辑联系。

通过中国教育部发布的这些官方文件，可以看出中国的课程改变了过去单一的以考试升学为主的模式，不断地适应社会发展及教育改革的需要。如20世纪50年代实行高度统一的课程标准，到20世纪80年代中后期实行一纲多本，最后到现今中国正式提出的"国家、地方和学校三级课程管理"，这样的变化不仅体现出中国课程管理中的分级，而且具有时代性和灵活性的典型特点。显而易见的是，国家颁布的"课程计划"不仅从宏观上直接规定着课程的性质，而且在课程门类、课时分配等微观方面有严格的政策规定，这在有效避免学校安排课程的随意性的同时，也从不同方面制约着课程的设置和实施。因而，从国家对课程设置的统一规定中可窥见其背后行政权力的分配，这些政策文件至少涉及三个层面的关系：（1）决定课程的主体；（2）具体决定什么内容并在这一过程中各自负担的工作；（3）怎样决定的，即具体决定过程。因为课程设置并不是个人主观意志的抉择，而是由多个机构和人员参与决策，其间必然涉及各种利益及价值取向的问题。因此，透过国家的课程设置，我们可以看见目前中国国家层面知识供给中的课程设置情况，以及包含的复杂关系。

（二）教科书

教科书是课程的重要组成部分，同时也是教师和学生知识授受的主要依据。当前，中国幼儿教育阶段教科书并没有统一，较为杂乱，但是从义务教育阶段开始，国家则是有着严格规定。义务教育阶段的教科书是经国务院教育行政部门审定的义务教育教学用书，教科书的版本、选用机构和选用程序都有明确的政策规定。中国的教科书也在不断变化更新中，在中华人民共和国成立初期，中国的教科书实行的是国家统编，当时的教科书是由专业教材出版社——人民教育出版社出版发行；20世纪50年代初期，中国教科书深受苏联教科书影响，甚至成为苏联教科书的翻版；改革开放以来，教育部设立了"全国中小学教材审定委员会"与"学科教材审定委员会"，并颁布了《全国中小学教材审定委员会工作章程》①，"章程"的颁布促使中国教科书的发展转向多样化。2001年6月，教育部颁布了《基础教育课程改革纲要（试行）》，并规定"实行国家基本要求指导下的教材多样化政策"，总体而言，中国的教科书在遵从国家统一的管理和规定下，正在朝着多样化的方向发展。

目前，在义务教育阶段下，中国的教科书版本也呈现出多样化的特色，中国教育部文件明确规定义务教育阶段内，每个学科要选用三种版本以上（含三种）的教科书。以小学阶段为例，《语文》可供选择的版本就有14个版本，通用的有北师大版、鄂教版、苏教版、人教版等；与语文科目相比较，数学科目教科书可选版本相对较少，只有7种版本，分别是：北京教育科学研究院编写出版版本、北师大版、苏教版、人教版、西南师范大学出版社编写出版版本、青岛出版社编写出版版本及河北教育出版社编写出版版本；《英语》使用的教材版本比《语文》和《数学》的种类都多，共计18种版本，使用较多的版本有外研社版、人教版、苏教版等；此外，小学一年级上下册的《道德与法制》共有16个版本，小

---

① 钟启泉：《一纲多本：教育民主的诉求——我国教科书政策述评》，《教育发展研究》2009年第4期。

学二年级上下册的《品德与生活》和三年级至六年级的《品德与社会》共有 14 个版本。还有《音乐》《美术》《体育与健康》《科学》的教科书都有多个版本，这里不再一一列举。

在初中阶段，中国规定的教科书版本也呈现出多样化的特征，如《语文》有 10 种版本，使用较多的有人教版、苏教版、北师大版等；《数学》也有 10 种版本，以人教版、北师大版、华东师范大学出版社编写出版的版本等为主；《英语》有人教版、上海外教版、牛津大学出版社等 8 种版本；《日语》和《俄语》分别是人教版 1 种版本，《生物》和《物理》有 7 种版本，《化学》有 6 种版本，还有《科学》《历史与社会》《地理》《音乐》《艺术》《体育与健康》都有多个版本，这里也不再一一列举。

在高中阶段，教材也体现出多样性的特点，如《语文》，有人教版、粤教版、北师大版、苏教版 4 个主要版本，也有部分地区采用北京出版社和鲁人版的语文教材；《数学》有人教版、苏教版、沪教版、湘教版、北师大版 5 个版本，大部分地区依然是使用人教版；《英语》主要有人教版、外研版、北师大版、牛津版、译林版 5 个版本，人教版的教材在英语这一学科的占据优势就没有像语文数学那么凸显，外研版和译林版的使用范围也较为广泛；《物理》主要有人教版、沪教版、沪科版、鲁科版、粤教版、教科版 6 个版本，人教版和鲁科版使用较多；《化学》主要有人教版、鲁科版、苏教版、沪科版、苏教版 5 个版本，人教版、鲁科版、苏教版使用较多；《生物》有人教版、苏教版、中地版、苏教版、中图版、浙科版、北师大版 7 个版本，教材的使用表现出更大的分散性；《历史》有人教版、岳麓版、人民版、华师大、北师大版 5 个版本，使用范围较广的是人教版和岳麓版；《政治》主要有人教版、沪教版和人民版 3 个版本，人教版占据绝对优势；《地理》有人教版、湘教版、地图版、中图版 4 个版本，各个版本使用的范围相差不大。由上可知，高中各科目的教材都有人教版，体现了国家层面知识供给的统一性特点；各个科目都有多个版本，满足了不同地区对教材的不同需求；相比于数学、物理、化学等理科科目，语文、历史、政治等文科科目的教材版本相对要少一点儿，体现出国家出于控制意识形态的需要，加强了对人文学科知识供给的控制。

由此可见，基础教育阶段中国的教科书版本多样化，并富于时代性，每门科目都有不同的版本可供选择。无论是哪一门科目，教科书使用的版本都有人教版、苏教版、北师大版等富于代表性的版本，但是很少甚至几乎没有出现西部地区的教科书版本，这从侧面说明了中国的教科书是以东部沿海发达城市的教科书为主导，教科书也主要由东部地区传递至西部内陆地区。与此同时，即使中国的教科书版本众多，然而，中国教育部颁布的《中小学教科书选用管理暂行办法》对全国范围的教科书在选用机构、选用程序、选用监督等方面有严格的规定，如"教科书版本选定使用后，应当保持稳定。小学、初中、高中每一学科教科书版本一经选定使用，在学段周期内，不得中途更换"，文件中特别强调了要在全省（自治区、直辖市）范围内，重点加强对德育、语文、历史教科书的选用工作统筹，这三门科目都是人文类科目的典型代表，同时也集中代表着中国的国家意志。而且，在教育部的文件中，明确规定了要"牢牢把握基础教育课程教材的正确政治方向，在教科书人员审定、内容审定审查、教科书使用方面要加强主流意识形态、确保政治性和思想性、强化政治意识、突出政治立场"。可见，中国对教科书版本的规定反映出课程与意识形态之间的关系，正如阿普尔所指出的，学校课程中的知识问题更多的是一个意识形态的问题，教科书成为保存现有的社会特权、利益及知识的基本工具。

从课程、教科书这两大方面，可以看出中国基础教育知识供给的概况。在课程方面，课程计划及课程文件是由中国教育部及有关部门严格制定，属于国家的法定文件，并被强制推行，其在本质上更是一种教育政策。同时，这些文件政策都有一个鲜明的特点，即指导思想明确并将坚定正确的政治方向放在第一位，在鲜明的指导思想的指引下，中国的课程进而成为国家主流意识形态的体现，政府则是掌握着由法律授予的课程权力，进而对反映课程的文本如课程计划、课程标准等进行严格的审查和监督。教科书也是如此，在中小学阶段，国家将可供选择的教科书版本分门别类的列举出来，供各个地区的教育主管部门选择并使用，同时，在这些种类版本众多的教科书中，大多是以东部地区或经济发展良好的地区所使用的教科书为准，这从侧面说明了中国知识供给的地域差异。不仅如此，国家对位于城市地区和农村地区的中小学所使用的教科书版本，分别进行了特别规定，表层上这是注重地区差异，实则是对处于不同地区下的中小学进行的一种地域控制。通过课程和教科书这两个学校教育中的重要组成部分，国家对全国范围内的知识进行了强有力的控制，可以说，权力已经侵入到课程和教科书的知识中，W. 阿普尔曾一针见血地指出"课程中的知识不仅仅是一个分析的问题，也不仅仅是一个简单的技术问题，更不是一个心理学问题，而是一个涉及意识形态的问题，是主流阶级的权力、意志、价值观念、意识形态的体现和象征，它实际上是一种官方知识或法定知识"[①]。

二 国家层面知识供给的问卷分析

对国家层面知识供给情况的调查分析，主要是以武汉市小学、初中作为研究对象，以问卷调查法为主要的研究方法，围绕国家层面知识供给中的课程、教科书进行问卷的编制、发放、回收，并运用统计软件SPSS24.0进行数据的统计与分析。

国家委托相关出版集团，如人民教育出版社、教育科学出版社、中华书局、译林出版社、人民美术出版社等开发出版并发行教材，这些教材都代表着国家层面的知识供给。在本书中，重点选取人民教育出版社出版的教材作为国家层面知识供给的代表。原因有二：一是国家未开放教材市场前，人民教育出版社垄断教材市场，哪怕当前，其仍是使用范围最广、认可度较高的教材；二是就笔者所调查的地区武汉市而言，小学、初中数学学科所使用的教材以人民教育出版社的教材为主。

在全国范围内，选取湖北省武汉市作为知识供给现状分析的主要对象，不仅仅是因为湖北省武汉市的独特地理优势和资源优势等外在条件，更是因为武汉市所具有的代表性特征。从前面的分析可知，国家层面的知识供给受到地域、经济及教育发展水平的影响，中国地域辽阔、地区发展的不均衡也为知识供给的具体实践带来了一定程度的限制。纵观全国，湖北省位于中国的中部内陆地区，是一个名副其实的人口大省兼教育大省；而湖北省的省会城市武汉，地处内陆，毗邻长江，既是中国历

---

① 黄忠敬：《意识形态与课程：论阿普尔的课程文化观》，《外国教育研究》2003 年第 5 期。

史文化名城，又是高校集中的科教名城。可以说，武汉市集优势条件于一身，其教育发展水平也集中代表着整个湖北省的教育发展水平。除此以外，从 2001 年起，武汉市开始进行基础教育课程改革实验，其中武汉市武昌区作为国家级实验区率先进入新一轮的基础教育课程改革；2002年，武汉市江岸区、江汉区及硚口区三个区也作为省级实验区进入课改；2003 年，武汉市小学、初中起始年级分别有 83.1% 和 63.87% 的学生进入了课改实验。可以说，武汉市的课程改革在不断推行和试验中取得了显著成绩，武汉市内的各个中小学校在课程改革中不断汲取最新的教育理念和教育指导，具有典型性和代表性，这为深入分析武汉市的知识供给问题奠定了坚实的现实基础。

（一）调查对象选取与调查方法运用

1. 调查对象选取

本书以湖北省武汉市中小学为例，重点分析义务教育阶段的知识供给，即小学教育阶段知识供给、初中教育阶段知识供给。鉴于知识供给的主要载体——课程和教科书，以及知识供给两大群体——教师和学生，在设计调查问卷时，比较注重师生对课程和教科书的看法、评价及反馈。在访谈法的运用中，对教师知识的传授过程与学生的知识学习过程给予特别关注；在文本分析中，着重分析武汉市中小学教科书文本的知识内容。

武汉市发布的教材选用的原则是"以中央级出版社教材为主，湖北版教材为辅，其他版教材为补充"。目前，武汉市中小学使用的教材并没有统一。按照武汉市区行政规划，当前被分为 13 个行政区，其中江岸区、江汉区、硚口区、汉阳区、武昌区、洪山区、青山区为城区（7 个，皆位于三环线内）、东西湖区、蔡甸区、江夏区、黄陂区、新洲区、汉南区为郊区（6 个，皆位于三环线外）。各个区选用的教材都有所不同，版本各异。通过调查，武汉市小学语文使用的教材主要是人民教育出版社、湖北教育出版社、北京师范大学出版社、语文出版社、江苏教育出版社 5 个出版社出版发行的，其中，湖北教育出版社这一版本使用最广泛。小学数学主要是选用由人民教育出版社出版发行的教材。除去语文、数学外，小学还开设了英语（3—6 年级）、品德与生活（1、2 年级）、品德与社会（3—6 年级）、科学（3—6 年级）、音乐、体育、美术、信息技术、综合实践等课程，这些课程的教材更是丰富多彩，五花八门，有外语教学与研究出版社出版的《英语》、教育科学出版社出版的《科学》以及学校自己开发的校本教材等版本。武汉市初中使用的教材也是多种多样，没有统一，总体而言，人民教育出版社和湖北教育出版社出版的教材使用最多。

在笔者所调查的学校中，小学数学和初中数学选用的都是人民教育出版社出版的教材，所以本书通过调查师生对小学、初中数学教材的评价，以此管窥国家层面知识供给的现状与问题。

（1）调查学校情况

本书选取了11所学校，兼顾小学和初中，城市和农村地区。学校分布情况详见表2—2。

表2—2　　　　　　　　　调查学校情况分布

学校情况		数量（所）
小学	城市	4
	农村	2
初中	城市	3
	农村	2

（2）教师情况

小学教师发放问卷200份，回收有效问卷185份，有效回收率为92.5%；初中教师发放问卷150份，回收有效问卷123份，有效回收率为82%。教师的基本情况见表2—3。

表2—3　　　　　　　　　教师情况摘要

变量	类别	小学［人数（人）/比例（%）］	初中［人数（人）/比例（%）］
性别	男	30/16.3	49/39.8
	女	155/83.7	74/60.2
年龄	21—29岁	89/48.1	36/29.3
	30—39岁	42/22.7	39/31.7
	40—49岁	41/22.2	33/26.8
	50岁以上	13/7.0	15/12.2

续表

变量	类别	小学 [人数(人)/比例(%)]	初中 [人数(人)/比例(%)]
教龄	5 年以下	82/44.6	32/26.0
	6—10 年	22/12.0	21/17.1
	11—15 年	10/5.4	23/18.7
	15 年以上	71/38.0	47/38.2
学历	中师	3/1.6	2/1.6
	大专	41/22.2	11/8.9
	本科	122/65.9	84/68.3
	研究生	19/10.3	26/21.1
编制	有	105/56.2	88/71.5
	无	81/43.8	35/28.5
学校性质	城市	111/60.0	90/73.2
	农村	74/40.0	33/26.8

从表 2—3 中可见，小学和初中数学教师，男性教师偏少、女性教师偏多。初中男教师只占到 39.8%，男女教师比例接近 2/3。小学男女教师比例偏差更加明显，男教师只占 16.3%，男女教师比例接近 1∶5。这与教师职业社会认同感低、待遇不高，对男性缺乏吸引力有关。尽管国家几年前调查已显示出"男性教师"危机，但这一危机仍没有得到根本解决。学历方面，小学和初中教师都是本科居多，中师最少，可见基础教育教师学历有明显提高。编制方面，所调查的小学教师中有 43.8% 没有编制，初中教师有 28.5% 没有编制，这些教师以代课教师为主，可见基础教育教师缺编严重。

（3）学生情况

小学发放问卷 130 份，共收到有效学生问卷 110 份，有效问卷回收率为 84.6%。其中，城市小学学生有效问卷 67 份，农村小学学生有效问卷 43 份。初中生发放问卷 300 份，共收到有效问卷 249 份，有效问卷回收率为 83%。其中，城市初中学生有效问卷 125 份，农村初中学生有效问卷 124 份。

2. 研究方法

本书以武汉市小学、初中作为研究对象，重点分析数学学科的教材情况。本书采用问卷法和访谈法收集原始资料。

（1）问卷法

本书基于理论构想，并与一线教师进行开放式访谈后，编制问卷，实施调查。问卷分为教师问卷和学生问卷。

教师问卷（见附录1）包括四个部分：第一部分是被调查者的基本情况，包括性别、年龄、教龄、学历、编制、任教年级、任教科目等信息。第二部分是教师对教材和配套教学资料的评价，具体包括教师对教材的体系、理念、准确性、难易程度、能否激发学生的学习热情、偏重培养学生的哪些能力、配套教学资源、课后习题8个方面的调查，国家层面知识供给、地方层面知识供给的现状与问题主要通过此部分的调查获得结果。第三部分是教师知识供给调查，包括教师对教材知识的供给情况、课外知识的供给情况、教师知识积累的途径、教师知识供给的方式4个方面的调查，教师知识供给的现状与问题通过此部分的调查获得结果。第四部分是校本课程调查，包括校本课程开设情况、教师对校本课程了解程度、教师对校本课程的态度、校本课程开发的规划情况、校本课程在实施中的困难4个方面的调查，校本课程的现状与问题通过此部分的调查获得结果。问卷的最后设置了2个开放性问题，一个是关于教师对教材的期望和建议，另一个是关于基础教育提供给学生知识的相关途径及有效途径。

学生问卷分为语文学科的问卷（见附录2）和数学学科的问卷（见附录3）。问卷都涉及三个部分：第一部分是对校本课程的评价，第二部分是对教材的评价，第三部分是对教师的评价。

调查问卷所得的数据均采用数据统计软件SPSS24.0进行统计分析，并根据研究的需要，分别对所得数据进行描述性分析、相关性分析、方差分析等。

（2）访谈法

本书对22位中小学教师进行了访谈，了解他们对供给的知识的看法以及对知识供给的建议。访谈内容均为开放式问题，访谈提纲详见附录4。

(二) 调查结果分析

根据教师问卷和学生问卷的调查结果，分为教师问卷分析和学生问卷分析，从教师和学生两个群体了解国家层面知识供给的现状。

1. 教师问卷分析

(1) 教材的体系

由表2—4可以看出：小学和初中的教师对教材编排合理性评价在总体趋势上保持一致，约97%的教师都认为教材的编排是合理的，约3%的教师认为教材的编排不合理。在"很合理"这一维度，小学教师的比例远远高于初中教师，说明小学数学教师对教材设计的认可度高于初中教师。由此可见，大部分小学、初中教师还是认可教材的编排设计，人民教育出版社出版的数学教材在教材的组织方面，没有太大问题。

表2—4　　　　　　　　教材编排设计合理性分布

	小学 [人数(人)/比例(%)]	初中 [人数(人)/比例(%)]
很合理	45/24.3	10/8.1
较合理	106/57.3	83/67.5
一般	29/15.7	26/21.1
不合理	5/2.7	4/3.3

(2) 教材的理念

由表2—5可以看出：小学教师中认为教材与课程标准的理念和要求十分符合的有48位，占25.9%，基本符合的有130位，占70.3%，两者加起来占96.2%，认为与课程标准的理念和要求不符合的教师只有7位，占3.8%，没有教师不清楚这一问题；初中教师认为十分符合与基本符合的占94.3%，不符合的占2.4%，只有3.3%的教师选择了"不清楚"。可见，中国从2001年实施新课程改革以来，教师对课程标准的理念和要求已经较熟悉，教材的设计、内容也体现出了课程标准的理念和要求，课程改革取得了一定成效。

表 2—5　　　　　教材与课程标准的理念和要求相符性评价

	小学 [人数(人)/比例(%)]	初中 [人数(人)/比例(%)]
十分符合	48/25.9	16/13.0
基本符合	130/70.3	100/81.3
不符合	7/3.8	3/2.4
不清楚	0	4/3.3

（3）教材中的知识

从表 2—6 中可以看出：在教材知识的准确性方面，小学教师满意的有 61 位，占 33.0%，较满意的教师有 96 位，占 51.9%，一般的教师有 25 位，占 13.5%，不满意的教师只有 3 位，占 1.6%；初中教师满意的占 22.8%，较满意的占 66.7%，一般的只有 10.6%，没有教师不满意。可见，在知识准确性方面，数学教材已经做到了科学化。

表 2—6　　　　　教师对教材知识准确性评价分布

	小学 [人数(人)/比例(%)]	初中 [人数(人)/比例(%)]
满意	61/33.0	28/22.8
较满意	96/51.9	82/66.7
一般	25/13.5	13/10.6
不满意	3/1.6	0

从表 2—7 中可以看出：在教材知识的难易程度方面，小学中认为知识容易的教师有 19 位，占 10.3%，适中的教师有 127 位，占 68.6%，较难的教师有 39 位，占 21.1%，没有教师认为很难；初中教师认为容易和适中的分别占 8.9%、66.7%，较难和很难的分别占 22.8%、1.6%。可见，基础教育供给的知识难易适中，大部分教师都能接受国家供给的知识。

表 2—7　　　　　　　教师对教材知识难易程度评价

	小学[人数(人)/比例(%)]	初中[人数(人)/比例(%)]
容易	19/10.3	11/8.9
适中	127/68.6	82/66.7
较难	39/21.1	28/22.8
很难	0	2/1.6

从表 2—8 中可以看出：对于教材的知识是否能激发学生的学习热情，小学教师中有 67 位认为能激发，占 36.2%，有 109 位认为一般，占 58.9%，有 9 位认为不能激发，占 4.9%；初中教师中只有 13.8% 的教师认为能激发，有 75.6% 认为一般，有 6.5% 的教师认为不能激发，还有 4.1% 的教师不清楚。由此可见，尽管基础教育供给的知识在准确性、难易性方面已经做得很好，但是知识与态度、情感、价值观的联系方面仍显不足，供给的知识难以激发学生的学习热情。

表 2—8　　　　　　教材的知识是否能激发学生的学习热情

	小学[人数(人)/比例(%)]	初中[人数(人)/比例(%)]
是	67/36.2	17/13.8
一般	109/58.9	93/75.6
不是	9/4.9	8/6.5
不清楚	0	5/4.1

（4）教材的配套教学资源

从表 2—9 中可以看出：小学认为教材的配套教学资源丰富的教师有 18 位，占 9.7%，认为较丰富的有 100 位，占 54.1%，认为教学的配套教学资源缺乏的教师有 67 位，占 36.2%；初中教师中认为教材配套教学资源丰富和较丰富的分别占到 17.1% 和 52.0%，有 30.9% 的教师认为缺乏。可见，超过一半的教师认为当前基础教育提供的配套教学资源还是较为丰富，但仍有三分之一以上的教师认为当前配套教学资源缺乏。

表2—9　　　　　教师对教材配套教学资源评价分布表

	小学 [人数(人)/比例(%)]	初中 [人数(人)/比例(%)]
丰富	18/9.7	21/17.1
较丰富	100/54.1	64/52.0
缺乏	67/36.2	38/30.9

从表2—10中可以看出：小学教师中认为教材的配套教学资源非常有助的教师有37位，占20.0%，一部分有助的教师有133位，占71.9%；初中教师中认为非常有助的占15.4%，一部分有助的占76.4%。可见，教师们认为教材的配套教学资源是有效的，也是有利的，但是，效度还应增强。因此，基础教育供给的知识，包括教材、配套教学资源，大部分教师都是认可的，但是，配套的教学资源无论是在数量上还是质量上还显不足，可见，基础教育还需要提供更多的配套教学资源。

表2—10　　　　　教材的配套教学资源助学性评价分布表

	小学 [人数(人)/比例(%)]	初中 [人数(人)/比例(%)]
非常有助	37/20.0	19/15.4
一部分有助	133/71.9	94/76.4
可有可无	10/5.4	10/8.1
没用	5/2.7	0

（5）教材的课后习题

从表2—11中可以看出：对于教材课后习题量，小学教师中有7.6%的教师认为偏多，70.8%的教师认为适量，27.0%的教师认为较少，仅有2.2%的教师认为课后习题量很少；初中教师中有8.9%的教师认为偏多，61.8%的教师认为适量，25.2%的教师认为较少，4.1%的教师认为很少。可见，基础教育知识供给在国家提出"减轻学生负担""减少教材篇幅和课后习题量"的政策要求后"瘦身成功"，大部分教师认为教材课后习题量适量，可以接受。

表 2—11　　　　　　　　教材课后习题量分布

	小学 [人数(人)/比例(%)]	初中 [人数(人)/比例(%)]
偏多	14/7.6	11/8.9
适量	117/70.8	76/61.8
较少	50/27.0	31/25.2
很少	4/2.2	5/4.1

从表 2—12 中可以看出：对于教材课后习题是否有助于学生的学习，小学教师中有 24.9% 的教师认为非常有助，72.1% 的教师认为一部分有助，1.1% 的教师认为可有可无；初中教师中有 18.7% 的教师认为非常有助，73.2% 的教师认为一部分有助，8.1% 的教师认为可有可无。可见，教材的课后习题在一定程度上有助于学生的学习，但仍有超过一半的教师认为只有一部分有助，课后习题的效度还应加强。

表 2—12　　　　　　　教材课后习题助学性分布

	小学 [人数(人)/比例(%)]	初中 [人数(人)/比例(%)]
非常有助	46/24.9	23/18.7
一部分有助	137/72.1	90/73.2
可有可无	2/1.1	10/8.1
无用	0	0

(6) 不同性别教师的差异比较

前文数据（表 2—3）显示小学、初中教师男女性别比例悬殊。那么，男女教师在评价教材方面是否存在显著差异。通过卡方检验发现，小学、初中男女教师对教材的编排设计、教材的理念、教材知识的准确性、教材知识的难易程度、配套教学资源、教材课后习题方面的看法没有显著差异。但在教材偏重培养学生哪些能力这一调查项目中，小学教师对于教材是否偏重培养学生的公德和审美情趣方面，男女教师存在显著差异。中学教师对于教材是否偏重培养学生的基础知识和解题技巧方面，男女教师存在显著差异（见表 2—13）。从表 2—14 中可看出，对于教材是否偏重培养学生的公德，小学男教师中有 5 位教师选择了"是"，只占男教师总人数的 16.7%，25 位男教师选择了"否"，女教师中则有 39.6%选择了"是"。对于教材是否偏重培养学生的审美情趣，男教师中有 8 位选择了"是"，占男教师的 26.7%，22 位男教师选择了"否"，女教师中有42.9%选择了"是"。可见，女教师相比于男教师而言，更倾向于认为教材偏重培养学生的公德和审美情趣。初中女教师相比于男教师，在教材偏重培养学生的基础知识和解题技巧的人数方面，形成显著差异，女教师选择这两项的人数占比小于男教师，更高比例的女教师选择了"否"，而在教材偏重培养学生的公德、审美情趣这些选项上女教师人数占比更高。这可能与女教师更加关注一些情感、道德的话题有关。

表 2—13　　　　　不同性别教师评价教材的描述统计

		性别	个案数	平均值	标准差	标准误差平均值	F	t	P
小学	公德	男	30	1.83	0.379	0.069	53.437	2.879	0.004
		女	154	1.60	0.491	0.040			
	审美情趣	男	30	1.84	0.369	0.059	38.437	2.931	0.004
		女	154	1.58	0.471	0.039			
初中	基础知识	男	49	1.02	0.143	0.020	34.887	−2.970	0.004
		女	74	1.16	0.371	0.043			
	解题技巧	男	49	1.41	0.497	0.071	2.989	−3.017	0.003
		女	74	1.68	0.471	0.055			

表 2—14　　　　　不同性别教师评价教材的交叉制表

		性别	是 [人数（人）/比例（%）]	否 [人数（人）/比例（%）]	总计 [人数（人）/比例（%）]
小学	公德	男	5/16.7	25/83.3	30/100.0
		女	61/39.6	93/60.4	154/100.0
	审美情趣	男	8/26.7	22/73.3	30/100.0
		女	66/42.9	88/57.1	154/100.0

续表

	性别	是 [人数（人）/ 比例（%）]	否 [人数（人）/ 比例（%）]	总计 [人数（人）/ 比例（%）]
初中	基础知识 男	48/98.0	1/2.0	49/100.0
	基础知识 女	62/83.8	12/16.2	74/100.0
	解题技巧 男	29/59.2	20/40.8	49/100.0
	解题技巧 女	24/32.4	50/67.6	74/100.0

（7）不同类别学校的差异比较

①城乡学校教师评价教材知识难易程度的差异比较

在城市学校和农村学校的差异比较中，在教材知识难易程度方面，城市和农村存在显著差异。如表2—15所示，小学、初中的城市学校和农村学校均存在显著差异，分别为 $F=5.275$，$P=0.001<0.05$；$F=11.985$，$P=0.000<0.01$。通过表2—16可见，小学农村教师认为教材知识较难的人数（22）和比例（30.1%）高于城市小学。农村初中教师认为教材知识较难和很难的人数和比例也高于城市初中。可见，对于数学教材，小学和初中的农村教师比城市教师认为难度更大。

表2—15　　城乡学校评价教材知识难易程度的差异比较

		学校	个案数	平均值	标准差	标准误差 平均值	F	t	P
小学	难易程度	城市	111	2.01	0.548	0.052	5.275	-3.358	0.001
		农村	73	2.27	0.507	0.059			
初中	难易程度	城市	90	2.02	0.519	0.055	11.985	-4.986	0.000
		农村	33	2.58	0.614	0.107			

表 2—16　　　　城乡学校评价教材知识难易程度的交叉制表

		容易[人数(人)/比例(%)]	适中[人数(人)/比例(%)]	较难[人数(人)/比例(%)]	很难[人数(人)/比例(%)]	总计[人数(人)/比例(%)]
小学	城市	16/14.4	78/70.3	17/15.3	0	111/100.0
	农村	2/2.7	49/67.1	22/30.1	0	73/100.0
初中	城市	11/12.2	66/73.3	13/14.4	0	90/100.0
	农村	0	16/48.5	15/45.5	2/6.1	33/100.0

②城乡教师对数学教材培养目标评价的差异比较

从图 2—1 中可看出，对于数学教材偏重培养学生的哪些能力，有 85.6% 的城市教师认为教材偏重培养学生的基础知识，然后依次是分析解决问题、审美情趣、学会学习、解题技巧、公德、自主创造、社会责任、动手能力、国家认同、劳动态度与技能、健康。农村小学教师也认为教材最偏重培养学生的基础知识，有 86.5% 的教师选择了此项，其次依次是分析解决问题、学会学习、自主创造、动手能力、公德、审美情趣、社会责任、解题技巧、健康、劳动态度与技能、国家认同。可见，城市教师与农村教师在选项方面略有差别，但差别不大。无论是城市教

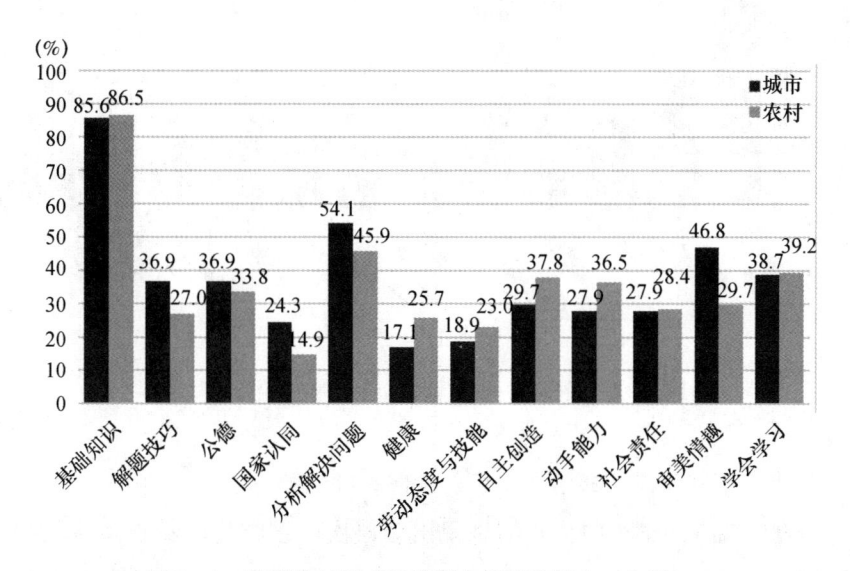

图 2—1　数学教材偏重培养学生的哪些能力（小学）

师还是农村教师，一致认为当前基础教育供给的知识偏重培养学生的基础知识、分析解决问题、学会学习、公德、解题技巧，而健康、劳动态度与技能、国家认同、社会责任则相对受到忽视。

从图2—2中可看出，城市初中教师认为教材偏重培养学生能力依次为基础知识、分析解决问题、解题技巧、学会学习、动手能力、公德、审美情趣、社会责任、国家认同、健康、自主创造、劳动态度与技能。农村中学教师的选择依次为基础知识、分析解决问题、解题技巧、动手能力、健康、学会学习、自主创造、社会责任、国家认同、审美情趣、劳动态度与技能、公德。可见，无论城市中学教师还是农村中学教师，基础知识、分析解决问题、解题技巧一致被认为是教材偏重的，而公德、国家认同、健康、劳动态度与技能、自主创造、动手能力、社会责任、审美情趣则是教材忽视的能力。

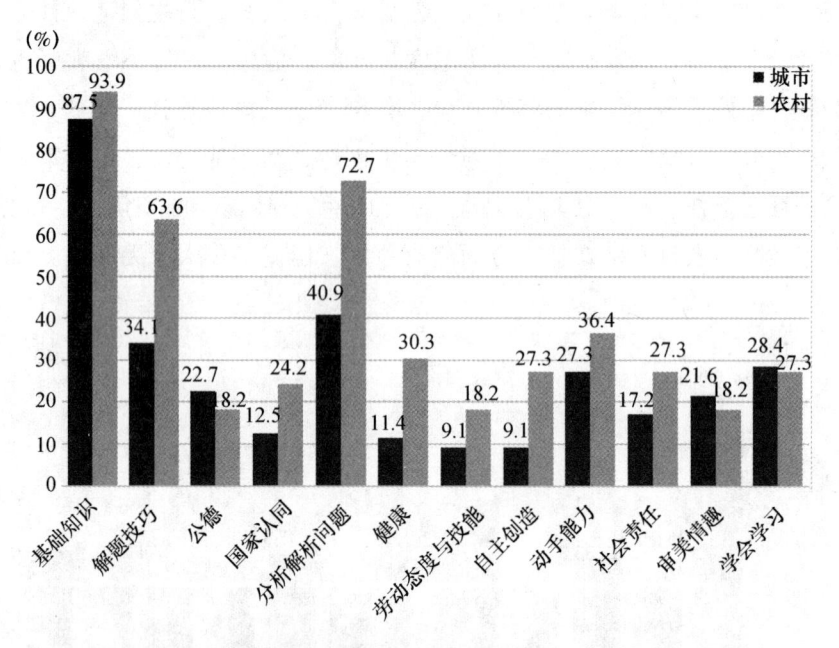

图2—2 数学教材偏重培养学生的哪些能力（初中）

（8）不同年龄、教龄、学历、编制教师的差异比较

在所调查的学校中，教师呈现出多层次、多结构的特点。从教师情况摘要表（表2—3）中看出，无论是小学还是初中，中青年教师占多数，

小学50岁以上的教师仅占7.0%，初中50岁以上的教师也只占12.2%。本科学历教师最多，教师的学历在不断提升，特别是初中教师拥有研究生学历高达21.1%。没有编制的教师比例很高，小学教师高达43.8%，初中教师也有28.5%，没有编制的教师是学校聘请的代课教师，这些教师主要是未考上教师招考的应届毕业生和高校的实习生。

通过对这些教师的差异比较，发现不同年龄、教龄、学历、编制的教师在对教材的评价方面，不存在显著差异，对此本书未将相关数据呈现出来。

2. 学生问卷分析

小学生[①]共收到有效学生问卷110份，其中，城市小学学生有效问卷67份，农村小学学生有效问卷43份。初中生共收到有效问卷249份，其中，城市初中学生有效问卷125份，农村初中学生有效问卷124份。

（1）教材知识的难度

从表2—17中看出：对于数学教材的知识难易程度，小学生中有38.2%的学生认为适中，有33.6%的学生认为容易，有3.6%的学生认为很难和24.5%的学生认为较难；中学生中，超过一半的学生认为适中，认为很难和较难的学生接近一半，认为容易的只有9.6%。总体而言，教材知识难度学生认为适中，能够接受；初中数学的难度增加，学习困难的学生增加。

表2—17　　　　学生对数学教材知识难易程度评价

	小学[人数(人)/比例(%)]	初中[人数(人)/比例(%)]
容易	37/33.6	24/9.6
适中	42/38.2	140/56.2
较难	27/24.5	63/25.3
很难	4/3.6	22/8.8

（2）数学教材的满意度

从表2—18中可以看出，大部分学生对数学教材表示满意，仅有少数的学生表示不满意。尽管有不少学生认为数学较难，但是对数学教材的编排设计、知识陈述表示认可。

---

① 因考虑到交流和理解问题，小学生选取的主要是5年级和6年级的高年级学生。

表2—18　　　　　　　　　学生对数学教材满意度分布

	小学 [人数(人)/比例(%)]	初中 [人数(人)/比例(%)]
满意	91/82.7	147/59.0
一般	16/14.5	87/34.9
不满意	2/1.8	10/4.0
非常不满意	1/0.9	5/2.0

（3）教材的配套学习资源情况

对于数学教材的配套学习资源，从表2—19和表2—20中可以看出，大部分的中小学生对学习资源的丰富程度表示认可，也认同学习资源有助于学习。可见，数学教材的配套学习资源，无论从数量还是质量而言，学生都表示认可。

表2—19　　　　　　　学生对教材配套学习资源评价分布

	小学 [人数(人)/比例(%)]	初中 [人数(人)/比例(%)]
丰富	78/70.9	113/45.4
较丰富	31/28.2	123/49.4
缺乏	1/0.9	13/5.2

表2—20　　　　　　教材的配套学习资源助学性评价分布

	小学 [人数(人)/比例(%)]	初中 [人数(人)/比例(%)]
非常有助	85/77.3	139/55.8
一部分有助	18.2/37.8	94/37.8
可有可无	5/5.4	10/8.1
没用	0	2/0.8

（4）数学教材课后习题情况

对于数学教材的课后习题，从表2—21和表2—22可以看出，大部分学生认为课后习题量适中并且有助于学习，这与教师问卷调查结果一致。可见，教材课后习题并没有让学生感到负担。

表 2—21　　　　　　　　数学教材课后习题量分布

	小学［人数(人)/比例(%)］	初中［人数(人)/比例(%)］
偏多	15/13.6	31/12.4
适量	82/74.5	206/82.7
较少	5/4.5	10/4.0
偏少	8/7.3	2/0.8

表 2—22　　　　　　　　教材课后习题助学性分布

	小学［人数(人)/比例(%)］	初中［人数(人)/比例(%)］
非常有助	64/58.2	129/51.8
一部分有助	41/37.3	109/43.8
可有可无	3/2.7	8/3.2
没用	2/1.8	3/1.2

（5）不同类别学校的差异比较

①城乡学生评价教材知识难易程度的差异比较

在城市学校和农村学校的差异比较中，在教材知识难易程度方面，城市和农村存在显著差异。如表2—23所示，城市小学生和农村小学生的差异比较中，$F = 0.329$，$P = 0.000 < 0.01$，差异极其显著。城市中学生和农村中学生的差异比较中，$F = 33.828$，$P = 0.004 < 0.01$，差异极其显著。通过交叉表检验（表2—24），无论小学还是初中，农村学生认为教材难度偏难和很难的人数显著高于城市学生。

表 2—23　　　　城乡学生评价教材知识难易程度的差异比较表

		学校	个案数	平均值	标准差	标准误差平均值	F	t	P
小学	难易程度	城市	67	3.49	0.561	0.068	0.329	10.031	0.000
		农村	43	2.28	0.701	0.107			
初中	难易程度	城市	125	2.81	0.618	0.055	33.828	2.946	0.004
		农村	124	2.52	0.879	0.079			

表 2—24　　　城乡学生评价教材知识难易程度的交叉制表

		容易[人数(人)/比例(%)]	适中[人数(人)/比例(%)]	较难[人数(人)/比例(%)]	很难[人数(人)/比例(%)]	总计[人数(人)/比例(%)]
小学	城市	35/52.2	30/44.8	2/3.0	0	67/100.0
	农村	2/4.7	12/27.9	25/58.1	4/9.3	43/100.0
初中	城市	8/6.4	91/72.8	20/16.0	6/4.8	125/100.0
	农村	16/12.9	49/39.5	43/34.7	16/12.9	124/100.0

②城乡学生评价配套学习资源的差异比较

通过表 2—25 可知，城市、农村初中学生在评价教材的配套学习资源丰富程度方面的差异比较中，$P=0.017<0.05$，可见城市农村存在显著差异。再由表 2—26 可知，农村中学生认为配套学习资源"丰富"的比例大大小于城市中学生，大部分学生认为配套学习资源"较丰富"。可见，相比于城市，农村中学生希望获得更多的学习资源。同时在城市、农村小学生关于此项的差异比较中，没有显著差异，这与小学数学重在基础，而初中数学难度加大有关，在前文数据（表 2—17）中也验证了初中学生认为数学较难和很难的比例在增加，所以中学生希望能拥有更多的学习资源来帮助学习。

表 2—25　　　城乡学生评价配套学习资源的差异比较

		学校	个案数	平均值	标准差	标准误差平均值	F	t	P
初中	配套学习资源丰富程度	城市	125	1.50	0.577	0.052	0.852	−2.398	0.017
		农村	122	1.68	0.579	0.052			

表 2—26　城乡学生评价教材配套学习资源丰富程度的交叉制表

		丰富 [人数(人)/ 比例(%)]	较丰富 [人数(人)/ 比例(%)]	缺乏 [人数(人)/ 比例(%)]	合计 [人数(人)/ 比例(%)]
初中	城市	67/53.6	53/42.4	5/4.0	125/100.0
	农村	46/37.7	69/56.6	7/5.7	122/100.0

③城乡学生评价课后习题助学情况的差异比较

关于教材课后习题是否有助于学习的差异比较中，城市和农村的中学生也存在显著差异（表2—27，P＝0.010＜0.05），农村中学生认为课后习题"非常有助"学习的比例显著低于城市中学生，而认为习题"一部分有助""可有可无""不利于"的比例均高于城市中学生（见表2—28）。可以推断出，农村中学生对于数学教材的课后习题并不是那么满意。一方面农村学生认为数学教材难度偏大，另一方面他们也认为配套学习资源不够丰富，如此不难理解农村中学生关于此项调查的选择。

表 2—27　城乡学生评价课后习题助学情况的差异比较表

		学校	个案数	平均值	标准差	标准误差平均值	F	t	P
初中	课后习题是否有助于学习	城市	122	1.43	0.529	0.048	5.859	−2.592	0.010
		农村	122	1.63	0.695	0.063			

表 2—28　城乡学生评价教材课后习题助学情况的交叉制表

		非常有助 [人数(人)/ 比例(%)]	一部分有助 [人数(人)/ 比例(%)]	可有可无 [人数(人)/ 比例(%)]	不利于 [人数(人)/ 比例(%)]	合计 [人数(人)/ 比例(%)]
初中	城市	72/59.0	48/39.3	2/1.6	0	122/100.0
	农村	57/46.7	56/45.9	6/4.9	3/2.5	122/100.0

④城乡学校学生评价数学教材偏重培养学生的哪些能力的差异比较

数学教材偏重培养学生的哪些能力，城市小学生依次选择的是基础知识（74.6%）、分析解决问题（61.2%）、解题技巧（50.7%）、学会学习（43.3%）、动手能力（16.4%）、自主创造（11.9%）、健康（10.4%）、社会责任（9.1%）、国家认同（9.0%）、公德（7.5%）、审美情趣（4.5%）、劳动态度与技能（3.0%）。农村小学生依次选择的是基础知识（90.7%）、解题技巧（76.7%）、分析解决问题（41.9%）、学会学习（34.9%）、动手能力（20.9%）、健康（20.9%）、社会责任（14.0%）、劳动态度与技能（14.0%）、自主创造（11.6%）、国家认同（7.0%）、审美情趣（9.3%）、公德（4.7%）（见图2—3）。无论是城市学生还是农村小学生，选择基础知识、分析解决问题、解题技巧的比例大大超过其他选项，可见，对于教材而言，基础知识、分析解决问题、解题技巧是其重视的方面，而公德、国家认同、健康、劳动态度与技能、自主创造、动手能力、社会责任、审美情趣则受到忽视。

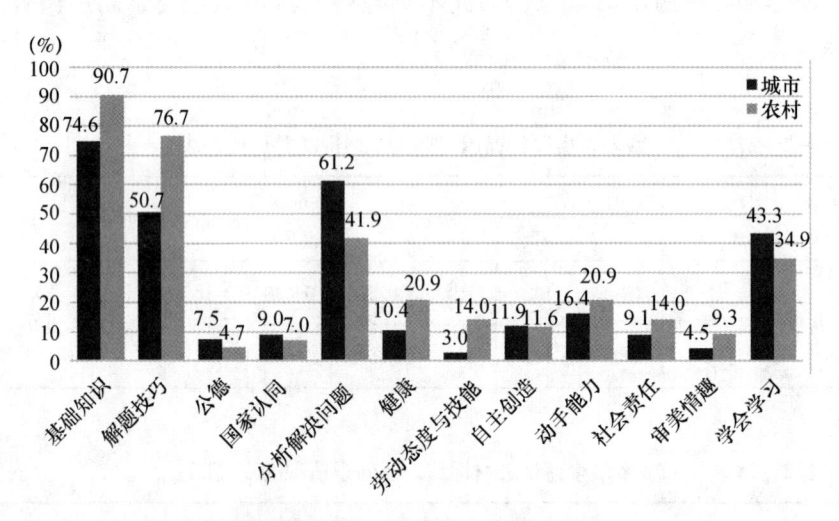

图2—3 数学教材偏重培养学生的哪些能力（小学）

城市中学生依次选择的是解题技巧（76.2%）、基础知识（75.4%）、分析解决问题（75.4%）、学会学习（39.3%）、动手能力（27.0%）、自主创造（22.1%）、审美情趣（10.7%）、劳动态度与技能（9.0%）、健康（7.4%）、社会责任（7.4%）、国家认同（7.4%）、公德（6.6%）。农村中学生依次选择的是解题技巧（73.4%）、基础知识（71.0%）、分析解决问题（63.7%）、学会学习（43.1%）、动手能力（29.8%）、自主创造（19.4%）、国家认同（8.9%）、健康（8.1%）、公德（7.3%）、劳动态度与技能（6.5%）、审美情趣（5.6%）、社会责任（4.0%）（见图2—4）。可见，初中数学也是重视基础知识、解题技巧、分析解决问题，对于其他能力则较少关注。

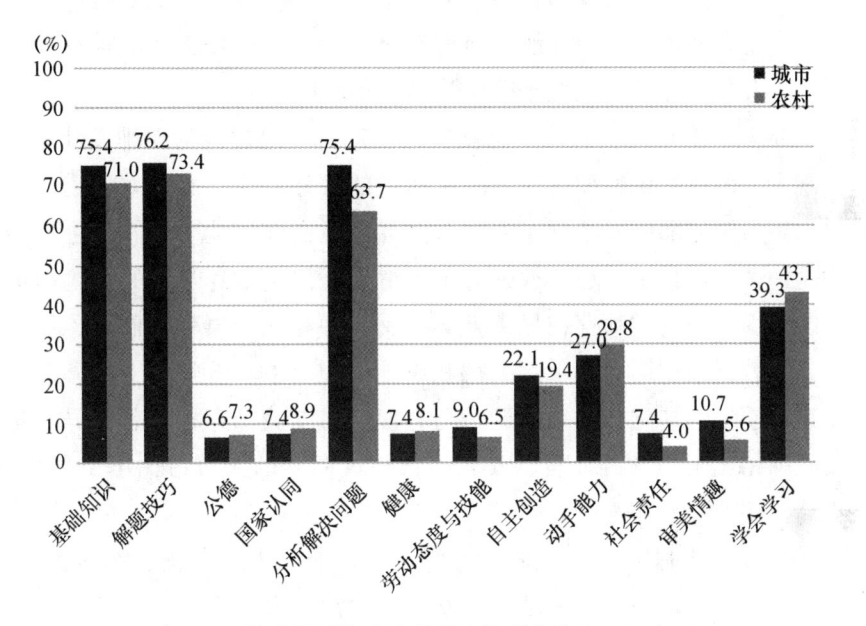

图2—4 数学教材偏重培养学生的哪些能力（初中）

（三）结论

1. 数学教材在体系、理念、知识准确性方面获得了教师和学生的认可。可见，国家层面的知识供给在体系结构、教育理念、知识准确性方面没有问题，小学、初中的师生能够接受并且认可度高。国家在1986年就成立了全国中小学教材审定委员会，负责审查国家课程教科书，国务院教育行政部门负责处理教科书审查、审定中的日常事务，并且2010年成立了国家基础教育课程教材专家工作委员会，也参与到教科书的审查中。可以说，国家层面的知识供给是自上而下由中央政府负责供给知识，具有权威性，代表着国家教育发展水平，质量有所保障。

2. 数学教材偏重培养学生的基础知识、解题技巧、分析解决问题、学会学习的能力，忽视动手能力、自主创造、审美情趣、劳动态度与技能、健康、社会责任、国家认同、公德等方面的能力。无论是教师，还是学生，城市还是农村，关于数学教材偏重培养学生的哪些能力的调查中，没有显著差异，选择具有高度一致性。中国在新课改之前，于1996—1998年在全国进行了一次大规模的调查，调查对象涉及校长、教师、学生、教育行政部门，当时调查结果显示中国的知识供给偏重基础知识、解题技巧，而对其他方面没有过多关注。如今，基础教育改革已过去十几年，在这一方面并没有得到显著改善。

3. 男女教师比例悬殊，男女教师在调查中对教材的编排设计、教材的理念、教材知识的准确性、教材知识的难易程度、配套教学资源、教材课后习题方面的看法并没有显著差异。但在教材偏重培养学生哪些能力这一调查项目中，小学教师对于教材是否偏重培养学生的公德和审美情趣方面，男女教师存在显著差异，女教师相比于男教师而言，更倾向于认为教材偏重培养学生的公德和审美情趣。中学教师对于教材是否偏重培养学生的基础知识和解题技巧方面，男女教师存在显著差异。初中女教师相比于男教师而言，女教师选择这两项的人数占比小于男教师，更高比例的女教师选择了"否"。

4. 城市农村师生在评价数学教材知识的难易程度方面存在显著差异，农村师生普遍认为教材偏难。国家层面的知识供给为了保证所有学生都能够享有学习权利，其知识标准已经不高。然而尽管如此，农村的中小学生仍然觉得难度偏大，农村中小学教师也认为对于农村学生而言难度偏大，尤其是初中教材，感觉偏难和很难的农村学生比例在增加。

5. 城市农村中学生在配套学习资源、课后习题是否有助于学习方面存在显著差异，农村中学生认为教材配套学习资源不够丰富，课后习题的助学情况不乐观。这与农村学生认为教材难度偏大的调查结果相互呼应。一方面教材难度偏大，农村学生自然希望配套学习资源和课后习题能够帮助他们学习，其对配套学习资源和课后习题的要求相应提高，苛责也会增多。另一方面，配套学习资源和课后习题不理想，又反过来影响农村学生对教材知识难度的看法。还有一点值得重视的是，城市学生的家庭具有很强的学习意识,家长愿意也乐于为孩子购买、提供各种市场上的学习资源,因而城市学生总体而言觉得教材难度不大,配套学习资源充足。

三 国家层面教科书的文本分析

教科书作为知识供给的主要载体,不仅是中小学生知识的主要来源,而且是对社会形象、社会文化及政治活动的一种投射。因而,要深入了解国家层面知识供给中存在的问题,对教科书文本的分析研究必不可少。本书选取历史和数学两个学科的教科书进行文本分析,理由有两个方面:一是这两个学科武汉市中小学采用的都是人民教育出版社出版发行的教科书,代表国家层面知识供给;二是历史和数学分别是人文和科学学科的典型代表。

(一) 历史教科书插图分析

插图在教科书中承担着传达信息的作用,与单纯的文字内容不同,教科书中的插图多是以照片、图片的形式形象直观地将信息表达出来。符合学生认知发展特点的插图不仅可以强化教科书中的知识,而且有助于教师开展丰富的教学活动。值得注意的是,教科书中的插图也并非客观中立,出现在教科书插图中的人物、政治经济及社会生活场景、图示说明等也体现出了权力关系。教科书的性质决定了教科书编写者必然要对他(她)所要呈现的材料进行精挑细选,教科书中的插图也不例外。

以武汉市中学现今使用的历史教科书为例,在义务教育阶段,历史学科作为一门综合性课程,不仅是对人类社会实践活动的反思,更是将过去的事件与我们现今生活联系的通道,杜威认为,历史是"永恒且具建设性的道德遗产,历史教学将发挥最自然的伦理价值"[1],因而,历史知识具有引导学生深刻洞察现今生活及活动的意义,历史教科书在这一过程中起着非常重要的作用。武汉市初中历史教科书严格按照教育部规定的要求,统一使用人民教育出版社出版发行的义务教育课程标准实验

---

[1] 转引自钟启泉、安桂清《怎样理解〈历史课程标准〉——华东师范大学钟启泉教授访谈》,《历史教学》2005年第8期。

教科书（彩版）《中国历史》（2016年）。为了对教科书中的插图进行针对性的研究，主要选取武汉市七年级《历史》上下册的教科书进行插图分析，这两册历史教科书共计44课，包括10次活动课在内，历史事件涵盖了中华民族的起源、统一多民族国家的巩固和社会的危机。对这两册历史教科书中的插图所反映的主题进行统计，主题划分为人物画像图、政治经济和社会生活图、艺术文化科技图、遗址古迹图、情景想象图、图式说明图、地图7种，具体见表2—29。

表2—29　　　　武汉市七年级历史教科书插图的频率统计

主题	列举	频率	百分比（%）
人物画像图	帝王将相（37幅）、思想家（3幅）科学家（5幅）、医学家（4幅）、使者（1幅）	50	20.2
政治经济和社会生活图	祭奠膜拜华夏族始祖黄帝陵墓的场景、大泽乡起义、唐朝雨中耕作图、宋朝科举考场图、科举考生看榜图	5	2.0
艺术文化科技图	金刚经、欧阳询《九成宫碑》、颜真卿《颜氏家庙碑》等	7	2.8
遗址古迹图	孟庙图、灵渠图、北宋开封相国寺等	65	26.3
情景想象图	山顶洞人的生活图、鸿门宴、汉代造纸示意图等	52	21.1
图示说明图	西汉长安平面图、唐朝长安城平面图等	35	14.2
地图	春秋争霸形势图、战国形势图、秦朝疆域图等	33	13.4
合计		247	100

由表2—29可知，在七年级的历史教科书中，有关遗址古迹的插图出现次数最多，占总量的26.3%，其次是情景想象图占总量的21.1%，人物画像图占总量的20.2%，图示说明图占总量的14.2%。可以看出，初中历史教科书中的插图较为丰富，且种类多样。然而，值得注意的是，插图背后蕴含的隐性课程耐人寻味，这些不同主题类的插图反映的实际上是不同知识的分配。

首先，在人物画像图中，有关"帝王将相"的插图远远多于思想家、科学家、医学家、使者等，在具体分析时，进一步发现男性人物的插图远远多于女性，在所研究的这两册历史教科书中，与女性有关的插图出现在对隋唐乐舞的介绍、唐代和宋代妇女服饰，明显带有女性身份插图的仅两人，分别是"武则天"和词人"李清照"，人物性别的差异在插图中的具体表现不仅是数量和重点人物偏重的差异，而且还带有明显的男性话语中心的倾向，书中的历史事件主要围绕男性展开，女性则被迫处于从属的地位。此外，对帝王将相、科学家思想家等精英人物的过多插图反衬出有关普通大众插图的缺失，历史教科书中很少提及下层人民在历史发展中的生活状态及所做的斗争，因而，透过书中所强调的人物插图，可窥见其"政治性"的意涵。

其次，在政治经济和社会生活图中，其主题也多以祭奠祖先陵墓、科举考试等带有明显的价值倾向的插图为主，这样的插图并没有很好地将历史主题真实地呈现给学生，祭祀活动、科举场景等插图是对中国的华夏始祖和科举取士的再现，然而历史教科书中却只是一般性的事实陈述，并未真正探讨祭祀活动的来源和科举取士的历史渊源，这样经过加工和筛选的历史插图只会让学生对相关历史事件、人物、历史活动等形成浅显的认识。

最后，情景想象图在历史教科书中占了大量比例，如此便加强了教科书的知识渗透，当历史以充满神话、想象的插图多次出现在教材中时，历史的真实被某种特定的价值所掩盖，学生只能对相关知识做想象性、抽象性的认识，而这正是教科书传授历史知识的一种有效方式，同时也是意识形态传递的方式之一。

（二）数学教科书文化构成分析

科学知识社会学（SSK）的研究表明，自然科学知识同样受到阶级、意识形态、权力结构、利益集团等因素影响，所有知识都不是完全客观、价值中立，自然科学知识同样也是社会建构的。

数学，作为科学学科的典型代表，传统观念上一直把它认为是纯科学的、是客观的、是与价值无涉的。但是，通过对数学教科书的文本分析，发现数学教科书的文化构成，是带有价值偏向的。

数学，包含的不仅仅是抽象的数字符号、数与数的关系，在社会学视角中，数学还包含了"群体"与"意义网络"，数学文化更是"由数学家群体在认识数学世界和相互交往中自觉形成的一种相对独立、相对稳定的社会意义网络"[①]。数学知识被誉为高级形态的知识，属于高地位的知识，受到师生、家长各类群体的重视。因而，中国对义务教育阶段中的数学学科及教科书有严格的规定，明确了数学教材的版本及出版机构，即根据中国教育部新颁布的义务教育数学课程标准，由人民教育出版社编写出版发行。为了有针对性地分析数学教科书中的文化构成，主要选取的是小学五六年级上下册的数学教科书（人民教育出版社2013年版）展开文化构成的分析，对各少数民族文化及不同国别文化进行统计，具体见表2—30及表2—31。

表2—30　　　各少数民族文化在现行数学教科书中的呈现

分类	呈现内容	频率
蒙古族	蒙古包	2
维吾尔族	吐鲁番土坯房容积介绍、乌鲁木齐比例介绍	2
藏族	藏羚羊数量的增多	1
客家族	客家围屋的介绍	1
合计		6

由表2—30可见，少数民族文化在数学教科书中所占比重较小，在中国55个少数民族中，只有蒙古族、维吾尔族、藏族和客家族这4个少数民族的文化得以呈现，且这4个少数民族只占很少的比例。当然，教科书内容的有限性决定了不可能将所有的民族涵盖其中，然而对一些独立的少数民族文化形态如壮族、苗族等也应有所涉及；此外，教科书中所呈现出的少数民族文化也多以汉族文化的视角展开，虽然中国文化的主体确是汉族文化，然而作为多民族国家，少数民族文化适时适量的呈现本就是必不可少的，这对于义务教育阶段学生多民族文化视野的形成起着至关重要的作用。

---

① 转引自郑强、郑庆全《三种形态数学文化研究的回顾及启示——文化视野下数学教育理论与实践研究之一》，《山东教育学院学报》2008年第6期。

表2—31　　　　　　　数学教科书不同国家文化构成

国别	呈现内容	频率
古希腊	数学家欧几里得、数学家阿基米德与圆柱容球、希腊神庙	3
埃及	古埃及与方程解决问题、埃及金字塔	2
印度	鸵鸟速度与野狗速度的计算、陆地与人口面积	2
巴西	南美洲的纺锤书	1
德国	数学家哥德巴赫猜想、数学家斐波那契与"斐波那契数列"、恩格尔定律的介绍、狄里克雷的抽屉原理	4
美国	伦敦陆地与人口面积、伦敦奥运会金牌	2
法国	埃菲尔铁塔比例	1
意大利	比萨斜塔	1
瑞典	斯德哥尔摩的日照时间	1
日本	东京手表的标价	1
合计		18

由表2—31可见，在不同国家文化的构成中，与德国有关的文化内容最多，一共出现了4次，其他国家的文化如古希腊、埃及、印度、美国等也有所涉及，少数国家如法国、意大利、瑞典、日本等国家呈现较少。由此可见，数学教科书在国别文化方面具有一定的局限性，这主要表现在对不同国家的现代文化呈现不足，研究发现教科书中主要呈现的是古代伟大数学家如古希腊数学家欧几里得、阿基米德，德国数学家哥德巴赫等，对这些国家的现代文化却没有充分反映。另外，在这些不同国家文化的构成中，除去以列举的方式讲解其他国家的文化以外，在例题中直接讲述的少之又少，如五年级下册在讲解因数与倍数时，只在练习时提到了德国数学家哥德巴赫猜想，这种狭隘的文化观必定影响着学生多元文化观念的形成。针对数学教科书中的一些问题，在与相关教师的访谈中也得到印证：

问：您所教的课程在内容上是否体现出多元文化的特点？
Z教师：我教的数学课没有很多是关于多元文化的，数学主要是帮助学生解题方法、思维训练。

问：您认为所教的数学课中的知识主要是谁的知识呢？

Z教师：应该是教科书中的相关知识，我是按照教学计划进行教学的。

问：您对数学学习能力弱的学生怎么看待？

Z教师：每个学生在数学学习中都是有差异的，有的反应快，有的反应慢，我会根据学生的整体学习情况来调整进度，如果只有个别学生跟不上，我不会放慢整个教学进度，而是找时间私下进行辅导。不过一考试，学生之间的差别就很明显了。

问：那你认为考试是有效的方式吗？

Z教师：在检验学生知识掌握方面还是很有效的。

问：您所教的数学学科中的知识与其他学科知识有交叉吗？

Z教师：数学主要还是与物理、化学这类课程的知识有交叉，与语文、英语交叉不大。

通过与Z教师的访谈，发现数学教科书中多元文化呈现不足，教师基本按照教科书的顺序进行教学，同时并未对教科书中的知识来自何处进行甄别。此外，以数学这种逻辑思维为主的学科知识与其他学科知识分类明显，由此形成的课程类似于巴兹尔·伯恩斯坦提出的"集合课程"，这种课程中的知识具有强烈排他性，很容易将学生区分开，随着社会的日益民主化，这种强烈排他性被深深隐藏于教科书中，教师也转而成为这种课程中的监视者与控制者，巴兹尔·伯恩斯坦曾一针见血地指出这种集合型课程是"一种隐藏性的社会控制，有利于上层阶级文化的再制"[1]，而社会上层利用这种集合课程达到对社会的控制，实现权力的转化。

第五节 国家层面知识供给的问题分析

通过调查问卷以及对教科书的文本分析，国家层面知识供给优劣之

---

[1] Bernstein, *Class, Codes and Control: Towards a Theory of Educational Transmissions* (Volume 3), London: Routledge & Kegan Paul, 1975, p. 53.

处显露无遗。国家聚集各个学科、各个领域的专家学者对知识进行研究，为全国基础教育供给知识，其优势之处显而易见。国家层面知识供给在知识的体系、理念、准确性方面获得了教师和学生的认可，注重培养学生的基础知识、解题技巧、分析解决问题、学会学习等相关素养，配套教学资源较为丰富，能够有效帮助师生授受知识，课后习题适量并有助于学生学习。可见，无论在数量上还是质量上，国家层面供给的知识赢得了师生的认同。然而，在调查和分析中，国家层面的知识供给仍然存在问题。

一 高度重视传统基本素养，现代关键素养难有一席之地

在以人民教育出版社为代表的国家知识供给调查中，显示出基础知识、解题技巧、分析解决问题、学会学习这些传统基本素养在国家层面的知识供给中占据很重比例。这些传统素养早在永恒主义、要素主义、结构主义等教育流派就被反复强调，并且事实上这些传统基本素养的确非常重要，因此国家知识供给重视这些素养有一定渊源也有足够理由。然而，知识供给也要考虑到时代特征，尤其是现代社会需要的关键素养也应在知识供给中凸显。中国在新课改之前曾在 1996—1998 年进行了一次全国范围的教育调查，当时结果显示出基础知识、分析解决问题的能力在中国知识供给中占据较重比例，其次是政治信念、动手能力、公德，排在末位的是美的感受与技能、劳动态度与技能、自主创造、搜集信息、健康。如今，课改已过去十余年，可以发现，这些素养在知识供给中的比重没有很大改变。一方面，这是因为改革具有一定惰性，不可能一蹴而就。另一方面，中国上下五千年的文化和社会传统根深蒂固，短时间的改革难以撼其根本。因此，基础教育改革成效并不显著，国家知识供给仍未做出重大变化。

然而，进入 21 世纪，世界各国都在推动教育和知识供给领域的变革。推其原因，主要是经济与社会的新发展促使教育需要反思和改革。

首先，随着知识经济和信息技术的发展，学习者需要掌握一些有异于传统的素养和能力，这样才能更好地适应 21 世纪的社会，更好地参与新世纪的生活。佩雷斯曾提到，现代社会正在由规模化大生产范式（mass production paradigm）向信息技术和知识创造范式（information technology and knowledge creation paradigm) 转化。这两种社会范式最明显的不同便在于前者产出物品,强调通过规模生产强化标准化的生产过程及其产出;而后者则更关注知识创造,强调通过个性化的服务来满足个体的需求与偏好!① 因此,世界各国都在思考基础教育要做出何种变化,培育何种能力和素养,以适应变化的经济与社会。如美国将全球意识、财经和商业素养、公民素养、健康素养以及环保素养纳入基础教育需要关注的能力和素养;新加坡将跨文化交流技能、全球意识、公民素养、创新性思维、批判性思维、交流、合作和信息技能作为基础教育需要着重培育的能力和素养。中国在这种形势下也应积极推动基础教育知识供给的变革,及早做出应对。

其次,教育也应发挥对社会的正向引导作用,从被动地满足社会变革的需求转向主动地促进社会发展、创造新型文明动力。关于这点,一些案例值得中国学习。如1972年联合国教科文组织出版了《学会生存:教育世界的今天和明天》,率先提出了"终身教育"和"学习型社会"的概念②;1996年出版了《学习:内在的财富》,提出了"学会认知""学会做事""学会生存"和"学会共处"是21世纪学习的根本支柱;2015年出版了《反思教育:向"全球共同利益"的理念转变》,提出教育"必须教导人们学会如何在承受压力的地球上生活;教育必须重视文化素养,立足于尊重和尊严平等,有助于将可持续发展的社会、经济和环境结为一体"③ 的新教育观!这些教育观点预见了社会即将发生的变化,教育成为社会改革的有效动力。中国的知识供给也应在改革和变化的浪潮中率先变革,一方面既要反映出新时代的新需求,另一方面也要在不断的自我反省中努力摆脱传统知识供给模式的束缚,转变角色,知识供给不应只是被动地适应社会,而应主动地成为社会发展的动力和关键。

---

① 转引自屠莉娅《基于变革社会的视角:核心素养阐发与建构的再思考》,《全球教育展望》2016年第6期。

② 联合国教科文组织:《学会生存:教育世界的今天和明天》,教育科学出版社1999年版,第39页。

③ 联合国教科文组织:《反思教育:向"全球共同利益"的理念转变》,教育科学出版社2015年版,第3页。

二　重视保证所有学生学习的权利，但农村学生仍然居于弱势

相比于城市学生，农村学生居于弱势，处于边缘化的境地。

首先，农村学生的边缘化意味着他们位于社会底层，在政治、经济上被边缘化。根据中国社会科学院"当代中国社会结构变迁研究"[①] 课题组的研究显示，中国的社会成员可分为十大阶层，农村学生群体在内的农业劳动者阶层位于第九位，属于社会阶层中的下层阶层。农村学生群体的社会阶层地位较低，政治、经济地位不高，在组织和文化资源方面更不占优势。农村学生的这种阶层结构分布状态使他们难以参与到中心利益群体中，地位的边缘化程度在加剧，并逐渐被社会排斥。

其次，农村学生的边缘化意味着他们在强势文化的侵袭下表现出的一种群体性的隔离状态。学生本就是介于婴幼儿与成人之间的半社会成员，这一属性导致学生在相当程度上带有"边缘人"[②] 的特征，加上城乡文化两种价值观的冲突，使他们更加无所适从。一方面，农村学生带有的孤立保守的乡村文化与开放流动的城市文化形成强烈冲击，在掌握知识、道德意识、行为方式及教育期望方面带有明显的传统痕迹，农村学生难以融入城市文化中，致使他们逐渐被遗忘在文化的进程中，因而只能处于边缘地位。另一方面，现代社会的发展在加速城乡文化交流的同时，也使农村学生难以建立与城市学生相融合的文化，难以形成对城市文化的认同感和归属感，这为农村学生吸纳城市文化加大了难度。因此，农村学生在强大的城市文化中节节败退，失去文化反抗的能力，最终丧失话语权，失语的农村学生群体缺乏自由流转和向上发展的空间，逐渐形成边缘化的群体，进而被遗忘在社会发展进程中的边缘线上。

可见，在政治、经济、文化及教育上处于边缘化的农村学生群体，他们正在底层社会的夹缝中艰难生存，在市场竞争中负隅顽抗。基础教育知识供给本应为各个阶层提供向上公平竞争的阶梯，以此实现社会的合理分层，维护社会秩序的稳定。然而对于农村学生而言，基础教育知识供给并没有很好地发挥其筛选和分配的作用，反而阻碍着农村学生向

---

① 陆学艺：《当代中国社会阶层的分化与流动》，《江苏社会科学》2003 年第 4 期。
② 吴康宁：《教育社会学》，人民教育出版社 1997 年版，第 222 页。

上流动。尽管国家层面知识供给考虑到全国范围内学生的受教育需求，降低了知识标准，然而调查结果仍显示，对于数学知识，农村学生明显觉得更难。一方面，边缘化的境况导致了农村学生在基础教育知识供给中处于被忽视和被隔离的地位，教育选择单一，并逐渐游离在教育的边缘。虽然现在的教育不再是一种特权，但是在日益分化复杂的社会下，教育仍然作为一种资源存在。相比于城市学生，农村学生对教育资源的占有并不具有优势，无论是在教学设备、师资条件、财政政策等方面，还是家庭对农村学生教育资源的提供方面，农村学生都不具有竞争优势，这严重限制着农村学生在知识供给中的选择和教育机会的获得。另一方面，基础教育知识供给的城市化取向不但没有改善农村学生的边缘化境遇，反而加剧了其边缘化，使农村学生呈现出"双重边缘化"的困境。这集中体现于以下三大方面：

1. 读书无用论的兴起

农村学生双重边缘化的一个重要表现便是"读书无用论"的兴起。"读书无用论"作为一种社会思潮，在农村社会中解构着基础教育知识供给帮助底层实现社会阶层上升流动的理论根基。当基础教育知识供给无法给农村学生带来预期的收益时，他们更多的是表现出对教育的低层次预期和对教育的失望。教育投入与收益的不平衡、升学希望渺茫的尴尬现实使他们主动放弃接受教育的机会，转而崇尚金钱至上的观念，认为金钱才是唯一的通行证，读书没有很大意义，并不能改变他们的现状，这种读书无用论的功利性思想主导着大多数的农村家长和农村学生，使农村社会与学校主流价值观相抵触，农村学生游离于教育的边缘。

2. 辍学率的提高

除此以外，农村学生的辍学率更呈现出居高不下的局面，在部分农村初中，学生的辍学率最高可达至74.37%，平均约为43%。[1] 另外，高考录取率的日趋上升与高中应届毕业生放弃高考的行为形成显著的对比。教育部的统计数据显示，2011年有933万学生参加高考，弃考的人数约

---

[1] 卢德生、赖长春：《从学生自愿性辍学看我国"控辍"政策的调整与转变》，《教育学术月刊》2009年第1期。

为80万；2012年参加高考的人数为915万，而弃考者多达80万；2013年有912万学生参加高考，弃考人数则上升到约100万[①]，这些弃考者大部分都是农村学生。农村学生辍学率的不断提高折射出农村学生在教育选择中面临的困境。越来越多的农村学生主动放弃了接受教育的机会，同时也放弃了通过教育来实现社会流动的宝贵机会。

3. 升学机会的不均

农村学生面临着升学机会不均困境，这也是他们边缘化的表现。在重点高校中，来自较高收入家庭的学生比例占据明显优势。根据全国性高校抽样调查，在高等院校中，"985工程"大学里非农业户口的学生约为农业户口学生的2.7倍。"211工程"大学里是1.3倍[②]；而在大学保送的名额中，来自私人业主家庭的学生是来自农民家庭的学生的7.6倍，来自管理阶层家庭的学生则是来自农民家庭的学生的8.5倍。[③] 由此可见，大多数农村学生集中在普通本科院校和高职高专这类非重点大学，重点院校转而成为精英阶层或富裕阶层的聚集地。农村学生在高等院校中处于竞争的劣势，对资源和机会的占有大大小于优势阶层，这制约着农村学生在其后的就业及职业发展等问题。

农村学生"读书无用论"的功利性思想的兴起、辍学率的不断提高及入学机会的不均等等现象，是农村学生对基础教育知识供给的社会分层功能进行基本判断和认知后被迫做出教育选择，这也是农村学生走向双重边缘化的主要因素。当前，基础教育资源的不均等现象明显存在。在调查中也显示出城市家庭愿意也乐于为孩子购买各种辅导资料，鼓励孩子参加各种培训，而农村家庭缺乏这种意愿和意向。这与社会两极分化下的"总体性精英阶层"过多垄断教育资源紧密相关，社会中"总体性精英阶层"对教育资源的垄断严重侵犯社会其他阶层的利益，使得其他阶层占有教育资源的比例大幅度减少。可以说，这种状况下的基础教育知识供给在某种程度上是服务于精英阶层，与此相对的是农村学生弱

---

① 网易新闻：《高考弃考》（http：news.163.com/12/0607/08/83CPEQ5T0001124J.html）。
② 辛鸣等：《防止"阶层固化"促进社会流动》，《时事报告》2011年第11期。
③ 董泽芳：《略论社会分化与教育分流》，《华中师范大学学报》（人文社会科学版）1995年第6期。

势群体的底层阶层在教育资源上的严重差异。这种服务于优势阶层的基础教育知识供给忽视甚至排斥底层人员，加快农村学生阶层之间的封闭，使农村学生身份固定化。

三 提倡减轻学业负担，但加剧了课外补习现象的盛行

减轻学业负担是国家政策，目的在于减轻中小学生过重的课业和心理负担，推进素质教育的实施，从而进一步促进学生在德、智、体、美等方面的全面发展和身心的健康成长。2010年，国务院办公厅印发了《关于开展国家教育体制改革试点的通知》，其中明确提出要为中小学生"减负"，并公布一批试点地区，希望借试点以多种途径解决中小学生学业负担过重的问题。2013年，教育部新拟定《小学生减负十条规定》（征求意见稿），面向全社会征求意见，《规定》要求中小学免试就近入学，小学低年级阶段不能留书面家庭作业，全面取消百分制、上好体育课等。同年，教育部启动"减负万里行"活动，提出"省级教育行政部门要制定加重学生课业负担的处罚细则，建立责任追究制度，对减负工作不力、存在违规行为的地区、学校和个人进行查处和曝光"。减负是国家大力推行的政策，国家为了实现减负，采取了降低教学大纲标准、减少教材内容、缩减规定学时、公立学校去重点化等多种措施。可以认为，减负的成效是显而易见的。调查显示，中小学教师和学生普遍认为教材的内容量、课后习题量适中，没有给学生造成很大负担。

减负的初衷固然是好的，然而，需要引起警惕的是，初衷良好并不代表结果良好。现实中，减负政策同样存在一系列负面效应。国家颁布的减负政策只对公立中小学有约束作用，然而因升学而导致的竞争态势和家长急切的教育需求却并没有发生很大变化，可想而知，为了应对升学的压力，家长只能寻求私营办学机构。在笔者所调查的11所学校中，无论中学还是小学，都存在课外补习的现象。值得注意的是，城市中小学学生课外补习规模大大超过农村中小学。在问卷调查中，农村学生普遍觉得教材难度偏大，并且在课后习题的数量及对学习的帮助情况的调查中，认可程度显著低于城市学生。通过与教师和学生访谈，得知城市学生的家长愿意和乐于为孩子购买各种辅导用书，并且将孩子送往培训班，低年级时送往兴趣培训班，高年级时送往学习培训班。而农村家庭很少为孩子提供这种教育资源,因此对于农村学生而言,教材及辅导用书基本成为学生学习的唯一资源,这便导致学生对教材的课后习题抱以很高期望,所以农村学生相对于城市学生而言,希望教材的课后习题能更多些。这意味着,减负的确减轻了学生负担,有助于学生身心发展,但是在教育评价机制和教育制度没有改变的情况下,减负不仅没有减轻学生负担,反而加剧学生负担,甚至造成教育不公。有学者通过调查显示由于学生个体、家庭和学校背景的差异,学生参加课外补习的规模存在显著差异。学校所在地行政级别越高,学生参加各类课外补习比例越高。市/县城的中心城区学校学生参加课外补习的比例远高于边缘城区及城乡接合部学校,边缘城区及城乡接合部学校初中生参加课外补习的比例又明显高于乡镇农村学校。[①] 这种现象随着减负的贯彻愈演愈烈。

  当政府采取措施降低学业标准、减轻学业负担时,不同阶层家庭教育竞争的重心就从学校教育转向了课外补习,具有优势家庭资本的子女将会获得更多数量和更高质量的课外补习,这些都可以帮助其在未来的教育乃至进入社会后取得成功,而获得成功的子女则进一步巩固了优势家庭的地位,这便实现了阶层再生产。如此,便可以解释为何城市家庭愿意为孩子购买课外补习资源和各种学习材料,城市中小学的学生认为教材并没有给予他们负担。然而,需要指出的是,这种现象一定程度上是城乡差距和贫富差距的具体表现,反映了社会不平等和教育不平等。而且,这种不平等至少引起两类群体的不满。首先,农村的家庭,在这种教育竞争下失去了机会,是教育不公平的直接受害者,显然他们对教育存在不满。其次,对于城市家庭,他们愿意为孩子购买体制外的教育资源,在教育上占据优势,可他们对教育仍然感到不满意。因为减负政策使得整个社会的教育供给状态得以改变,以至于这些家庭如若想在子女的教育上占优势,则势必需要承担巨大的经济负担、选择焦虑和应付考试而带来的压力,数量庞大的城市家庭无疑为课外补习机构做出了巨大的经济贡献。

  因此,减负在表面上似乎给予了学生更大的自由空间和更多的选择权利,实际上,对于处于这种年龄阶段的中小学学生而言,他们既不能

[①] 薛海平:《课外补习、学习成绩与社会再生产》,《教育与经济》2016 年第 2 期。

充分了解自己，更不清楚社会的需求，甚至连竞争的游戏规则也不明确。因此，自主选择适合的教育资源既不在学生的已有能力之内，甚至也超出了多数家长的视阈范围，不少家长往往在为孩子做学业选择时表现得手足无措、心态焦虑。再加上私营培训机构策略性的诱惑、家长群体之间盲目的模仿与攀比及其恨铁不成钢与病急乱投医等不良心态都会导致超量教育、过度补习的结果，其后果只能进一步加重了学业负担，不仅无效，更可能适得其反。

第三章

地方层面的知识供给

地方层面的知识供给是指地方教育主管部门在遵从国家的政策规定下，根据地方的经济、政治、文化及教育发展水平，充分利用地方资源进行的知识供给。地方层面的知识供给既要符合国家知识供给的标准，又要体现地方特色，因此地方层面的知识供给表现出千姿百态、纷繁复杂的特点。

第一节 地方层面知识供给的概念解析

地方层面的知识供给，其供给主体是地方教育主管部门，即由地方教育主管部门来选择、组织知识，然后以课程、教科书的形式进入学校教育。对地方层面知识供给的理解应注意两个方面的内容。

其一，从中国现实状况出发，中国是一个幅员辽阔、资源分布不均的发展中国家，地区经济发展状况千差万别，教育资源、教育发展水平也存在一定程度的差异。考虑到地域差异的客观存在，中国实行国家、地方、学校三级课程管理制度，在确保国家课程、课时、课程标准统一性的前提下，给予地方一定的自主性，以保障和促进义务教育的均衡发展，有效地满足不同地区、学校及学生的要求。地方拥有一定的自主权后，地方政府在遵从国家的政策规定下，将社会中的知识进行筛选，严格执行国家所制定的课程标准，对课程进行开发、实施和管理，这一过程也就是中国地方层面上的知识供给过程，最终形成的合法知识即地方层面的知识。

其二，地方层面的知识供给是相对于国家层面和学校层面而言。在知识供给的过程中，不同层面的主体对知识选择和供给的方式途径是不一样的：国家层面以国家有关部门制定和颁布文件政策为主，比如中国教育部制定颁布课程管理文件，国家委托有关部门或机构制定基础教育的必修课程、课程标准，或成立专门机构、聘请课程专家来开发课程、编写教材等；学校层面主要表现为校本课程、教师的知识供给。不同层面的知识选择代表了不同群体的利益和价值取向，为了有效地调和不同群体利益之间的冲突及差异，国家将权力下放到地方政府手中，可以扩大地方政府对知识供给的主导权，进而促使地方政府更好地代表着国家实现知识的有效供给。

由上可知，地方层面的知识供给反映出国家与地方之间的权力分配关系：国家层面对知识的选择及分配处于主导地位，地方层面主要是参与和维护。国家教育部主要负责对社会中的知识进行筛选和审查，并委托有关部门制定或颁布相关政策文件具体限定进入学校领域的知识。地方教育主管部门则在遵循国家的政策规定下，选择那些符合并维护国家层面利益的知识，以此作为维持社会主流价值观的有效工具，同时在政策的允许下供给体现地方特色和地方文化的知识。在本书的研究中，地方层面知识供给特指湖北省武汉市充分利用武汉市的地方资源进行的知识供给。

第二节　地方层面知识供给的现状分析

以湖北省武汉市为例，武汉市中小学使用的教材按照"以中央级出版社教材为主，湖北版教材为辅，其他版教材为补充"及"每一学科只能选用1个版本"的原则，在小学教材的使用中：《数学》（一至六年级）是人教版，《语文》（一至六年级）是鄂教版，《英语》（一至六年级）是外研版，《生命安全教育》及《心理安全教育》分别是武汉出版社和湖北科技出版社出版，《音乐》（一至六年级）是人音版，中心城区[①]使用五线谱版本教材，新城区[②]结合实际自行选择教材；武汉市初中使用的教材版本如下：《语文》（七至九年级）是鄂教版，《数学》《生物》（七、八

[①] 武汉市中心城区是指江岸区、江汉区、桥口区、汉阳区、武昌区、青山区、洪山区七个中心城区；武汉经济技术开发区、东湖新技术开发区、东湖生态旅游风景区和东西湖常青花园适用中心城区政策。

[②] 武汉市新城区是指蔡甸区、江夏区、汉南区、东西湖区、黄陂区、新洲区这六个城区。

年级)《地理》(七、八年级)《物理》(八、九年级)《化学》(九年级)使用的是人教版,《英语》(七至九年级)是人教版。由此可以看出,每门科目使用的教科书版本呈现多样性,总体而言,语言、阅读、艺术等人文科目教材大多使用的是鄂教版或地方课程教材,数学、物理、化学等自然科目使用的人教版,中心城区和新城区对教科书版本的选择也存在差异。

由此观之,中小学教科书的选择并不是随意的,受到国家政策、科目差异、地域差异等诸多因素的影响。进入教科书中的知识经过严格的筛选、组织及分配过程,进而促使教师及学生只能按照某种特定的方式获取知识。知识通过课程和教科书这两重媒介的供给过程向人们暗示着:世界就是课程及教科书中描绘出来的样子,学校教授的知识也是无可争议的事实。然而这仅仅是事实层面上的知识供给,教科书发行的背后必定受到社会权力及利益的控制,此时进入学校的知识并不是单纯的、中立的,而是特定文化、利益、价值取向、社会等级等权力斗争的结果。因此,地方层面的知识供给不是价值中立,而是某种特定文化、价值取向的彰显过程。这促使我们应该深入思考与研究,地方层面的知识究竟是遵照谁的意愿来筛选?这些知识供给背后的潜在逻辑关系是如何进行及维持?这对中国的基础教育、学校、教师及学生而言意味着什么?因而,对地方层面知识供给的研究有待关注与深入。

一 武汉市知识供给现状

国家通过政策文件限定全国范围内的课程和教科书,进而对全国范围内的知识供给进行严格把控。此时,国家享有支配权力,在宏观上统筹规定着各级教育行政部门的职责,再通过检查、评价、指导等方式进一步监督地方的知识供给。然而,国家对知识供给的总体把控是建立于一定的社会组织机构和社会环境中,"如果离开了一定的组织机构,其存在就失去了凭借,其运行就失去了载体"[1],所以国家也将通过特定的机构如各个地方的教育主管部门来实现自身的管理职能。因而,知识供给问题与各个地方的现实状况不可分割,对地方的知识供给的现状展开梳

---

[1] 孟祥馨等:《权力授予和权力制约》,中央文献出版社2005年版,第190页。

理必不可少。

(一)幼儿教育阶段知识供给

目前,国家对幼儿教育阶段的知识供给管理较为宽松,有通过文件规定了幼儿教育阶段的课程按照领域划分,分为健康、语言、科学、艺术、社会五大领域,但是没有统一教材,对教材的版本也没有做出具体说明。因此,幼儿教育阶段的教材一方面表现出形形色色、丰富多彩的状况,另一方面也存在良莠混杂、参差不齐的情况。

由于国家对幼儿教育阶段的知识没有做出具体的限定,幼儿教育阶段的知识供给主要由地方教育行政部门主管负责,因此本书将其归属于地方层面的知识供给。本书通过审视武汉市幼儿教育阶段知识供给,考察其现状,分析其存在的问题。

从20世纪80年代以来,中国就逐步实行"一纲多本"的教材政策,这无疑有助于中国教材种类的丰富与完善。随着当代知识的快速增长与膨化,教材多样化的潮流依然盛行,不同类型、不同层次、满足不同需求的幼儿教育教材亦是层出不穷。面对纷繁的幼儿教材,人们也是眼花缭乱,2009年3月6日,中国图书商报就幼儿教材,向读者推荐了9本可供选择的优质教材:《幼儿园和谐发展课程(2—7岁)》《幼儿园渗透式领域课程丛书》《早期阅读》《幼儿园体验·探究·交往课程》《幼儿园快乐与发展课程》《母语启蒙》《新时代幼儿英语》《幼儿园可操作性学习新方案》《幼儿创意学习课程》,并且结合各个版本教材的具体特点和实际运用效果,向读者做了扼要的介绍。但这是否能为幼儿教育阶段教材的选择提供参考?恐怕,答案并不尽如人意。中国并无适用于全国范围幼儿教育的统一教学大纲,也未成立幼儿园教材的审定委员会,同时对所出版的幼儿园教材尚缺乏一定的评估与审核,对幼儿教育阶段的知识供给还处在一个比较模糊的阶段。

现行幼儿园所采用的幼儿教材的来源多样,既有高等教育出版社编写的教材,也有教育机构甚至是教育公司出版的教材。可以说,现在幼儿教育教材的市场成分复杂,竞争激烈。由此,幼儿教育阶段知识供给面临诸多问题,幼儿园教材来源渠道如何?在选购教材时受哪些因素的影响?使用的幼儿教材都有哪些种类呢?这些教材的质量怎么样?教师又是怎样使用和评价的?这些教材在实际运用中是否存在问题?本书基于这些问题对武汉市幼儿教育阶段知识供给做个简要介绍。

1. 教材供给源

政府也已经注意到幼儿教材市场出现的问题，早在2011年12月，就颁布了《关于规范幼儿园保育教育工作防止和纠正"小学化"现象的通知》（教基二〔2011〕8号），又在2012年10月制定了《3—6岁儿童学习与发展指南》（教基二〔2012〕4号）。这两份文件均是从国家层面制定并推行的，表明国家对幼儿教材的重视。在第一份文件中（以下简称"通知"）就明确提出："严禁教育行政部门推荐和组织征订各种幼儿教材和教辅材料，严禁任何单位和个人以各种名义向幼儿园推销幼儿教材和教辅材料；幼儿园不得要求家长统一购买各种幼儿教材、读物和教辅材料。"这项规定包括三个要点：

第一是严禁教育行政部门推荐和组织征订各种幼儿教材和教辅材料，其针对的主体是"教育行政部门"，严禁的内容是"组织征订各种幼儿教材和教辅材料"；

第二是严禁任何单位和个人以各种名义向幼儿园推销幼儿教材和教辅材料，这一条针对的主体是教材推销商，客体是幼儿园，禁止的内容是"向幼儿园推销幼儿教材和教辅材料"；

第三是幼儿园不得要求家长统一购买各种幼儿教材、读物和教辅材料，这一条针对的主体是幼儿园，客体是家长，禁止的内容是"要求家长统一购买各种幼儿教材、读物和教辅材料"。

由此可以看出，这项规定对政府、推销商、幼儿园这三方行为主体的幼儿教材选择权，提出了相应的规定，包含"组织征订""推销""统一购买"的权限限制，也就是说，"通知"以国家政策文件的形式对幼儿教材的选择权提出了几项禁令，弱化了教育行政部门对教材选择的干预，褫夺了教材推销商的主动权，强化了家长和幼儿园对教材的自主选择权。但是，在实际生活中，并没有完全做到"通知"的要求，由于现实的压力，许多的幼儿园仍然还是通过以下几种方式在订购教材。

（1）向教育局订购教材

虽然教育部官方并未推荐或指定任何幼儿园课本和教材，但是教育局在幼儿园教材的选用上起到了关键的作用，通过教育局订购教材是武汉市大多数幼儿园的一个重要渠道。教育局作为管理幼儿教育的行政管理部门，在提供教材的同时，还能够依据其拥有的行政管理权规范幼儿教材的选用体系，如武汉市教育局就明文规定公办幼儿园用武汉市出的一个叫"豚豚包"的教材，内容虽然较少，但是却能充分发挥幼儿的想象力。

（2）幼儿园自主订购教材

向教育局订购教材，仅是幼儿园教材的途径之一，除此之外，幼儿园还可以自主订购教材。事实上，武汉市大部分幼儿园在选用教育局所提供的教材后，还会根据本园的实际情况和家长需求，另外自主选购辅助教材。一些幼儿园是依据自身的需要来选购教材，也有一些幼儿园是参考其他幼儿园的教材使用情况，或者听取教师、专家推荐意见来选取教材。

例如：湖北少年儿童出版社的《幼儿园活动整合课程》、北京师范大学出版社的《幼儿园快乐与发展课程》、南京师范大学出版社的《幼儿园课程实施指导丛书》、珠海出版社的《新世纪课程幼儿园教师用书》等等，深受幼儿园教师的欢迎。而笔者在研究中也发现，许多幼儿园使用的教材种类多样，数量不等，少则一种教材，多则四种教材，有半数以上的幼儿园选购的教材种类超过两种。

（3）采用推销商推销的教材

除了教育局订购和自主订购之外，还有不少幼儿园是直接采用推销商来园推销的幼儿教材。在实际中，经常可以看到一些推销商进入到各个幼儿园，举办推销演讲会或者直接推销。各类来园推销商在推销幼儿教材时存在一个共同的特点：都强调甚至夸大自家教材的优质性，不仅价格优惠力度大，而且教材质量也可以得到保障，且保证给购买教材的幼儿园提供全套的教材服务。比如说，只要购买这些出版商的教材，就能够享受幼儿教材专家的来园培训，进入教材总部观摩，说服家长认可教材，对幼儿园教材使用所存在的问题提出建议，等等。在大多数情况下，推销商进园宣讲的幼儿教材含有《儿童情景快速识字》《成语故事》《拼玩识字》等。

由此可见，在幼儿教材的选用方面，国家并未制定全国性的规范政策，也未编制统一的幼儿教材或指定某套教材，导致幼儿园教材的来源十分的多样。但正是由于来源的多样化，容易导致幼儿教材质量低劣等一系列问题的出现。因此，对幼儿教材进行审视是很有必要的，这不仅关系到幼儿教材、幼儿出版读物的进步与发展，也关系到幼儿教育阶段知识供给的发展和幼儿教育质量的提升。

2. 教材供给"量"

在这一部分，本书将从其数量和质量两方面来深入探究。

在数量上，当下，中国幼儿教育的消费市场逐年增加，目前已经达到了惊人的数据。为什么会出现这种情况呢？主要原因有两点：一是受众群体庞大，根据2016年全国教育事业发展统计公报，全国共有幼儿园23.98万所，入园儿童1922.09万人，学前教育毛入园率达到77.4%。[①] 武汉市教育局2017年公布数据，全市学前教育招生规模破10万人，在园幼儿规模预计约29.5万人。[②] 孩子要上幼儿园学习，就需要配套的教材，需求量大必然会带来幼儿教材市场的繁荣。二是国家并未开发统一的幼儿教材，所以幼儿教材可选择的空间较大，幼儿园也具有较大的教材选择自主权，需求的多样性必然导致幼儿教材市场的多样性。

在质量上，如今的幼儿教材缺乏规范性，呈现出较为混乱局面。在武汉市，不同行政区域，幼儿教材使用状况也不尽相同，有些区域的教委不直接干涉教材的选购，有些区域的教委要求其管辖内的园所使用统一的指定教材。呈现出的结果就是市面上发行的幼儿教材种类繁多，教材的质量、价格和优惠力度参差不齐。

武汉市幼儿教材主要有三类产品，分别是：（1）主教材，涵盖一些常规的教学科目，通常为：语言、数学、艺术、社会、健康、科学等。（2）特色教材，目前主要的特色教材有英语、美术、音乐、手工、拼音、字宝宝、阅读、礼仪等。（3）练习册，主要有拼音练习册、汉字练习册、美术练习册和其他练习形式的试卷等。这么多类型的产品，其市场又是怎样的呢？

主教材是销量最大的产品，是幼儿园教学必需的。全市有多少在

[①] 新浪教育：《2016年全国教育事业发展统计公报》（http://news.sina.com.cn/o/2017-07-10/doc-ifyhweua4647417.shtml）。

[②] 新浪教育：《武汉市2017年幼儿园和小学新生预计均超10万人》（http://edu.sina.com.cn/zxx/2017-04-14/doc-ifyeimqc3266043.shtml）。

园幼儿，就意味着有多少的主教材销量。其次是特色教材，武汉市内城镇幼儿园基本都开设了三门以上的特色课程（农村幼儿园多数不开设），因此特色教材的需求量非常大。练习册这块主要是拼音和汉字，但是国家教委是不赞成幼儿学习这些生硬的知识，所以其销量是呈下降趋势。

目前的市场环境是怎样的呢？市场上的产品就质量而言分为低、中、高三个档次，低端的主要针对农村市场，中端的主要针对城镇的一般幼儿园，高端的针对收费较高的幼儿园。高端的教材更加注重幼儿的全面发展，配套资源更加丰富、低端的教材颜色、图片搭配都存在一定问题。

3. 幼儿教育阶段知识供给存在的问题

（1）幼儿教材市场混乱，不易选购

现在市场上所销售的幼儿教材各式各样、种类繁多，常常使选购者目不暇接、不知所措。教材的出版机构也是多种多样，既有著名的出版机构，如隶属知名大学的出版社或直接隶属教育部出版社等，也有名不见经传规模较小的出版社。幼儿教材的质量也是参差不齐，其中有不少"装潢式"的低质教材，这些教材的外在形式与内容远不匹配，教材的外表精美、富有吸引力，而教材的内容却经不起推敲，知识选取难易程度不符合幼儿的身心发展特点，且内容具有滞后性，例如，教材中所呈现的电话仍为早已淘汰的拨号盘式电话。这些问题不仅给幼儿园挑选教材增加难度，还会导致幼儿教育质量的下滑，严重的甚至会损害幼儿身心成长。

（2）利益成为教材出版、发行和选购的主导因素

利益因素贯穿教材出版、发行和选购的始终，并在很大程度上成为教材出版、发行和选购的决定性因素。在幼儿教材流动过程中，出版社、推销商、教育局、幼儿园以及家长都受到利益的牵制和影响，有着各自不同的利益诉求。幼儿教材的编著者和营销者关注幼儿教材能为自己带来多大的利润，如何以最小的成本创造最大的利益，这样一来，降低成本投入，强化营销策略便成为他们的首要任务，至于生产出的教材是否真正有益于幼儿的健康成长，则显得无关紧要。有些教育局和幼儿园也会经不起诱惑，陷入出版商和推销商的利益驱动模式中。此外，在教材

选购方面，家长会习惯性地认为幼儿园所选用的教材，就像义务教育阶段所发的教材一样——正规、可靠和更有助于幼儿的成长，因此，过分信赖、夸大和依赖幼儿园推荐的教材。

（3）选用教材种类过多，幼儿负担大

幼儿园除了为幼儿订购常规用书以外，还会结合实际的教学需要，为幼儿选购辅助材料，例如增加手工、国学、礼仪等教学用书。正如上文提到的，许多幼儿园使用的教材种类多样，数量不等，少则一种教材，多则四种教材，半数以上的幼儿园同时选购的教材种类超过两种。幼儿用书数量上的增多，会使幼儿在学习过程中面临更多的学习任务，给幼儿带来超出年龄阶段所能承受的压力。如此一来，过重的负担便会损害幼儿的时间和脑力，影响幼儿的长远发展，甚至会使幼儿产生严重的厌学情绪。

（4）教材使用过程枯燥无味

大部分幼儿园的课程安排除了五大领域外，还增加了一些识字或心算课程，如此，幼儿课程的设置整体上偏重知识，缺乏对幼儿能力的训练和情感的关注。且大多幼儿教材的实际效果欠佳，在运用过程中显得机械、呆板。部分幼儿园过于迷信教材权威，循规蹈矩、照本宣科地讲授教材内容，更有甚者直接明确要求教师必须严格依据教材进行教学。这种以教材为纲的教学模式，使教材在运用过程中缺乏弹性，显得枯燥无味。这也导致教学活动容易偏离幼儿的实际需要与特点。有些教材在体例的设置上基本套用小学教材的版面模式，这样易使幼儿教育呈现"小学化"的倾向。

此外，幼儿教材使用过程中存在另外一个问题：教材使用的表面化、肤浅化，未能深入教材更深层次的内涵与价值。也就是说，教师在教授教材内容时，只将教材的表层内容浅显地传递给儿童，忽视内容背后所蕴含的价值取向。比如说，小班教材中的"小牙刷"的儿歌，教师通常以幼儿学会唱儿歌为目的，忽略了养成良好生活习惯这一更为重要的深层目的，使教材的运用变得简单化，教材的目的变得肤浅化。

（5）教材插图缺乏童趣

幼儿十分喜欢造型奇特的卡通人物、色彩鲜艳的图画，在一项幼儿对各种图画作品评价的调查中发现，绝大多数幼儿偏爱手工类插图，而对于计算机绘制的平面图形没有多大兴趣。幼儿通常会认为计算机绘制的插图"风格和效果较为雷同，呆板；电脑3D作品，效果立体逼真，但风格也较为雷同"，对手工作品的评价为"手绘作品形式相对多样，较为灵活"。①而笔者在对幼儿园教材的分析中发现，手绘本图片少之又少。电脑制图虽然高效、便捷，但实际效果欠佳，并无突出的特色和优势，反倒显露出很多的弊端：画风相似、图案呆滞；制图简陋，卡通造型常仅由线条和几何图形构成；忽视细微处的雕琢，缺乏童趣和吸引力。比方说，在某一幼儿美术教学用书中，有这样一幅插图：房屋的外形、窗户仅由几个平面几何图形——长方形和正方形组成，且填充颜色单一、毫无特色。在某教材的幼儿计数活动中，计数的图片都是几个拷贝出来的，一模一样的女孩子在跳舞等等，这样的图片形象完全没有细节的刻画。

随着幼儿教育阶段知识供给改革不断深入，幼儿教材作为课程的体现物也日益重要。而目前，幼儿园教材的编写不规范，发行市场混乱，教材质量参差不齐，小学化倾向严重等问题，影响着幼儿教育的质量，亟须建立健全幼儿教材的管理体制，增强幼儿教材的监管力度。

（二）义务教育阶段知识供给

义务教育是国家一项基础而重大的工程，国家和地方政府对义务教育的知识供给都相当重视。本书地方层面知识供给的问卷调查，重点以义务教育阶段为例，分析义务教育阶段知识供给的现状及存在的问题。

1. 课程

在课程方面，武汉市严格执行国家课程计划，在整体上设置九年一贯的义务教育课程。在小学阶段，开设的课程主要有：语文、数学、外语、品德与生活、品德与社会、体育、艺术（或音乐、美术）、科学。初中阶段的主要课程有：语文、数学、外语、思想品德、科学（或物理、化学、生物）、历史与社会（或历史、地理）、体育与健康、艺术（或音

---

① 梁永峰：《中国儿童读物插图现状与对策研究》，《艺术教育》2007年第2期。

乐、美术)。此外，三至九年级开设《综合实践活动》，并按照国家规定作为必修课程，这门课程主要内容包括：信息技术教育、研究性学习、社区服务与社会实践、劳动与技术教育。

在课程设置和课时安排上，武汉市教育局也有具体规定。如《体育》或《体育与健康》课程，一、二年级每周安排4课时，三至九年级每周则安排3课时；三至九年级开设的《综合实践活动》每周则安排3课时，《人民防空知识教育》安排15课时，在八年级上学期全部完成；在各个年级开设的防空防灾知识教育，每两周1课时并在五年级上学期全部完成；在各年级开设的环境教育类课程，每学年安排不少于12课时。其中，义务教育阶段各年级教学时间共计39周，上课时间35周复习考试时间2周，学校机动时间2周。每个年级在校学习的时间也不相同，一至二年级学校规定在校学习时间每周26课时，三至六年级则是30课时，七至九年级34课时。

除去国家统一规定下需开设的课程以外，湖北省充分利用课程资源和教育资源开设了一系列具有特色的地方课程，既包括国家规定地方管理和开发的课程如义务教育阶段的综合实践活动课程、信息技术课程，还包括了湖北省自主开发的对学生发展和湖北社会发展具有独特教育价值的课程，如社会适应教育、心理素质教育、湖北文化、体艺活动、环境教育、生活经济、综合阅读、职业指导、新科技、农村实用技术、专项教育与训练等方面的内容。武汉市作为湖北省的省会城市和教育资源的集中地区，也开设了各种具有特色的地方课程，如：一至二年级的《工艺制作》，一至六年级的《小学写字》《艺术》，一至八年级的《综合阅读》《书法》《身边的环境》，三至九年级的《综合实践活动·学生活动资源包》，四年级至九年级的《武汉精神读本》，八年级的《武汉城市文化》，七至九年级的《湖北省农村初中实用科技教材》等。不仅如此，武汉市针对义务教育阶段中的各个年级，还开设了一系列的专题教育，如可持续发展、中华民族精神、武汉精神、法制等专题教育；三至七年级还开设了廉洁教育专题。在地方课程的课时安排上，武汉市根据市内各个学校的现实情况和学生的年龄特征进行统筹安排，比如《劳动与技术》《信息技术》《综合实践活动·学生活动资源包》这类课程每周各安排1课时；《体育与健康》课程一、二年级每周安排4课时，三至九年级每周安排3课时；《生命安全教育》《心理健康教育》《工艺制作》《综合阅读》等每两周各安排1课时。

2. 教科书

针对教科书，武汉市教育局有统一的规定和要求，在严格遵从国家对教材严格的政策规定和审定下，以"中央级出版社教材为主，湖北版教材为辅，其他版教材为补充"及"每一学科只能选用1个版本"为原则。以武汉市小学教材的选用为例：一至六年级的《语文》《品德与生活》使用的是鄂教版义务教育课程标准实验教科书、一至六年级的《数学》使用的是人教版义务教育教科书、《英语》使用的是外研版义务教育教科书；另外，各类专题教育使用的教科书版本则是武汉市的地方教材，由不同的出版社出版，比如三至六年级使用的是华中师范大学出版社出版的《可持续发展教育》、六年级使用的是武汉出版社出版的《国防教育读本》和《小学法制教育读本》等，这一类教材是由武汉市的教育出版部门出版。其中，《音乐》和《美术》这两门学科显示出了地域差别，中心城区一至六年级的《音乐》使用的是五线谱版本，新城区则结合本区实际情况自行选用五线谱或者简谱版本，进行艺术课程实验的学校的《美术》教材是鄂教版或教科版，没有进行艺术课程实验的学校则根据实际情况自行选用教材。

从课程的设置和教科书的选用情况可以窥见武汉市义务教育阶段知识供给的状况。首先，决定课程和教科书的主体是武汉市教育主管部门，国家教育部将权力下放到武汉市政府或教育行政部门，武汉市地方政府严格遵循国家对于课程和教材的政策规定，并按照国家制定的课程标准、课程计划来进行地方课程的开设及教科书的选用。此时进入课程和教科书的知识及供给过程是价值负载的，并成为社会主流阶层价值观的表现形式，进入武汉市地方层面中的课程和教科书及其中的知识也转而成为一种"象征符号资源"[1]，并体现出一种权力的专断。其次，武汉市教育主管部门作为地方层面知识供给的主要执行者，借由课程和教科书对知识进行筛选、分配及组织，其最终的目的是为了更好地维护本阶层的地位，因为课程和教科书的选择不是随心所欲的个人选择，而是在维护着

---

[1] 郝明君：《课程中的知识与权力》，重庆大学出版社2009年版，第106页。

国家主流阶层利益的前提下所作出的选择。最后，透过武汉市的课程标准、课时安排及地方课程的开设，都可以看出国家层面的选择标准，是为社会"共同利益"或国家利益而服务。由此可见，无论是从知识供给选择的主体还是从知识供给实现的途径，武汉市作为地方层面，贯彻执行国家政策，将国家权力付诸实践，进而成为国家主流阶层意志的代言人和执行者，这是武汉市的知识供给的现状，同时也印证着一个问题，那便是地方层面的知识供给与权力分配、意识形态、社会控制之间的紧密关系。

二 地方层面知识供给的问卷调查

（一）调查对象选取

与国家层面知识供给问卷调查选取的学校一致，地方层面知识供给的问卷调查选取的学校仍然是 11 所学校，其中小学 6 所，初中 5 所。6 所小学中，有 2 所为农村小学[①]，4 所为城市小学。5 所初中中，有 2 所为农村初中[②]，3 所为城市初中。

针对教师群体，向小学教师发放了 100 份问卷，回收的有效问卷是 93 份，有效回收率是 93%。向初中教师发放了 105 份问卷，回收的有效问卷是 102 份，有效回收率是 97%。

针对学生群体，向小学生一共发放了 80 份问卷，回收的有效问卷是 78 份，有效回收率是 98%。其中，城市小学生的有效问卷 38 份，农村小学生的有效问卷 40 份。向初中学生一共发放了 285 份问卷，回收的有效问卷是 279 份，有效问卷回收率为 98%。其中，城市初中学生有效问卷 154 份，农村初中学生有效问卷 125 份。

（二）研究方法

对地方层面知识供给的调查研究以问卷调查法、访谈法、文本分析法为主。以武汉市内的中小学为主要调查对象，对武汉市中小学的课程、教科书、教师及学生展开问卷调查与分析，并对教师进行访谈，对语文

[①] 这两所学校位于武汉市东西湖区，属城乡接合部，学生家长多为农民和进城务工者，本书将其归为农村学校。

[②] 同上。

教科书中的知识内容进行文本分析。

(三) 调查数据分析

对地方层面知识供给的问卷调查分为教师和学生两个主体,分析主要涉及课程、教科书这两大方面,以及师生对教材知识、课堂知识的反馈及评价。在笔者所调查的11所学校中,小学语文和初中语文使用的都是2016年由湖北省教育出版社出版的教材,所以问卷中地方层面知识供给选取的课程是语文学科。此次主要是运用SPSS24.0软件对调查数据进行分析。

1. 学生问卷分析

(1) 学生对语文教材难易度的评价

由表3—1可知,不同地区的学生对语文教材的难易度反馈不一。无论是位于城市还是农村,认为语文教材难度适中的人数比例最多,城市学生有36.1%,农村学生有30.5%,总体而言,认为语文教材难度适中的人数比例有66.7%。由此可认为,中小学生认为语文教材的难易度是适中的。

表3—1　　　　不同地区学生评价语文教材难易度的交互统计

		很难[人数(人)/比例(%)]	较难[人数(人)/比例(%)]	适中[人数(人)/比例(%)]	容易[人数(人)/比例(%)]	合计[人数(人)/比例(%)]
学校	城市	10/2.8	31/8.7	129/36.1	22/6.2	192/53.8
	农村	7/2.0	32/9.0	109/30.5	17/4.8	165/46.2
总计		17/4.8	63/17.6	238/66.7	39/10.9	357/100.0

(2) 学生对语文教材的满意度

由表3—2可知,不同地区的学生对语文教材满意度的交互分析结果显示:城市学生对语文教材满意的人数占77.1%,农村学生对语文教材满意的人数占68.5%。总计对语文教材满意的人数占73.1%,由此可认为,学生对语文教材是满意的。

表 3—2　　　不同地区学生评价语文教材满意度的交互统计

		满意 [人数(人)/ 比例(%)]	一般 [人数(人)/ 比例(%)]	不满意 [人数(人)/ 比例(%)]	非常不满意 [人数(人)/ 比例(%)]	总计 [人数(人)/ 比例(%)]
学校	城市	148/77.1	42/21.9	1/0.5	1/0.5	192/100.0
	农村	113/68.5	49/29.7	2/1.2	1/0.6	165/100.0
总计		261/73.1	91/25.5	3/0.8	2/0.6	357/100.0

（3）语文教材偏重培养哪些能力的统计

由表 3—3 可以看出，在对"语文教材偏重培养哪些能力"的调查中，比例由高至低依次是动手能力（89.4%）、健康（85.4%）、劳动态度与技能（83.4%）、审美情趣（81.7%）、自主创造（80.5%）、国家认同（79.4%）、社会责任（69.3%）、公德（63.6%）、解题技巧（55.0%）、分析解决问题（51.6%）、学会学习（49.3%）、基础知识（24.6%）。所以我们可以看到学生对语文教材的评价有所改变，从原来认为语文教材偏重基础知识的传授、解题技巧的学习转向偏重动手能力、情感培养和自主创造，这同时说明了当前语文教科书更加注重知识的应用，不再过分追求学科本身的完备性和知识的覆盖面；教科书的价值转向促进学生发展，所供给的知识更加注重学生的实践操作、情感培养及创造性思维的开发这三大方面。

表 3—3　　　学生评价语文教材偏重培养哪些能力的频率统计

	个案数（个）	百分比（%）	个案百分比（%）
基础知识	86	3.0	24.6
解题技巧	192	6.8	55.0
公德	222	7.8	63.6
国家认同	277	9.8	79.4
分析解决问题	180	6.3	51.6
健康	298	10.5	85.4
劳动态度与技能	291	10.3	83.4
自主创造	281	9.9	80.5

续表

	个案数（个）	百分比（%）	个案百分比（%）
动手能力	312	11.0	89.4
社会责任	242	8.5	69.3
审美情趣	285	10.0	81.7
学会学习	172	6.1	49.3
合计	2838	100.0	813.2

（4）语文教材配套学习资源丰富程度的统计

由表3—4可知，中小学生认为语文教材配套学习资源丰富和较丰富的人数所占比例合计为76.7%，认为不丰富的人只有3.6%，所以总体而言学生认为语文教材配套学习资源丰富。

表3—4　　　　　　　教材配套学习资源丰富程度分布

	个案数（个）	百分比（%）
丰富	165	46.2
较丰富	109	30.5
一般	70	19.6
不丰富	13	3.6
总计	357	100.0

由表3—5可知，城市学校的学生认为语文教材配套学习资源非常有助的比例为68.2%，高于农村学校的50.3%，城市学生认为语文教材配套学习资源可有可无的比例为3.1%，低于农村学校的6.7%，所以在整体上，城市学生认为语文教材配套学习资源助学性高于农村学生。由表3—6可知，P（Pearson）=0.006<0.05，说明地区差异与学生评价语文教材配套学习资源助学性存在相关关系，城市学生认为语文教材配套学习资源更有助于学习。

表3—5　不同地区学生评价语文教材配套学习资源助学性的交互分析

		非常有助 [人数(人)/ 比例(%)]	一部分有助 [人数(人)/ 比例(%)]	可有可无 [人数(人)/ 比例(%)]	不利于 [人数(人)/ 比例(%)]	合计 [人数(人)/ 比例(%)]
学校	城市	131/68.2	54/28.1	6/3.1	1/0.5	192/100.0
	农村	83/50.3	70/42.4	11/6.7	1/0.6	165/100.0
总计		214/59.9	124/34.7	17/4.8	2/0.6	357/100.0

表3—6　不同地区学生评价语文教材配套学习资源助学性的卡方检验

	值	df	渐进显著性（双侧）
皮尔逊卡方	12.330[a]	3	0.006
似然比（L）	12.377	3	0.006
有效个案数	357		

注：a 表示2个单元格（25.0%）的期望计数小于5。最小期望计数为0.92。

（5）学生语文知识来自教材比例的统计

由表3—7可知，9.0%的学生认为自己的语文知识全部来源于教材，40.6%的学生认为自己的语文知识有80%—100%来自教材，36.7%的学生认为自己的语文知识有50%—80%来自语文教材。由此可知，在当前的中小学，学生获取语文知识的主要渠道依然是语文教材。

表3—7　　　　　语文知识来自教材比例的频率分析

	个案数（个）	百分比（%）
100%	32	9.0
80%—100%	145	40.6
50%—80%	131	36.7
30%—50%	35	9.8
0—30%	14	3.9
总计	357	100.0

由表3—8可知，经双侧T检验，P=0.000<0.05，故城乡学生从教

材中获取语文知识的比例存在显著差异,且农村学生语文知识来自教材比例的平均值(2.82)高于城市学生的平均值(2.39),故农村学生语文知识来自教材的比例低于城市学生。

表3—8　　　　　语文知识来自教材比例的统计分析

	学校	个案数	平均值	标准差	标准误差平均值	F	t	显著性（双尾）
语文知识有多少来自教材	城市	192	2.39	0.873	0.063	0.030	-4.538	0.000
	农村	165	2.82	0.930	0.072			

注:在分析当中,分别将"100%""80%—100%""50%—80%""30%—50%""30%以下"赋值"1""2""3""4""5",平均值越高,语文知识来自教材比例越低。

(6)语文教师课外知识补充情况

由表3—9可知,学生认为语文教师补充课外知识很少和不补充的比例总计为7.6%,说明在当前,语文教师还是比较注重对语文课外知识的补充,只是在程度上有所不同。

表3—9　　　　　语文教师课外知识补充程度分布表

	个案数（个）	百分比（%）
很充分	232	65.0
一般	98	27.5
很少补充	21	5.9
完全按照课本,不补充	6	1.7
总计	357	100.0

(7)学生语文课外知识补充的主要渠道及原因

由表3—10可知,学生语文课外知识补充主要来源于家长教育占28.9%,来源于自己的经验体悟占23.3%,来源于上网查找的占18.8%,由此可得出,学生的语文课外知识主要是通过家长教育及学生自己的经验体悟。由于互联网的发展,在网上进行查找也成为一种相对普遍的获取语文知识的方式。

表 3—10　　　　　学生语文课外知识补充的渠道分布表

主要渠道	个案数（个）	百分比（%）	个案百分比（%）
市场上的书籍	137	15.9	42.8
老师上课补充	114	13.2	35.6
上网查找	162	18.8	50.6
家长教育	250	28.9	78.1
自己的经验体悟	201	23.3	62.8
总计	864	100.0	270.0

由表 3—11 可知，在学生为什么进行语文知识补充这个问题上，问卷中所列举的原因都占有相当大的比例，从高到低，依次为教材知识不严谨、教材知识不实用、教材知识内容少、教材知识缺乏生活性。说明当前的语文教材，在贴近生活上有所改进，但是语文知识的严谨性、实用性还有所欠缺。

表 3—11　　　　　学生语文知识补充的原因分布表

原因	个案数（个）	百分比（%）	个案百分比（%）
教材知识内容少	231	23.8	65.3
教材知识缺乏生活性	128	13.2	36.2
教材知识不严谨	308	31.8	87.0
教材知识不实用	303	31.2	85.6
总计	970	100.0	274.0

2. 学生问卷调查结论

综合以上学生问卷的数据分析情况，可得出以下结论：

（1）语文教材在难易度、满意度以及配套学习资源丰富程度方面获得了学生的认可。由此可见，地方层面所供给的知识在难易度安排、知识补充方面没有问题，这与国家层面知识供给调查反馈的结果一致。在语文学科中，多数中小学生均能够接受语文教科书中的知识，这说明当前地方层面所供给的语文知识科学性和适用性是有保障的。

（2）教师对学生课外知识的补充程度充分，学生课外知识的补充渠道呈现出多样化。然而调查显示现今中小学生获取语文知识的主要渠道仍是教材,而农村学生的语文知识来自教材比例低于城市学生。一方面,教师课外知识补充的充分、学生课外知识补充渠道的多样化并没有改变学生获取知识的主要途径,教科书中的知识仍然是学生获取知识的方式,可以说教科书在地方层面知识供给中扮演着不可替代的角色。另一方面,农村学生语文知识来自教材比例低于城市学生,这说明教科书中的知识对于农村学生而言,并没有发挥其有效作用,相比于城市学生,农村学生对教科书的依赖性不高。教科书作为农村学生主要的学习材料,却没有发挥有效作用,说明知识供给因地域差异给农村学生带来的不利影响已经发生,农村学生因地域差异导致其在教育资源、教育环境等方面不具备优势,加上农村家庭自身观念、经济水平及文化差异阻碍着农村学生的可选择性,使得他们所接受和供给的知识更加狭窄,教育选择机会越发单一,这些因素都在不同程度上降低农村学生的竞争优势,本书前一章国家层面知识供给的调查同样证实了这一点。

(3) 语文教材中的知识更加偏重动手能力、健康、劳动态度与技能、审美情趣、自主创造、国家认同、社会责任、公德等方面,解题技巧、分析解决问题、学会学习、基础知识在语文教材中所占比例较小。一方面,这与中国语文课程标准中所倡导的自主、合作、探究的学习方式、开设开放而有活力的语文课程相符合。另一方面,语文教材中的知识对动手能力、健康、劳动态度与技能、审美情趣等素养的偏重反映出语文教科书所蕴含的价值取向。教科书中的知识不仅呈现出课程的主要内容,更是价值取向的载体。语文学科作为中国义务教育阶段的基础性工具学科和人文类课程的代表性学科,不仅具有工具性,更具有很强的思想性,其中的工具性决定了语文教科书的编写体系,而思想性则决定了语文教材中的价值取向。根据问卷调查结果显示,地方层面知识供给中的语文教科书并不偏向于某一个价值取向,而是在个人、国家、社会、家庭等范畴内相应占有一定比例,可以说,这样的分布相对全面,然而各项范畴内的价值取向所占的比例是否合理则有待商榷。虽然调查反映出当前语文学科更加突出学生个人的价值取向,如注重学生动手能力、健康、自主创造等能力,这符合当前中国最新颁布的《义务教育语文课程标准》中"重视语文的熏陶感染作用,注意教学内容的价值取向,同时也应尊重学生在学习过程中的独特体验"①,然而整个知识偏重所反映出的价值取向范畴分布的合理性仍然值得讨论,这样的比重能否达到课程标准的要求、能否完成教学目标和教学计划仍然是其中的一大问题。

(4) 当前的语文教材在贴近生活上有所改进,但是语文知识的严谨性、实用性还有所欠缺,这显示出教材中知识的滞后和盲点。一方面,现今社会的发展、科技的进步、文化的繁荣使知识的更新速度不断加快,教科书中的知识也在不断更新,不断适应当下的生活和文化,这提高了教科书中知识的生活化。另一方面,虽然目前学生的配套学习资源丰富,教师对课外知识的补充充分,学生获取知识的渠道增多,然而调查显示教科书仍然是中小学生获取知识的主要渠道,即便如此,教科书严谨性、实用性的欠缺却暴露出教科书仍然存在着一部分滞后的知识。

3. 教师问卷分析

(1) 教师对教材编排设计的描述统计

由表3—12可知,不同地区教师对教材编排设计是否科学合理的反馈不一,农村学校中有8.3%的教师认为教材编排设计很合理,67.0%的教师认为教材编排设计较合理,23.9%的教师认为教材编排设计一般;城市学校中有19.8%的教师认为教材编排设计很合理,51.2%的教师认为教材编排设计较合理,25.6%的教师认为教材编排设计一般。整体上,教师认为教材编排设计是较合理的。

表3—12 不同地区教师对教材编排设计评价的交互分析

	很合理 [人数(人)/ 比例(%)]	较合理 [人数(人)/ 比例(%)]	一般 [人数(人)/ 比例(%)]	不合理 [人数(人)/ 比例(%)]	总计 [人数(人)/ 比例(%)]
农村	9/8.3	73/67.0	26/23.9	1/0.9	109/100.0
城市	17/19.8	44/51.2	22/25.6	3/3.5	86/100.0
总计	26/13.3	117/60.0	48/24.6	4/2.1	195/100.0

---

① 中华人民共和国教育部:《小学语文新课程标准(最新修订版)》(http://www.ruiwen.com/xiao/news/27497.htm)。

(2) 教材符合课程标准理念与要求的描述统计

由表3—13可知,城乡教师认为教材符合课程标准理念与要求的比例高达97.9%。此外,城市中有27.4%的教师认为教材十分符合课程标准理念与要求,高于农村教师的14.7%;农村学校中有3.7%的教师认为教材不符合课程标准理念与要求,城市教师则没有认为是不符合的。由此可得出,教材基本符合课程标准理念与要求。在表3—14中,$P = 0.025 < 0.05$,因此地区差异与教师评价教材是否符合课程标准理念与要求存在一定的相关关系,城市教师认为语文教材更为符合课程标准理念与要求。

表3—13　教材是否符合课程标准理念与要求的交互分析

	十分符合 [人数(人)/比例(%)]	基本符合 [人数(人)/比例(%)]	不符合 [人数(人)/比例(%)]	总计 [人数(人)/比例(%)]
农村	16/14.7	89/81.7	4/3.7	109/100.0
城市	23/27.4	61/72.6	0/0	84/100.0
总计	39/20.2	150/77.7	4/2.1	193/100.0

表3—14　教材是否符合课程标准理念与要求的卡方检验

	值	df	渐进显著性(双侧)
皮尔逊卡方	7.368[a]	2	0.025
似然比(L)	8.818	2	0.012
有效个案数	193		

a. 2个单元格(33.3%)的期望计数小于5。最小期望计数为1.74。

(3) 教师对教材知识难易度的评价

由表3—15可知,5.6%的教师认为教材中的知识容易,68.4%的教师认为教材中的知识难度适中,23.5%的教师认为教材中的知识较难,2.0%的教师认为教材中的知识很难。由此可认为,教师认为教材中的知识难度适中。

表3—15　　　　　　　　教材知识难易度分布

	个案数（个）	百分比（%）
容易	11	5.6
适中	134	68.4
较难	46	23.5
很难	4	2.0
总计	195	99.5

（4）语文教材偏重培养哪些能力的统计

从表3—16可以看出，在关于"语文教材偏重培养哪些能力"的调查中，82.4%的教师认为教材培养侧重点在劳动态度和技能，80.2%的教师认为教材培养侧重点在健康，79.1%的教师认为教材培养侧重点在动手能力，75.4%的教师认为教材培养侧重点在国家认同。可以得出，教材的培养侧重点在劳动态度与技能、健康、动手能力和国家认同等几方面，这个结果与学生问卷调查一致。

表3—16　　教师评价语文教材偏重培养哪些能力的频率统计表

	个案数（个）	百分比（%）	个案百分比（%）
基础知识	37	2.5	19.8
解题技巧	141	9.5	75.4
公德	115	7.8	61.5
国家认同	141	9.5	75.4
分析解决问题	109	7.4	58.3
健康	150	10.1	80.2
劳动态度与技能	154	10.4	82.4
自主创造	140	9.5	74.9
动手能力	148	10.0	79.1
社会责任	113	7.6	60.4
审美情趣	118	8.0	63.1
学会学习	114	7.7	61.0
总计	1480	100.0	791.4

(5) 教师对教材配套教学资源丰富程度的评价

由表3—17可知，认为教材配套教学资源丰富的教师有9.2%，认为教材配套教学资源较丰富的教师有51.0%，认为教材配套教学资源缺乏的教师有38.8%。由此可认为，教材的配套教学资源比较丰富，但还需改进。

表3—17　　　　　教师对教材配套教学资源评价分布

	个案数（个）	百分比（%）
丰富	18	9.2
较丰富	100	51.0
缺乏	76	38.8
总计	194	99.0

(6) 教师所授知识来自教材的比例统计

由表3—18可知，47.4%的教师认为教授的知识有80%—100%来自教材，37.2%的教师认为教授的知识有50%—80%来自教材，1.5%的教师认为教授的知识有30%—50%来自教材。由此可认为，教师教授的知识主要来自教材。

表3—18　　　　　教师教授知识来自教材比例的分布

比例	个案数（个）	百分比（%）
100%	26	13.3
80%—100%	93	47.4
50%—80%	73	37.2
30%—50%	3	1.5
总计	195	99.5

(7) 教师对学生课外知识补充程度

由表3—19可知，36.2%的教师认为对学生课外知识的补充很充分，57.7%的教师认为自己对课外知识的补充程度一般，5.6%的教师对课外知识很少补充。由此可以认为，教师一般都会在已有教材的基础上补充相应的课外知识,说明当前的中小学教师比较注重语文知识的丰富性,来弥补语文教材知识的不足。

表3—19　　　　教师对学生课外知识补充程度的频数分析表

	个案数（个）	百分比（%）
很充分	71	36.2
一般	113	57.7
很少补充	11	5.6
总计	195	99.5

（8）教师补充课外知识的原因

由表3—20可知,语文教师进行知识补充的原因,所占比例由高到低依次为教材知识不严谨、教材知识不实用、教材知识内容少、教材知识缺乏生活性,和学生问卷结果总体上保持一致,进一步说明当前地方语文教材在严谨性和实用性上有待提升。

表3—20　　　　教师对知识补充的主要原因分布表

原因	个案数（个）	百分比（%）	个案百分比（%）
教材知识内容少	90	19.9	47.6
教材知识缺乏生活性	59	13.1	31.2
教材知识不严谨	165	36.5	87.3
教材知识不实用	138	30.5	73.0
总计	452	100.0	239.2

4. 教师问卷调查结论

综合以上教师问卷的分析,可得出以下结论：

（1）语文教材在编排设计、符合课程标准理念与要求、知识难易度方面均获得了教师的认可。由此可见,地方层面所供给的知识在教材编排设计方面、课程标准理念与要求的符合方面、知识的难易程度方面没有问题。然而语文教材在编排设计和符合课程标准理念与要求上则存在显著的地区差异。调查结果显示,与农村教师相比,城市教师认为语文教材更加符合课程标准的理念与要求。这说明当前的语文教材仍受到地区因素的影响,农村教师在适应义务教育语文课程标准方面仍存在困难。中国教育部自 2001 年颁布了《全日制义务教育语文课程标准》,其中对课程性质与地位、课程的基本理念、课程目标、课程资源的开发与利用等方面均提出相关要求,这意味着义务教育阶段所有的教师在教学中要达到相应的课程标准。然而现实情况是,面对同样的课程标准,处于农村地区内的教师却面临更大的困难。比如,《全日制义务教育语文课程标准》在有关课外读物的建议方面要求学生九年课外阅读总量达到 400 万字以上,背诵古诗文 135 篇,具体篇目可由教科书编者和任课教师推荐。然而对于农村地区的教师和学生而言,课外阅读材料的缺乏、农村学生识字数量的薄弱都难以达到这个标准,部分农村教师完成教学任务的难度加大,加上农村学校教学条件和教学资源的滞后阻碍着农村教师实施课程标准、完成教学任务,导致农村教师的适应效果不如城市学校的教师。

(2) 语文教材偏重培养学生的劳动态度与技能、健康、动手能力等方面,这说明语文学科的知识供给更加注重培养学生个人价值观,同时给予学生更多的发展空间,这与学生问卷调查结果一致。

(3) 教科书仍是教师教授知识的主要来源,虽然当前中小学教师比较注重语文课外知识的补充,教材配套教学资源也比较丰富,然而调查结果显示,语文教材知识在严谨性和实用性方面仍有所欠缺,这与学生问卷调查的结果一致。对于教师而言,一方面,进入教材中的知识是已经编排设计好的,即使教材中的知识存在遗漏或盲点,教师也只能按照课程标准和教学计划展开教学,教师实际获得的课程权力如同教材中被忽略的那部分知识一样,无权改变;另一方面,在知识传授过程中,教师需将教材中的知识内化为学生的知识,以完成对教材文本的再创造,尽管教师在对教材文本再创造时带有自身的价值观与态度,然而呈现给学生的知识仍是符合课程标准的,因为教师对文本的再造是以课程标准为主要导向。由此,教材中知识的缺失遗漏一定程度上影响着教师在知识传授过程中的内容空无,使得知识在严谨性和实用性方面有所欠缺。

三 地方层面教科书文本分析

上文通过对武汉市课程、教材的梳理以及对师生的问卷调查,了解了武汉市知识供给的现状与问题。接下来，本书将采用文本分析法，对地方层面教科书的文本做细致深入的研究，以窥视地方层面知识供给在知识的内容方面存在的问题。

本书以武汉市义务教育阶段的小学语文教科书和地方课程教科书为例，武汉市中小学用的语文教科书是由湖北教育出版社根据《义务教育语文课程标准（2016年版）》编写审定通过，地方课程教材以武汉出版社出版的《武汉精神读本》为主要分析对象。

（一）语文教科书文本分析

研究发现，知识经过一个筛选的过程进入教材，在筛选的过程中必然伴随着价值判断。以小学二年级《语文》上下册和小学六年级《语文》上下册为例，在这四册教科书中，一共有128篇课文，包括32首古诗、10首现代诗，具体分布如表3—21：

表3—21　　　　　　语文教科书思想教育内容统计

主题	主要篇目列举	篇数	百分比（%）
爱国情操	升国旗、梅花魂、延安、我把你追寻等	18	14.7
政治领袖	吃水不忘挖井人、难忘的泼水节、朱德的扁担等	7	5.7
热爱自然与生活	水乡歌、湖、乡村四月等	24	18
精神品质	王二小、丑小鸭、奇妙的田螺等	40	31.3
勤劳人民	江上渔者、北京欢迎你等	4	3.1
童趣童话故事	雨后、色彩的游戏、童年的发现等	9	7.0
友谊情深	友谊桥、三个小伙伴、少年闰土等	4	3.1
亲情赞扬	爷爷的芦笛、祝你生日快乐等	3	2.3
师生情谊	献给老师的花束	1	0.8
中华文化	中国的花、二泉映月、清明上河图等	9	7.0
爱护环境	失物招领、树真好、可爱的地球等	6	4.7
科技进步	网上呼救、新式房屋、不怕丢失的钥匙	3	2.3
合计		128	100

由表3—21可知，在这128篇课文中，以"精神品质"为主题的课文数量最多，占课文总量的31.3%，以"热爱自然与生活"为主题的课

文占 18%，以"爱国情操"为主题的课文占 14.7%，以"政治领袖"为主题的课文占 5.7%。对相关课文进一步内容分析，发现语文教科书中类似的思想性控制无处不在，即使课文单元的主题是与"精神品质"或"热爱自然与生活"有关，然而课文的内容却是在托物言志的传递价值观。如第三册第二十二课《王二小》：

>　　王二小装着顺从的样子走在前面，把敌人带进了八路军的埋伏圈。突然，四面八方响起了枪声，敌人知道上了当，就杀害了小英雄王二小。正在这时候，八路军从山上冲下来，消灭了全部敌人①。

　　在这篇课文的教学要求中，不仅要求学生理解课文内容，更要知道王二小是如何帮助八路军消灭敌人而光荣牺牲，课文主要也是在赞颂王二小在战争中表现出的机智勇敢和不怕牺牲的精神。可以说，这种借助模范人物的故事表达保卫祖国所需的精神在语文教科书中屡见不鲜。如第四册第一课《让我们荡起双桨》：

>　　红领巾迎着太阳，阳光洒在海面上，
>　　水中的鱼儿望着我们，悄悄地听我们愉快歌唱。
>　　小船儿轻轻飘荡在水中，迎面吹来了凉爽的风。
>　　做完了一天的功课，我们来尽情欢乐，
>　　我问你亲爱的伙伴，谁给我们安排下幸福生活。②

　　虽然《让我们荡起双桨》这篇课文属于儿童歌曲，描述了少年儿童泛舟北海公园欣赏美丽自然风光的情景，然而，整首歌曲末尾一句"谁给我们安排下幸福生活"将整首歌曲的主题转向了少年儿童对党、对祖国、对人民的情感之中，课文主要通过对儿童欣赏景物的描写，侧重的是激发学生对祖国的热爱之情。类似的课文还有第十一册第一课《少年旅行队》、第十一册第四课《伟大的出征》、第五课《北京欢迎你》、第

---

① 《义务教育课程标准实验教科书小学·语文》（第3册），湖北教育出版社2016年版。
② 《义务教育课程标准实验教科书小学·语文》（第4册），湖北教育出版社2016年版。

十五课《壶口瀑布》等。

此外，在这 128 篇课文中包含的 32 首古诗中，主题主要包括揭露南宋黑暗的政治斗争与军事斗争（如辛弃疾的《西江月》）、诗人忧国忧民的爱国之情（如陆游的《秋夜将晓出篱门迎凉有感》）以及紧张动荡与戎马倥偬的动荡生活（如岑参的《碛中行》、王翰的《凉州词》）等。

通过对教科书的内容分析，可以发现，反映当今时代内容"科技进步"主题的课文仅占其中的 2.3%，而其余的大部分内容则相对疏离学生的日常生活。教科书对爱国情操、革命战争题材的课文的偏重远远超过了以近现代为题材的课文。即使古代的古诗和现代文化中的现代诗歌，主要也以揭露社会的黑暗与不公、传达作者的爱国之情为主，对特定价值观的宣扬、对现实社会问题关注的缺失、对学生批判思维的培养以及对事实的揭示不足无疑是受到了特定意识形态的制约与干涉。

同时，在与相关教师进行访谈时，也了解到一些问题，这位接受访谈的教师是来自武汉城乡接合部一所学校的语文教师 L，访谈内容如下：

问：您上课使用的语文教科书是哪一个版本？主要来自哪里？

L 教师：我教授语文用的是鄂教版的教材，主要是由学校指定的。

问：那就您使用的语文教科书而言，请问您认为语文教科书中的内容是否合理？

L 教师：我教的是小学四年级的语文，我个人认为内容还是基本符合课程标准的，学生学的知识也基本上符合他们这个阶段的发展特点。

问：既然您认为语文教科书是基本符合课程标准的，请问您是如何判断学生是否达到课程标准呢？

L 教师：主要是通过单元测试，还有日常课堂的表现和他们写作业的反馈。

问：您在讲解语文教科书中的知识时，主要按照教科书来讲还是会额外补充一些相关知识？

L 教师：因为语文在小学阶段的学习还是比较重要的，而且语文也是主要科目，教材也是主要的备课材料，主要还是按照教科书来讲的，不过我经常会给学生讲一些课外的知识。

问：学校会对教学情况进行检查吗？

L 教师：会的，基本上是一周两次。

问：语文教科书是否传递特定价值观呢？如果出现教授的知识与您本身的认知有一些冲突，您在教授过程中是如何处理的呢？

L 教师：教科书中传递基本是符合课程标准要求的，发生认知冲突这种情况还是比较少的，小学语文教科书里面的内容基本上都是一些小故事、古诗还有一些综合学习活动，基本上我还是认同教科书里面的内容。

通过对 L 教师的访谈，发现教师没有权力选择教科书，教师手中的教科书来自学校甚至教育部门指定，且教科书在教师知识传授过程中占据着主导地位，牢牢控制着教师知识传授的进度和步伐。即便如此，教师对教科书仍旧是基本认同的，并认为所教科目的教科书符合课程标准。从表层上看，教师仿佛掌握了对学生知识评价的有力工具，成为学生知识学习的主导；从深层上看，教师实则牢牢受制于教科书设置的框架范围，已经失去自己在教科书知识中的选择权，受制于学校的标准化管理，变成了执行课程计划的"技术操作员"和游离于课程研制过程以外的"机械执行者"[①]。

(二)《武汉精神读本》教材分析

语言和文字是教科书必不可少的一部分，教科书文本主要是通过语言来建构、生产和再生产知识，然而仅仅分析教科书中的语言和文字是不够的，教科书实际传递的信息远在语言文字和文本之外，因而，要揭示出教科书中隐含的意义，对教科书话语呈现方式的分析必不可少。话语原义为对事物进行推理、叙述，教科书话语主要指"教科书自身言说的话语"[②]，包括教科书中的语言、语词的意义，且暗含着话语的来源和形成机制。在地方层面知识供给的研究中，教科书话语是其中的一个重要研究内容，这是因为经过国家委托机构审定后的教科书，其中的话语不仅代表着合法的知识，更形成了秩序井然的教科书独特话语体系，进

[①] 刘永林：《论中小学教师的课程权力与制度保障》，《课程·教材·教法》2005 年第 6 期。
[②] 任海宾：《论教科书话语——以语文教科书为例》，硕士学位论文，华中师范大学，2004 年。

而形成一种"权威话语"。① 不同于教科书文本内容，教科书中的话语并不是直接呈现，而是借助于一定的载体，即教科书话语呈现的策略。因此，对教科书话语呈现策略展开深度挖掘是可选途径。

教科书话语呈现策略到底是如何作用于教科书？使得教科书的语言和文字组成了教科书独有的话语体系，传递着特有主体的意图，教科书中的话语又是遵循着怎样的规则？促使知识供给发挥其有效作用，支撑这些规则产生作用的条件又是什么？……这些问题的解答都离不开具体案例的分析研究。以武汉市的地方课程教材为例，武汉市地方课程教材不仅体现出国家对课程开发主体权力的下放，更反映出武汉市的地域特色文化，而且透过地方课程教材的分析研究，可进一步揭示教科书话语的形成及所应遵循的规律。在武汉市的地方课程教材中，由武汉出版社出版发行的《武汉精神读本》②可作为分析研究的对象。《武汉精神读本》由武汉市教育科学研究院主编，是全国首个以城市精神为内容的地方课程的代表。这套教材主要分为小学和中学两个版本，分别在小学四年级和初中七年级两个学段开设，研究选取的是小学版，2012年8月出版发行，对其展开教科书话语呈现策略的分析，主要从教科书话语编排顺序、话语转化策略中的修辞这两大方面进行。

《武汉精神读本》所展现出来的编排顺序如表3—22：

表3—22　　　　　　《武汉精神读本》编排顺序

主要部分	主题	内容
一	武汉精神概说	第一课：武汉精神
二	武汉精神丰碑	第二课：楚风汉韵 第三课：湖北新政 第四课：武昌首义 第五课：武汉抗战 第六课：武汉——新中国的工业重镇 第七课：武汉——建设国家中心城市的先锋

---

① 任海宾：《教科书话语之纬》，《福建师范大学学报》（哲学社会科学版）2005年第3期。
② 武汉市教育科学研究院：《武汉精神读本》，武汉出版社2012年版。

续表

主要部分	主题	内容
三	武汉城市魅力	第八课：九省通衢 第九课：商都武汉 第十课：科教城市 第十一课：智慧武汉 第十二课：幸福生活
四	武汉精神名片	第十三课：全国道德模范 第十四课：武汉精神代言人
五	武汉精神传承	活动案例一：探寻武汉的首创之路 活动案例二：感悟我心中的武汉精神 活动案例三：争做武汉精神践行者

首先，由表3—22可见，《武汉精神读本》共计五个部分，这五个部分的编排顺序分别是：武汉精神概说、武汉精神丰碑、武汉城市魅力、武汉精神名片、武汉精神传承。从《武汉精神读本》话语编排的次序来看，编者是按照一定顺序编排这些内容的，先讲了武汉精神表述语的诞生，即"敢为人先，追求卓越"，再从历史角度展开，突出武汉这座城市悠久的历史文化，紧接着讲述武汉这座城市的发展，主要是从地理和资源优势展开，在对武汉精神有了一个大致的了解之后，编者便选取具有代表性的道德模范来突出武汉精神，最后是以实践活动的方式让学生去探寻和践行武汉精神。可以看出，这样的编排顺序即使内容不同，然而其构造出的整体语境却充盈于整本教材，全书所要构建和展现的主题也一目了然。而且，全书第一部分"武汉精神概说"，是后面展开介绍武汉精神必不可少的基础和前提，也正是因为前面三大部分的介绍，后面两大部分有关城市精神的人物代表和学生要开展的实践活动才有了铺垫，即前面的知识成为后面的知识的条件，由此所形成的话语顺序才具有意义。再细看这种编排次序，可发现并不是每一部分都是严格按照主题来编排的，比如第二部分——武汉精神丰碑中的第六课和第七课的内容分别就武汉的工业和城市发展展开，这两部分的内容也可放入第三部分武汉城市魅力中，还有第四部分和第五部分也可以合为一个部分展开讲述。

显然，这样的编排次序存在多种可能性，然而在编者所预先设定和营造的单元中，产生变化的不是每一课的内容，而是社会语境的变化在控制着课文的编排次序及其呈现方式，这样的编排所呈现出的环环相扣和连续性赋予了整本教材内容的合理性，进而成为人们所认可的和无条件接受的知识秩序。可以说，通过《武汉精神读本》的编排秩序的分析，编者的主要意图在于，诠释和宣传武汉精神及其特色，让学生了解武汉精神，并充分发挥武汉精神的引领作用。

其次，在教科书话语中，其中的知识并非断断续续，它以时间的先后顺序作为呈现的主要方式，以《武汉精神读本》第二部分的课文内容知识点安排为例：

> 楚风汉韵（讲述武汉城市之根）→湖北新政（讲述以汉口为代表的武汉三镇的发展）→武昌起义（讲述以武昌为中心的革命历程）→武汉抗战（讲述武汉在国共领导下全国齐心抗战）→武汉——新中国的工业重镇（讲述武汉重工业的起步重振）→武汉——建设国家中心城市的先锋（讲述改革开放进程中武汉的伟大复兴）

这些不同的单元内容属于"武汉精神丰碑"这一部分，所呈现出的单元内容经过了一定程度上的次序安排，比如先从历史角度出发，讲述武汉这座城市的悠久历史，紧接着分别以汉口和武昌为代表，讲述武汉所走过的抗战历程及重工业的发展，最后强调武汉的伟大复兴……这样的秩序安排是教科书中知识的一种呈现方式，但这种呈现方式并不是固定统一的，换言之，知识的呈现方式有很多种，教科书中的知识呈现的秩序仅是其中的一种方式，一旦这种知识呈现方式被固定，所营造出的连续性的语境便很容易被视为理所当然和确信无疑，这种知识的次序形态也被人们所认可。由此教科书所呈现出来的先后时间序列遵循着教科书独有的话语次序，将其他的话语隔离在教科书之外，从而降低了教科书之外的话语的渗透力，学生完成了教科书之内的社会化，即教科书话语所铺设的社会化，正如福柯所言"话语存在着基本代码，是一些控制了语言、知觉框架、交流、技艺、价值、实践等级的代码"①。

最后,修辞也是教科书话语呈现的策略之一。修辞的原义是修饰言论,主要指的是文字上的修辞,在使用语言的过程中,修辞的运用比纯文本叙述更能收到较好的表达效果,在教科书话语中,不同修辞手法的运用实则也是另一种话语的书写与表达。在《武汉精神读本》中,利用修辞呈现教科书话语也不胜枚举,例如在第一课"武汉精神——敢为人先,追求卓越"中:

> 城市精神是城市文明的标杆,是城市发展的灵魂。②
> 精神是一种境界、一种操守、一种追求、一种品节、一种力量,虽然看不见、摸不着,但是它能够转化成为物质力量。③

在这里将"城市精神"比喻为"标杆"、"灵魂",将"精神"类比为"境界""操守""追求""品节"等,同时,文中将"精神"——"城市精神"——"标杆"、"灵魂"联系在一起,将城市精神与人的灵魂之间建立关联。然而我们同时注意到,城市精神与境界、操守、追求等词之间原本是不存在关联的,城市精神更多体现的是一座城市的文化积淀和社会风气,而境界、操守、追求等词更多的是被用来形容个人。文中通过比喻和类比修辞策略的使用,不仅使城市精神与灵魂、境界、操守、追求之间的联系具备了合理性和科学性,而且将城市精神与个人联系更加紧密,凸显出城市精神与个人情感之间的递进,这样的话语也更加具有影响力。

再如:

> 武钢、武重等筑起了武汉作为新中国重工业基地的脊梁,支撑起年轻共和国的"经济大厦"。④

---

① [法]福柯:《词与物——人文科学考古学》,莫伟民译,上海三联书店2001年版,第8页。
② 武汉市教育科学研究院:《武汉精神读本》,武汉出版社2012年版,第2页。
③ 同上。
④ 同上书,第32页。

武汉在改革开放的进程中一直是先行先试的中心城市，在从计划体制到市场体制转轨的改革发展国家战略布局中，武汉一直扮演了"排头兵"的角色。①

港口货运，历来被视为经济发展的"风向标"……武汉的水运已形成"干支一体，通江达海"的客货运网络……高速铁路网是拉动经济发展的"黄金通道"。②

武汉是进入中国内陆市场的金钥匙，是贯连长江流域、推动中西部发展的"桥头堡"。③

文中将武汉的重工业比喻成"脊梁"和"经济大厦"，将武汉在改革开放中的进程拟人化，喻为"排头兵"，把武汉的港口货运比喻成"风向标"，将高速铁路交通比喻成"黄金通道"，更将武汉视为"金钥匙"和"桥头堡"……这样类似的修辞手法的运用在教科书中屡见不鲜。不难看出，这些修辞的运用将武汉这座城市的特点描绘得栩栩如生，将武汉重工业的发展、改革进程、发达的交通枢纽等形象地呈现在学生和读者的面前，并被他们无条件地接受。文中透过修辞对语言进行隐含的转化，使事物在教科书话语的呈现中变得焕然一新，引发学生和读者的认同，正是借助于这样的话语转化策略，以武汉为主体的意义世界得以建构在我们面前，一同构成武汉精神。

透过对教科书的分析可见，《武汉精神读本》作为武汉市地方课程的典型代表，武汉市的城市魅力、精神丰碑及各方面的发展得以充分体现，而且达到了宣扬武汉精神文化、彰显武汉城市魅力的教学目的。然而更重要通过对教科书的分析，揭示出教科书独有的话语体系生成的方式，在地方层面知识供给中所扮演的角色。分析可见，教科书正是以编排秩序、修辞为主要策略，将不符合此话语体系的内容屏蔽，进而完成话语的意义转化，以此建构出教科书独有的话语体系。可以说，这是一套隐秘的转化机制，也正是通过这种转化，地方政府得以敞亮地供给知识。

---

① 武汉市教育科学研究院：《武汉精神读本》，武汉出版社2012年版，第34页。
② 同上书，第39页。
③ 同上书，第45页。

第三节　地方层面知识供给的主要问题

无论是从以武汉市的中小学为调查对象展开的问卷调查，还是从以武汉市中小学目前所使用的具有代表性的教科书为文本展开的分析研究来看，都可发现地方层面知识供给中存在的相关问题。从宏观视角来看，地方层面知识供给从知识的产生、分配、组织到传递，这一动态的供给过程都不约而同地受到权力的泛化与过度控制。从微观方面来看，地方层面知识供给的主要载体——课程和教科书不仅是对特定价值观彰显与暴露，其中蕴含的学科知识更呈现出高低层级分级的状态，而教师作为地方层面知识供给的最终落实者，在知识供给中却处于权力的边缘，不仅缺乏应有的课程权利意识和话语权，而且在地方层面知识供给中处于授权的困境。具体来看，地方层面知识供给主要存在的问题集中表现于以下三大方面。

一　知识供给：权力的泛化与过度控制

知识供给中权力的泛化与过度控制是地方层面知识供给的首要问题，在对已纳入到学校教育中的课程和教科书进行考察后发现，地方层面知识供给由生产、组织、分配到传递这一动态过程，权力不仅贯穿其中，且呈现泛化并不断加强控制的趋势。

首先，研究发现当前中国的课程管理体制仍处于以"国家主导型"为主要形式的知识供给的格局，"国家主导型"的知识供应制度全方位地掌控着知识的生产、组织、分配与传递这一供给过程。随着基础教育课程改革的进行，中国已经形成国家、地方和学校的分级管理模式，课程行政主体的多元化也成为改革的基本走向，这看似打破了以"国家主导型"为主要形式的知识供给格局，然而研究发现，地方及学校在知识供给中缺乏自主权，二者更多的是代表并执行国家权力，地方政府及其部门所制订的课程计划和文件本质上是代表着国家行使权力。其次，当前地方层面知识供给权力的泛化与过度控制集中表现在对知识供给严格的审查与排斥。课程标准、教材的开发与管理制度、教材审查制度等对知识进行一次次的筛选，最终进入学校教育中的知识就成为合法知识，不符合权力主体利益的知识则被排斥在知识供给的大门之外,这是权力泛化的必然结果,虽然这不失为一种控制知识资源的有效手段。最后,地方层面知识供给过于注重知识的供给秩序,忽视知识供给各方主体的应有诉求,使学校逐渐丧失知识供给的自主权,导致知识供给模式的单一与枯燥,迫使进入学校教育中的知识不断异化,削减教学与学习的乐趣,使供给的知识陷入"无趣的窘境甚至知识荒的危局"①,供给的知识最终沦为权力附属下的复制品。

由此可见,权力的泛化与过度控制是地方层面知识供给的核心问题,这不仅促使了"国家主导型"的知识供给格局的形成,而且造成知识供给模式的单一,使权力泛化与控制下的知识供给秩序发生紊乱,甚至危及地方层面知识的正常供给。

二 知识标准:特定价值观的彰显和知识层级的划分

地方层面知识供给不仅存在权力的泛化与过度控制问题,在知识标准方面也存在对特定价值观的宣扬和知识层级化的问题。

研究显示在地方层面的知识供给中,并非所有的知识都可视为"课程内容",只有经过地方政府审核认定的知识才是正规的知识,而课程标准则是政府审核知识的依据。在学校教育中,不同学科存在相应的课程标准,在这些不同的学科中,除去相应学科所要求的学科知识和能力以外,思想政治教育和道德品质教育是不同学科所强调的共同内容。如研究中选取的语文教科书,反映出对政治情感和道德品质的宣扬,其中激发学生政治情感的任务居于首要地位。此时地方层面所供给的知识不再是客观、价值中立的,而是带有主观倾向性的观念载体,是对特定价值观的反映,正如麦克·扬所说:"过去进入学校的知识和现在进入学校的知识不是任意的,它围绕着一系列原则和价值观进行选择和组织。"② 除此以外,在地方进行知识供给的过程中,对知识进行了高低层次的划分。知识本身并无高低之分,然而进入学校教育中的知识最终呈现在不同学

---

① 王帅:《教育公共知识问题检视与话语构建》,《教育研究与实验》2016年第5期。
② 转引自丁亮、祁型雨《我国基础教育阶段教科书政策的内容分析》,《辽宁教育行政学院学报》2010年第3期。

科中时，知识的"地位差异"便表露无遗。研究发现，以语文、数学学科为主的学科知识在义务教育中处于首要地位，并由此形成强势学科群，这类知识也可称之为"高地位知识"①；与此相应，以音乐、体育等学科为主的学科知识则处于次要地位，并由此形成弱势学科群，这类知识也被称为"低地位知识"②。进入教材的知识不仅仅是一种客观存在，更是社会阶层和文化代码的复制，对知识进行层级划分，会让学生以一种不公平的视角看待各个学科，影响学生对各个学科的价值偏向。而且知识的层级次序隐含着社会的等级次序，不同层级知识的获得决定着未来社会等级的所在，层级化的知识获取将导致阶层不断固化，继续维持不平等的社会等级次序。

因而，学校教育中所供给的知识不仅彰显着特定的价值观，而且暴露出知识的层级化，知识供给成为维持现存社会不平等次序的有力工具，造成知识供给在不断固化的阶层中封闭流动。

三　知识授受：主体话语权的丧失与受权困境

知识授受过程中主体话语权的丧失与受权困境是地方层面知识供给中的又一突出问题。当知识被成功筛选、组织和分配到学校教育中后，教师便承担起知识教授的主要任务，将这部分知识传递给学生，研究发现，此时教师作为知识授受的主体之一，在知识供给中却被置于客体地位，并未享有主体话语权，且陷入受权困境中。

话语不仅是指简单的语言，而且是一种权力关系的代表，话语权也与国家行政机构的权力不同，话语权"蕴藏于制度、知识、理性中"③，教师的话语权蕴藏在教育制度和教育活动中。教师话语权的丧失，表现为教师制度性话语权和个体性话语权没有得到保障。一方面，教师并未享有应有的课程权利，研究发现教师的课程权利仅仅局限在校本课程，而校本课程在国家课程和地方课程中，所占比例最小，加之学校在具体

---

① ［英］麦克·F. D. 扬：《知识与控制：教育社会学新探》，谢维和、朱旭东译，华东师范大学出版社 2002 年版，第 36 页。
② 同上。
③ 邢思珍：《社会学视角下的教师话语权》，《当代教育科学》2004 年第 7 期。

实施校本课程时，因各种主客观因素的制约，教师实际获取的权利更是大大缩小。不仅如此，教师在知识供给中权利的行使并无相应的法律制度保障，这使教师在教育教学中只能简单地传授符合规定的知识，而在课程决策、课程评价及课程实施的过程中却并无实质上的权利保障。教师因此更加缺乏参与知识供给的主动性，导致教师在教育教学中只能将课本知识传递给学生，却无法使静态的知识动态化，加剧僵化的知识传递模式的盛行，致使学生思维模式的僵化固定。另一方面，教师在知识授受过程中话语权的丧失还体现为教师个体性话语权被贬低。在地方层面知识供给中，教师作为独立的个体拥有属于个人的话语权，他们在传授知识的过程中拥有独立的意识、教学风格和人格魅力，然而研究发现，进行知识传授的教师更多是循规蹈矩地遵循课程标准、实施课程计划和解释课本知识，无法将个体自身的知识智慧很好地融入到教学中，无法与学生达成心灵的沟通和对话，更缺乏批判性地审视知识的能力，使知识供给更加单一、枯燥，同时也使教师愚化为传递特定知识的传声筒，成为"一个贬损自身灵魂的思想附庸，堕化成一个维护错误观念的文化保安"[1]，致使知识供给因教师个体意识的缺乏而加强其思想控制。

总之，从浅层上来看，地方层面知识供给不仅供给的知识有限、单一，知识供给的渠道也愈加模式化和标准化，这阻碍着开放式供给方式的形成，阻碍着教师和学生的知识传授与习得。从深层上来看，地方层面知识供给从知识管理、知识分配、知识给予到知识传授这一系列过程都充斥着权力的干涉与控制，这已经危及地方层面的正常供给。除此以外，地方层面知识供给中的大部分知识是以宣扬特定价值观为主，学科知识更将社会等级性暴露无遗，这致使知识供给逐渐失去供给意义，转而成为维护知识不平等有力工具。教师作为知识供给的最终践行者，却被置于权力的边缘，置于知识供给的客体地位，甚至不断丧失知识供给的主体话语权，面临受权的困境，并逐渐失去课程权利的意识，这不仅是当前地方层面知识供给中的突出问题，更是我们须认真思考并加以剖析的问题。

---

[1] 陈琦、刘儒德：《当代教育心理学》，北京师范大学出版社2000年版，第3页。

第四章

学校层面的知识供给

21世纪社会的极速变化反衬出学校的相对"安宁",理想中的学校更多地被设想为社会中的一个"乌托邦"和简单的执行机构,教师们正在传授着由国家和地方"准备"好的知识。反观现实,基础教育知识供给被学校表面的简单纯粹遮掩得滴水不漏,殊不知教师与学生在将教科书中的知识奉为客观、普遍的真理的同时,也压抑了教师与学生知识的创造与生成。

第一节 学校层面知识供给的含义

一 学校层面知识供给的内涵

学校层面知识供给是指学校作为知识供给的主体提供知识给学生。学校层面的知识供给包括两个部分,一是学校开发校本课程提供知识给学生,二是教师作为知识的传授者将知识提供给学生。

首先,校本课程是学校层面知识供给的重要形式。校本课程是由学校自主开发、组织的课程,是在学校本土生成的课程,既能体现学校文化,又能反映学生的发展需求,还能结合学校的资源优势。校本课程的思想源于20世纪六七十年代的西方发达国家,其主要思想是针对国家课程开发的弊端,要求政府应明确在国家课程计划框架内的权力分配,把一部分权力下放给学校,强调学校、地方一级的课程运作,主张学校的教师、学生、家长、社区代表等参与课程的决策,以学校为基地进行课程开发,实现课程决策的民主化。中国到了20世纪90年代中后期,开始出现校本课程一词,进入新课改后,校本课程正式进入公众视野。校本课程的开发有两种模式：一是校本的课程开发，即国家制定、颁布课程门类、标准，学校自主选择、改编教科书，自主决定供给的知识。二是校本课程的开发，即国家提供课程计划框架，并规定好大多数课程的具体内容，留出一部分权力给学校，由学校自主选择、开发、组织知识。中国的校本课程开发都是基于第二种模式，也就是说，校本课程是在国家提供了大部分课程的背景下学校自主开发、组织的可供学生选择的课程，校本课程与国家课程、地方课程不违背，它是对国家课程、地方课程的补充，与国家课程、地方课程共同构成了基础教育知识供给的体系。从校本课程的定义中可知，校本课程是由学校作为知识供给方来选择、组织知识以供给给学生，其与国家层面的知识供给、地方层面的知识供给相比而言，更加体现学校文化、学校特色、学校需求。

其次，教师是学校层面知识供给的重要供给主体。传统的观点认为，教师是知识供给链的末端，没有权力也没有资格参与知识供给，基础教育的知识供给是由课程专家、学科专家等设计组织好知识，再由教师传递给学生，教师只是忠实的执行者，并不供给知识。这种观点显然已不符合课堂教学真实情境。在课堂中，教师绝不可能完全按照专家学者预先安排好的知识框架进行教学，学生是鲜活的个体，课堂是动态的教学，教师无法预料到教学中学生的反应和课堂的突发事件，那种按图索骥的做法无法生成有生命力的课堂。教师必须根据课堂当时的情形，即席而作，生成教学，这才是真正的课堂，才是有意义的课堂，而这些都是专家学者无法预先安排的，因而，教师同样是知识供给的供给方，教师同样供给知识给学生。而且，教师在教学中不可能处于价值无涉，他在教授知识时会融入自己的情感、态度和价值观，教师自身也是具有多重的身份立场，这些立场显然会影响到教师的知识教授，可见教师也是重要的知识资源。并且，有研究表明，教师课堂教学中不可能忠于规定的知识内容。美国学者斯蒂文森和贝克对八年级数学课程规定内容的项目与教师实际所教项目的数量进行了比较，发现没有任何一个国家的教师所教项目平均数量占课程规定项目数量的比例能达到90%，比例最高的只有85.3%（比利时），最低的只有33.6%（加拿大某省），比例在70%以上的国家不足一半，同时同一国家教师之间也存在较大差距。① 此外，美国学者 L. M. 麦克内尔曾以美国四所高中为对象进行了人种志方法论的研究，发现虽然学校组织以社会控制为主要的教育目标，但教师却通过教学过程加以抗拒，提供与教材内容相反的个人知识，L. M. 麦克内尔将这种现象称为"控制的矛盾"。② 由此可知，教师在课堂教学中会对知识进行选择、改造甚至是创造，教师不是单纯的知识传递者，教师可以将自身的经验、价值观、情感态度融入知识教学中，这些极具个人色彩的内容都是知识供给的资源，同时教师又是知识供给体系中与学生直接接触的群体，因此，教师的知识供给研究则显得尤为重要。

二 学校层面知识供给的意义

（一）唤醒教师的供给意识，增强自主性

有句话说"一个优秀的教师就是一本好书"，这意味着教师本身可以作为知识资源参与到知识供给的过程中。教师是知识供给中与学生接触的直接媒介，其不仅是知识供给的重要条件，也是影响知识供给的广度和深度的人力资源。在课堂教学中，教师的专业知识、专业技能、专业情感以及人生阅历的深浅和人格特质等都会影响到课堂上知识的教授，并且这些资源还会影响到国家和地方"法定知识""正规知识"的供给效果。此外，教师作为课堂教学的组织者和引导者，受到自身知识立场、价值观点、思维方式、阶层属性等因素的影响，同时基于动态的教学环境，教师会对知识进行改造，也会基于自己的理解创造知识，所以教师的教学过程也是知识生成的过程，所谓"教师即课程"观念的提出正是将教师作为重要的课程开发者。

从中国校本课程开发的现状入手，能发现当前学校大部分校本课程都是由本校教师开发和编制的，校本课程的设置有利于增强教师的课程组织能力，促进教师专业成长。因此，学校层面的知识供给将教师作为

---

① 李纯：《从文化传递者到文化研究者——论多元文化教育中教师角色的转变》，《天中学刊》2009 年第 24 期。

② L. M. Mcneil, *Contradictions of Control: School Structure and School Knowledge*, London: RKP, 1986, p. 21.

知识供给的主体，有助于唤醒教师的供给意识，增强教师课程开发的自主性。

（二）彰显地方文化，实现文化多元

中国地域广阔，自然条件的差异造就了各异的风土人情和教育环境，而国家层面的知识供给却常常忽视了这些差异，导致基础教育知识供给的教育效果在一定程度上大打折扣。因此，学校层面的知识供给是对国家层面知识供给的补充和矫正。学校层面的知识供给是由学校自己选择、组织、实施和评价，往往会结合地方文化、学校周边的社区文化、学校历史等编制知识体系。如笔者所调查的武汉东西湖一所学校，其校本课程名称为"生活三原色"，以"红色家乡情怀课程，绿色健康生活课程，蓝色放飞梦想课程" 3 个模块作为校本课程的一级结构，以"家乡风情""民间艺术"等 9 个课程系列为校本课程的二级结构；以 40 多个具体科目为特色课程的三级结构，包括陶艺、剪纸、葫芦丝、十字绣、编织等。调查中发现这所学校原址是三店码头潭，是拥有 6500 年历史的仰韶文化遗址，传统的制陶等工艺为校本课程开发提供了丰富的地方资源，因此这所学校围绕着地方文化再结合着学生的生活元素开发了极具地方文化特色的校本课程。除此之外，有些学校比邻汉江，其校本课程则围绕着汉江这个独特的地理位置开发出了《汉江文化》《汉江地理文明》《汉江水产作物》等校本课程。可见，学校层面的知识供给，相比于国家层面的知识供给而言，更能将地方文化元素纳入到知识供给中。

（三）体现学校特色，关注学生兴趣

学校层面的知识供给能够结合学校的实际情况和学生的兴趣爱好，具有校本性的特点。教师可以根据自身的专业优势、学校的资源优势、学生的兴趣爱好进行校本课程的开发，不仅有利于发挥学校的特色和优势，也有利于满足学生的个性需求。相比于国家层面的知识供给和地方层面的知识供给，学校层面的知识供给更加注重实践性，它的应试目的不强，开设的课程以实践课、兴趣课、技能课为主，更加注重培养学生的兴趣。现代教育强调学生个性的自由发展，校本课程给予了学生自主选择的权利，相较于国家和地方提供的有限的课程自主选择权，学校层面的知识供给更能满足学生的这一要求，弥补国家和地方层面在这一方面的不足。

第二节 校本课程的现状分析

一 武汉市校本课程的基本概况

作为知识供给改革方面的核心概念之一，校本课程伴随着新课程的实施，受到各级各类学校和教师群体的认可。从政策层面来看，在2001年《基础教育课程改革纲要（试行）》中提出的"实行国家、地方和学校三级课程管理"这一规定，赋予了学校校本课程开发的权力，其中明确指出："学校在执行国家课程和地方课程的同时，应视当地社会、经济发展的具体情况，结合本校的传统和优势、学生的兴趣和需要，开发或选用适合本校的课程。"武汉市作为新课改的试点城市，率先响应国家政策，鼓励学校开发和实施校本课程。目前，武汉很多学校的校本课程建设走在了湖北乃至全国的前列。

武汉市教育局2016年发布《关于普通中小学幼儿园2016—2017学年执行课程计划有关问题的通知》，提出："在义务教育阶段美术、艺术、综合实践活动及地方课程、校本课程中，要结合学科特点开展形式多样的书法教育"；"农村初中继续开展'绿色证书'教育，适当增加职业技术教育内容，每周安排3课时，从《综合实践活动》课程中每周安排2课时（内容为《劳动与技术》《信息技术》），从地方课程与学校课程中安排1课时（内容由学校根据当地实际情况安排劳动职业类教育），使该类课程'上课表、进课堂、有实效'"；"加强技术、艺术、体育与健康、综合实践活动等领域课程的实施与管理，形成学校课程特色"。从通知中可以看出，武汉市重视校本课程的建设，强调在义务教育阶段将书法教育纳入校本课程，在农村初中开展职业技术教育方面的校本课程，加强技术、艺术、体育与健康、综合实践活动等领域课程的管理。目前，武汉市中小学基本都有开设校本课程，包括主城区、开发区和郊区。

综合来看，武汉市校本课程开发和建设的基本情形如下：

第一，校本课程的主题形式多样。通过对中小学校本课程主题的统计，发现主题基本围绕着学科拓展、社会生活、文化陶冶、艺术修养、体育活动、科技教育、道德培养这七个领域开设。有些学校的校本课程是根据学校的办学理念开设，如武汉市常青一小围绕着"生命发展"的办学理念，建构了"社会实践类、科学素养类、人文素质类、生活技能类、身心健康类"五大类校本课程体系。武汉市育才小学围绕着"个性发展"的办学理念，开发了"阅读与积累""生活与数学（SX开发）""艺术与欣赏""综合实践（生活）"四大板块校本课程。有些学校根据校长的办学思想开设了校本课程，如武汉市新河街学校开发了《书法》系列校本课程，源于校长认为"一手好字行天下"并且自身热爱书法。有些学校根据所处的地理位置、历史文化开设校本课程，如武汉市东西湖区三店学校原址是三店码头潭，是仰韶文化遗址，学校为此开发了《陶艺》《葫芦丝》《玩泥巴》等校本课程。硚口区先锋小学开发了《汉正风情》校本课程体系，涉及汉正街的历史、文化特征、社会事业、文学艺术、汉正内涵、教育、民俗、地理位置及名称、人口、名人、重大历史事件、文物和方言等方面。武昌区首义路小学以首义文化为核心，开发了"六名"（首义名人、首义名事、首义名篇、首义名物、首义名址、首义名景）首义文化课程资源库。有些学校根据国家相关政策开发了校本课程，如近年来国家对足球文化的重视，武汉市有条件的中小学都开设了与足球相关的校本课程。

第二，各个区的校本课程建设不平衡。武汉有11个主城区，包括7个中心城区（江汉、江岸、硚口、汉阳、武昌、青山、洪山）、2个高新技术开发区（东湖开发区、沌口武汉经济开发区）和2个郊区（东西湖区、江夏区）。整体而言，郊区的中小学校本课程明显薄弱，如笔者所调查的东西湖区的2所学校，囿于经费的短缺和资源的缺乏，学校开设了校本课程，但是各个课程之间缺乏逻辑性和整合性，并且缺乏教材。中心城区也存在差异，武昌区整体教育实力较强，且是教育改革示范区，有些学校开设的校本课程在全国都享有很高的声誉。

第三，不同阶段学校校本课程建设不平衡。在课程开发上，小学阶段由于升学压力小课程建设较好，高中因高考的原因也在积极地开发"学科拓展类"校本课程，幼儿园和初中由于学校师资力量不足和校领导重视程度较低，课程开发最为薄弱。在课程实施上，幼儿园和小学因无升学压力，较好地完成了校本课程的实施工作；而高中和初中由于升学压力，校本课程实施效果不尽如人意。校本课程开发的环节，各类学校都完成得较好，较为薄弱的环节就是校本课程的实施和评价环节。

总而言之，武汉市校本课程建设成果斐然，亮点众多，总体态势发展较好。作为学校层面知识供给的体现，校本课程的建设是一项系统而又繁杂的工程，能够满足学校和学生多样化发展的需要，其重要性不言而喻。然而，在调查中，本书发现在校本课程的开发与建设中依然存在不少问题。

二 武汉市校本课程的现状调查

本次问卷调查基于师生对校本课程的态度、校本课程开发的规划管理情况、校本课程的实践与评价情况三个方面，对武汉市 11 所学校[①] 503 位中小学教师和 716 位中小学生进行了调查，了解当前武汉市校本课程开设的基本情况，以及在校本课程开发当中存在的例如经费不足、缺乏专业指导、教师对校本课程开发的认识不够深入等问题，希望能够根据此次的调查结果，对提升校本课程质量提出更有针对性的意见和建议。

（一）武汉市学校校本课程的开设情况

调查数据显示，有 90.5% 的学生表示学校开设了校本课程，9.5% 的学生表示学校并未开设校本课程。通过调查发现，参与调查的学校都开设了校本课程，可是仍有部分学生认为学校没有开设校本课程，其原因可能是：一是学校开发设计了校本课程，但只是写在课表上，并未切实实施；二是学校开设的校本课程缺乏特色，学生难以意识到校本课程与学校常规课程的区别，所以认为学校并没有开设校本课程。而且城市和农村开设的情况有所差异。

表 4—1　　　学校所在地与开设校本课程情况交叉制表

	开设校本课程了吗	
	开设了	没开设
城市	369	5
农村	263	61

由表 4—1 可知，在农村就学的学生认为学校没有开设校本课程的人数远远超过在城市就读的学生人数，可见，农村学生在感知校本课程开

---

① 这 11 所学校与国家层面知识供给、地方层面知识供给所调查的学校一致，其中小学 6 所，初中 5 所。6 所小学中，有 2 所为农村小学，4 所为城市小学。5 所初中中，有 2 所为农村初中，3 所为城市初中。

设情况方面比城市要差一些。

(二) 教师对当前校本课程的了解程度

由图4—1可知，对校本课程了解得非常清楚的教师占26.8%，超过70%的老师对校本课程的了解不深入，处在一种比较模糊的状态。而且在此次调查中，14.9%的教师表示校本课程就是教师编书拿到课堂上去讲，对于校本课程的内涵理解还停留在一般课程的理解层面。对比图4—2，发现知道、基本知道和不知道校本课程开发程序三部分比例分布与图4—1分布较为相似，进一步证明大部分教师对校本课程还处在一个初步了解的阶段，没能做到深入学习，深入了解。

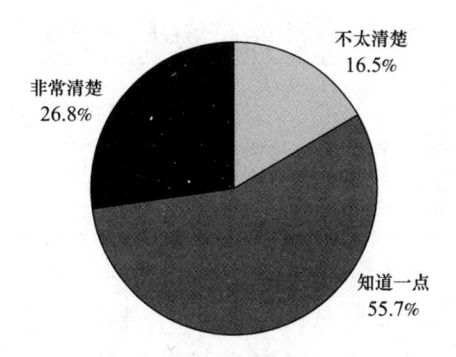

图4—1 教师对校本课程了解程度

通过进一步分析，发现学历和对校本课程的了解程度有一定的关系，便对学历和对校本课程的了解程度进行了方差分析。

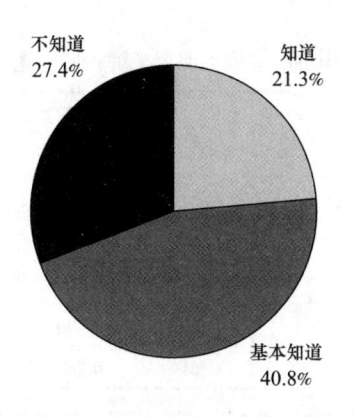

图4—2 教师对课程开发基本程序了解程度

表4—2　　　　　　　您对什么是校本课程了解吗

检验统计量	df1	df2	显著性
1.027	3	494	0.380

由表4—2可知，不同学历和对校本课程了解程度的方差齐性检验值为1.027，概率P值为0.380，如果显著水平α为0.05，由于概率P值大于显著性水平，因此学历对教师对校本课程了解程度的总体方差无显著差异，满足方差分析的前提。

表4—3　　　　　学历与对校本课程了解程度方差分析

	平方和	df	均方	F	显著性
组间	5.801	3	1.934	4.620	0.003
组内	206.769	494	0.419		
总数	212.570	497			

表4—3是学历与教师对校本课程了解程度的单因素分析结果，F统计量的观测值为4.620，概率P值为0.003，如果显著水平α为0.05，由于概率P值小于显著性水平，拒绝原假设，认为学历对教师了解校本课程程度产生影响，学历对教师了解校本课程程度的影响效应不全为0。

表4—4　　　　各学历层次对校本课程了解程度描述统计

学历	均值	个案数	标准差	均值的标准误	极小值	极大值
中师	2.57	7	0.535	0.202	知道一点	不太清楚
大专	1.97	96	0.656	0.067	非常清楚	不太清楚
本科	1.84	330	0.646	0.036	非常清楚	不太清楚
研究生	2.02	65	0.649	0.081	非常清楚	不太清楚
总计	1.90	498	0.654	0.029	非常清楚	不太清楚

注：在分析当中，分别将"非常清楚""知道一点""不太清楚"赋值"1""2""3"，平均值越低，对校本课程的了解越深入，下同。

通过表4—4可知，本科学历层面教师的均值最低，相较于其他学历层面的教师，对校本课程的了解更为深入。其次是大专学历的教师对校本课程了解较为深入，之后是研究生学历的教师。中师学历层面的教师平均值最高，而且极小值为"知道一点"，说明在参与调查的教师当中，中师毕业的教师对校本课程了解程度较低。研究生学历和中师学历的教师之所以对校本课程了解程度不高，原因有两个：一是研究生学历的教师大都是新进教师、青年教师，还在职业适应期；中师学历的教师通常是老教师，对新事物接纳情况较差。二是这两类群体抽样最少，对统计结果或许有影响。

表4—5　　　各教龄段对校本课程了解程度描述统计

教龄	均值	个案数	标准差	均值的标准误	极小值	极大值
5年以下	1.99	191	0.624	0.045	非常清楚	不太清楚
5—10年	2.05	73	0.643	0.075	非常清楚	不太清楚
10—15年	2.02	54	0.714	0.097	非常清楚	不太清楚
15年以上	1.69	180	0.626	0.047	非常清楚	不太清楚
总计	1.90	498	0.654	0.029	非常清楚	不太清楚

通过表4—5可知，有15年以上教龄的教师的均值最低，说明资历较深的教师对校本课程接触较多，对校本课程了解较多；5年以下的教龄教师因为入职时间相对较短，对事物的接受能力较强一些，所以平均值也较低，但总体上也处在一个初步了解的阶段。

表4—6　　　各科教师对校本课程了解程度描述统计

任教科目	均值	个案数	标准差	均值的标准误	极小值	极大值
语文	1.90	286	0.668	0.040	非常清楚	不太清楚
数学	1.98	103	0.641	0.063	非常清楚	不太清楚
校本课程	2.40	5	0.548	0.245	知道一点	不太清楚
其他	1.75	83	0.622	0.068	非常清楚	不太清楚
总计	1.90	477	0.658	0.030	非常清楚	不太清楚

在参与调查的中小学教师中，主要是以语文、数学为主，专门的校本课程教师并不多，在四类任课老师当中，"其他"科目的任课老师的平均值最低为1.75，说明"其他"科目的任课教师对校本课程的了解更多一些（见表4—6）。这个结果不同于预想结果，"其他"科目的教师为何反而比校本课程的专任教师更熟悉校本课程？进一步调查发现，原来中小学的校本课程多是由英语、科学、品德与社会等"其他"科目教师担任授课教师，所调查的5位"校本课程"专任教师则是刚毕业的大学生，对校本课程不甚熟悉。由此说明，校本课程在武汉市中小学极其缺乏专任教师，其在中小学的课程体系中的地位与重要性显著低于其他学科。

（三）教师对校本课程的态度

在调查中，50%的教师表示开设校本课程很有必要，39.4%的教师表示开设校本课程必要性一般，9.5%的教师表示没有什么必要开设校本课程。这表明，一半的教师已经认识到校本课程的价值，而一半的教师并没有认识到校本课程的价值，对校本课程持一种相对消极的态度。

表4—7 对校本课程的了解程度与校本课程开发的必要性相关性分析

问题	总数	显著性	相关性
对校本课程的了解程度	498	0	0.333**
校本课程开发的必要性	498	0	0.333**

**. 在0.01水平（双侧）上显著相关。

由表4—7可知，对校本课程的了解程度和校本课程开发的必要性在0.01水平（双侧）上显著相关，两者的简单相关系数为0.333，存在正的弱相关性，由此可以推测，对校本课程了解越深入，越可以认识到开设校本课程的重要性。通过进一步的深入调查研究，发现在校本课程的开发过程中，只有40.7%的教师是主动参与，50.7%的教师都是被动参与。

表4—8　　　　　教师参与校本课程开发主动性的交叉制表

		主动参与 [人数(人)/ 比例(%)]	被动参与 [人数(人)/ 比例(%)]	合计 [人数(人)/ 比例(%)]
学校	城市	117/46.8	131/52.8	248/99.6
	农村	57/32.2	117/66.1	174/98.3
合计		174	248	422/98.8
学阶	小学	116/52.9	100/45.6	216/98.5
	初中	53/28.1	133/70.7	186/98.8
合计		169	233	402/98.7

由表4—8可知，对比城市学校和农村学校，农村学校教师有66.1%表示是被动参与，比例远远高于城市被动参与比例52.8%，说明农村学校教师参与校本课程的积极性低于城市学校教师；小学阶段的教师有52.9%表示主动参与，初中阶段的教师有28.1%表示主动参与，由于初中阶段学业压力比小学阶段学业压力要大，初中阶段的教师会花费更多的时间在教学上，所以对校本课程开发的积极性要低很多。

（四）校本课程开发的规划情况

1. 校本课程开发参与人员

由表4—9可知，校本课程开发的参与人员主要为校长、教师和专家，家长的参与度较低；在对学生的调查中，有64.8%的学生表示自己参与过校本课程的开发，34.8%的学生表示并没有参与过校本课程的开发。

表4—9　　　　　校本课程开发参与人员人数分布

		个案数	百分比（%）	个案百分比（%）
参与人员	校长	233	26.6	53.8
	教师	304	34.7	70.2
	专家	170	19.4	39.3
	家长	62	7.1	14.3
	未知	106	12.1	24.5
总计		875	100.0	202.1

2. 校本课程开发准备工作情况

由表4—10可知，将近一半的教师表示学校做了充足的准备，成立了开发机构，有开发方案，有统一管理，有进行开发培训；但也有与比较多的老师表示学校并未做准备工作或者不知道学校的准备情况。

表4—10　校本课程开发准备工作情况

准备工作	是 [人数(人)/ 比例(%)]	否 [人数(人)/ 比例(%)]	不知道 [人数(人)/ 比例(%)]
是否成立了校本课程开发机构	235/46.7	80/15.9	134/26.6
是否有开发方案	218/43.3	52/10.3	172/34.2
是否纳入计划并统一管理	247/49.1	53/10.5	130/25.8
是否组织过校本课程开发培训	232/46.1	108/21.5	83/16.5

由表4—11可知，四项准备工作与是否增加工作负担的相关检验的概率值P近似为0，在0.01的水平上显著相关，简单相关系数分别为0.317、0.261、0.310、0.293，都呈现出正相关性。由此可以推测，校本课程开发的准备工作增加了教师的工作压力和负担。

表4—11　校本课程开发准备情况与教师工作压力负担之间的相关性分析

问题	总数	显著性	相关性
是否增加工作压力和负担	441	0	0.317**
课程开发机构	437	0	0.317**

＊＊. 在0.01水平（双侧）上显著相关。

问题	总数	显著性	相关性
是否增加工作压力和负担	441	0	0.261**
开发方案	441	0	0.261**

＊＊. 在0.01水平（双侧）上显著相关。

问题	总数	显著性	相关性
是否增加工作压力和负担	441	0	0.310**
纳入计划并统一管理	435	0	0.310**

**. 在0.01水平（双侧）上显著相关。

问题	总数	显著性	相关性
是否增加工作压力和负担	441	0	0.293**
校本课程开发培训	436	0	0.293**

**. 在0.01水平（双侧）上显著相关。

3. 资源状况

在调查中，有49.1%的教师认为学校有校本课程开发的资源，14.7%的教师认为学校没有校本课程开发的资源，22.5%的学生认为学校有校本课程开发的资源但尚未开发。

进行校本课程的开发，教师应该具备一定的课程开发的专业知识，调查显示教师获得校本课程开发知识的主要渠道为参加培训和看专业书籍（见图4—3）。

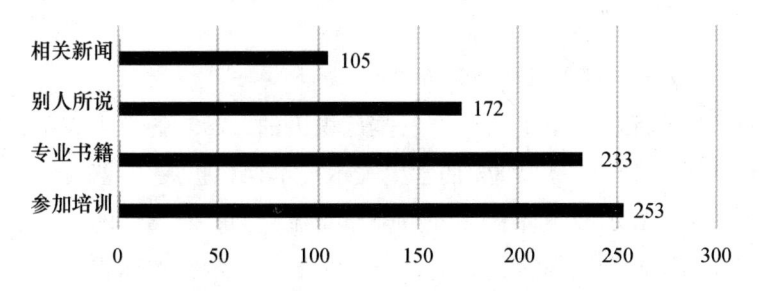

图4—3 教师获取校本课程开发知识的主要渠道分布

4. 校本课程开发中遇到的困难

在调查中，问卷里涉及的"缺少资源""缺少时间精力""缺少指导""家长不接受""缺少经费""不符合学生实际情况"六个问题都占有一定的比例，由此可知，校本课程开发面临的困难较多。首先是27.5%教师表示缺少时间精力，22%的教师表示缺少指导，说明缺少时间精力和指导两个问题最为突出；其次是有 15.6% 的教师表示缺少资源和 15.6% 的教师表示缺少经费，说明校本课程开发的资源不足；再次是在学生层面和家长层面，6% 的教师表示校本课程开发不符合学生情况，有 5.3% 的教师表示家长不接受。

（五）校本课程在实施中的困难

与课程开发过程面临的困难不同，在课程实施时的主要困难是缺少资源和缺少经费，校本课程无法纳入计划所占比例为 15.8%，学生不感兴趣的比例为 12.0%，家长不接受的比例为 6.9%（见图 4—4）。

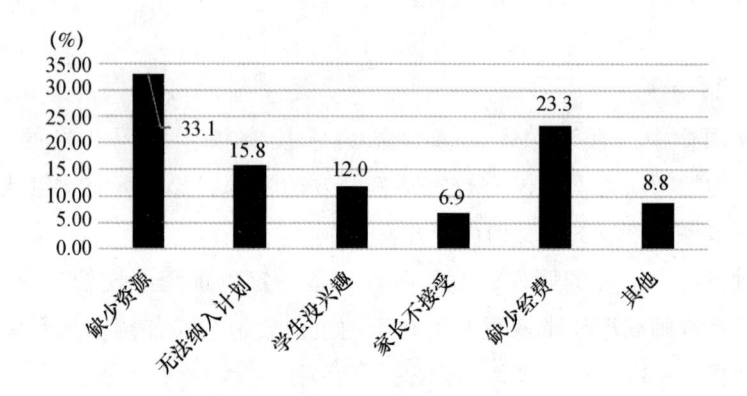

图 4—4　校本课程在实施中的困难分布

（六）学生对校本课程的评价

对于校本课程，学生的评价总体是积极的，78% 的学生表示喜欢校本课程（见图 4—5），29.8% 的学生表示校本课程扩展了他们的知识面，26.2% 的学生表示校本课程提升了合作交流能力，21.8% 的学生表示校本课程提高了他们的探究能力，13.9% 的学生表示校本课程让他们更关注身边问题（见图 4—6）。

三　校本课程开发存在的问题

通过问卷调查，武汉市校本课程开发还存在一些问题，总结如下：

（一）教师对校本课程开发的认识不足

教师是校本课程开发的主体，校本课程的开发在很大程度上依赖于教师的看法、态度和能力，教师对校本课程的认识会深刻影响其行为。

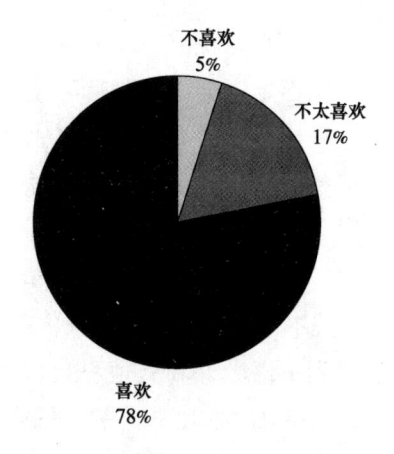

图4—5 学生对校本课程评价

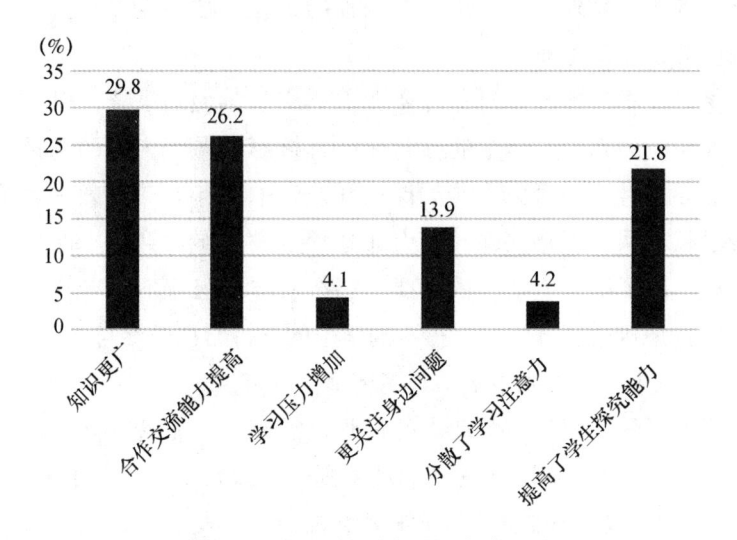

图4—6 学生对校本课程的评价分布

校本课程作为国家课程和地方课程的补充，在丰富课程形式，发展学生兴趣，增加课程特色方面有重要作用，但是大多数的任课教师并未认识到校本课程的重要性。校本课程和选修课程、综合实践课程还是有所区别，对校本课程处在一个初步了解的阶段，就会忽视校本课程是学校特色的体现这一显著特点，把校本课程当作一般的选修课程或者实践课程去教授，那么校本课程的意义就得不到体现。还有一些老师，认为学习成绩比较重要，把校本课程的教授时间拿来上文化辅导课，或者进行常规教学，校本课程没有得到实施。

对校本课程开发的认识不足，会导致教师不能正确认识自身在课程开发中的地位，还是以课程执行者的身份而不是课程开发者的身份看待自己，在课程开发中自然是一种被动的态度，不能主动参与到校本课程的开发当中。

（二）校本课程开发的人员不足，学生参与度有待提高

在调查中，专门从事校本课程开发的教师只占1%，人数较少，所以校本课程开发的任务就落到了语数外和其他科目任课老师身上，每个教师都有自己的教学任务，现在又要抽出一定的时间来进行校本课程开发，而且校本课程和平时上课教授的内容有所不同，任课教师除了完成自己的教学任务还要额外学习关于校本课程的知识，在一定程度上增加了中小学教师的工作负担和压力。

在进行校本课程开发时，首要考虑的应是学生的需要，根据学生的需要选择相应的知识，学生的参与度会直接影响课程内容的选择，但是有34.8%的学生表示并未参与到课程开发当中，有12%的教师表示学生对开设的校本课程不感兴趣。因为部分学生没能参与到校本课程的开发当中，就不能了解学生切身的需要，那么校本课程就不能本着"以学生为本位"的原则进行开发，就得不到学生的支持与积极参与。

（三）校本课程开发准备工作不到位

校本课程的开发是一个动态的过程，需要一个完备的规划对今后的活动进行指导，若没有一个完备的规划则会导致校本课程开发的随意性、无序性。参与人员、校本课程开发组织机构、开发方案以及管理方案等都会对后期能否顺利进行校本课程的开发以及校本课程的开发效果产生重要影响。在调查中，有一半的教师对校本课程的准备工作有所了解，而10%的教师表示学校并没有进行校本课程开发的准备工作，那如何对后期具体的开发工作进行指导呢？将近30%的教师表示并不清楚学校的准备工作，原因可能是关于准备工作，学校没有做好沟通的工作，也或者是学校并没有开展相关的准备工作。

而且通过分析我们发现，学校的准备工作会增加教师工作压力和负担，因为教师参与这些准备工作是需要花费时间和精力的，但是如果做好了这些准备工作，对教师参与校本课程开发的工作有一个细致的安排，

对老师的时间做出合理安排，这样就可以在后期减轻教师的负担和压力。

（四）校本课程资源开发不足

根据泰勒的目标评价模式，在进行课程编制活动时，必须回答下列四个问题：（1）学校应该达到哪些教育目标？（2）提供哪些教育经验才能实现这些目标？（3）怎样才能有效地组织这些教育经验？（4）我们怎样才能确定这些目标正在得到实现？校本课程资源开发就涉及其中的第二个问题和第三个问题。在了解学生需要的基础上，充分利用整合资源，才能使校本课程满足学生和学校发展的需求。

在调查中，有50%的教师认为学校没有校本课程开发的资源或者资源尚未开发，有15.6%的教师表示缺少资源，可见，缺少资源是校本课程开发所要面临的一个较大的困难。在武汉市，有的学校利用了本地区的风景名胜、民俗风情、文化设施、历史传统等进行了校本课程的开发；有的学校与兄弟学校进行合作，借用兄弟学校的教师资源、设施资源开发自己学校的校本课程，所以学校是存在各种的资源，传承千年的中国传统文化、本地区的人文资源、本校的文化设施，都可以成为校本课程开发的资源，只是这些资源还没有被挖掘出来，不能为校本课程服务。

（五）教师课程开发能力不足

在校本课程开发所面临的困难中，最突出的一个问题是教师时间和精力不足。经调查研究发现，学校中专门进行校本课程的教师数量较少，校本课程的开发人员主要还是常规课程任课教师，这就意味着除了日常的教学任务，这些任课老师还要抽出时间进行校本课程的开发，校本课程的开发与教师平常授课还是有很大的区别，任课教师要学习课程开发的专业知识，选择合适的教学内容，编制教科书，对校本课程实施的过程进行监督，都是要花费大量的时间和精力，即使是有的教师有心进行课程开发，也可能因为时间和精力问题而放弃。

课程开发是一项需要专业知识和专业技能进行支撑的过程，很多教师会采用参加培训或者看专业书籍的方式来获取课程开发的知识，但在调查中，22%老师表示校本课程开发过程中缺乏专业的相关指导，这一数据表明教师独立进行校本课程的开发能力存在不足，需要专业人士的指导。

第三节 教师知识供给的现状分析

一 教师知识供给的方式

教师授课过程千差万别，难以细数，但就是这种千差万别，使我们看到了教师对知识的重构，意识到教师知识供给的特殊性。

首先，教师需要将书面文本的知识转化为口头语言。国家层面、地方层面的知识供给总是以课程、教科书等书面文本的方式呈现出来，而对于学生而言，他需要的是有专业人员将这些由文字符号的书面文本转化为通俗易懂的口头语言传授给他，而教师充当的则是这种专业人员。因此，任何教师在传授知识时，都必须把国家层面、地方层面的知识转变成教师可以教授、学生可以学习的知识，将书面语言转化为口头语言。在这个过程中，教师有三种方式的转化：①直接式供给。教师力图将国家层面、地方层面供给的知识直接陈述出来，准确无误地传达给学生。在这种转化方式中，教师只是"原汁原味"地将书面知识转化为口头语言，其中既没有教师对知识的加工重构，也没有学生个人的知识。过去我们认为，基础教育供给的知识内容是固定不变的，教师只是在教学形式和方法上有所变化，这种观点就属于直接式供给。②经验式供给。教师基于对国家层面、地方层面供给的知识的理解，加入个人的知识和经验，这种经验式供给更加容易被学生接受、学习。但由于这种转化方式具有教师个人经验的特点，因而学生容易受教师个人经验的影响，容易被教师牵引着，不易于学生在知识供给中权利的发挥，学生自己对知识的解读易被湮没。③商讨式供给。教师以讨论的方式与学生共同达成对供给的知识的理解，这种供给方式重视学生的经验，学生在知识学习中拥有更多的空间。

其次，教师在供给知识时，总是根据自己的立场、经验、能力、兴趣和对学生接受水平的评估来认定知识的价值，并选取所教授的知识和方法。一般表现为两种方式：一是在基本的知识供给框架和内容下教师进行重构，如许多教师按照国家规定的课程标准和教学大纲所进行的教学创新和自主修正。这属于有限的知识供给重构。二是教师根据自己的教学理念、教学经验、能力兴趣等来处理知识，将已有的国家知识、地方知识当作材料纳入自己的知识体系中。如有些教师有自己的教学思路、教学方法和教学特色，国家和地方供给的知识仅仅作为教学材料，他会对教学材料进行重组和加工，融入自己的教学体系中，这在某些高级和特级教师身上有所体现。

一般而言，教师知识供给与国家知识供给、地方知识供给之间存在着以下几种关系：

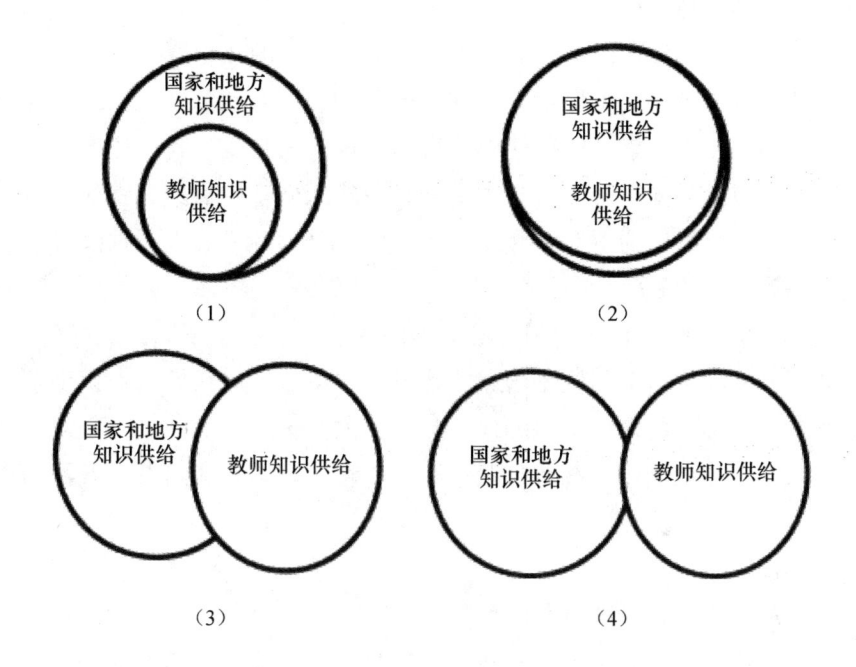

（1）包容关系：教师供给的知识来源于国家和地方供给的知识，但是内容量要少，表现为教师对国家和地方供给的知识进行选择，如对教科书进行选讲，课后习题进行选练。

（2）基本吻合关系：教师供给的知识基本上来自国家和地方供给的知识，表现为教师按照给定的教学大纲和教科书进行讲授，力图将教科书中的知识全部供给学生。

（3）部分重合关系：教师对国家和地方供给的知识进行再选择、再加工，教师供给的知识不完全来自国家和地方的知识供给，融入了教师个人的知识体系、教学经验、价值观点、能力兴趣等，教师知识供给与国家、地方知识供给处于部分重合关系，重合的比例与教师个人的处理能力和方式相关，有些教师大部分重合，有些教师是少部分重合。

（4）基本分离关系：教师仅仅把国家、地方供给的知识作为一种参考，基本上不按照给定的框架和内容来教授知识，教师拥有自己的知识供给体系，如有些特级教师自编讲义，并未采纳国家和地方提供的教科书。但是这种分离关系并不是完全分离，并不是教师知识供给与国家、地方知识供给毫无关系，而是指向教师对国家、地方知识供给有较大的再加工和再创造。

可见，教师知识供给并非将国家、地方供给的知识原封不动地传递给学生。当教师在接受物化为书本形式的知识时，他的知识、经验、能力、兴趣等个人因素必然促使他按自己的逻辑来接受。其实质就是将国家、地方供给的知识转化为自己的知识，然后向学生供给。就如面对一个在课堂上打瞌睡的学生，甲教师说："这孩子真用功，上课都睡着了！"乙教师说："这孩子太不爱学习了，一上课就睡觉！"不同的教师对于同样的知识会有不同的解读，突出了不同内容，形成了不同的教学特色。既然教师知识供给不等同于国家、地方知识供给，那么教师知识供给在课堂教学实践中的真实样态如何？其供给的知识来源于何处？是以怎样的方式进行知识供给？有何问题存在？笔者通过调查试图审视教师知识供给的现状。

二 教师知识供给的现状调查

本次问卷调查基于教师对教材知识的供给情况、教师课外知识的供给情况、教师知识积累的途径、教师知识供给的方式四个方面展开调查，调查对象和校本课程的调查对象一致，共有503位中小学教师和716位中小学生。

（一）教师对教材知识的供给情况

调查数据显示，有56.3%的教师很熟悉所教科目的知识，42.5%的教师大部分熟悉（表4—12），超过9成的教师熟悉任教科目的知识。同时，在对"上课前是否仔细推敲教材"的调查中，有58%的教师在上课前会经常仔细推敲教材和参考书，35.2%会较多地推敲教材和参考书，说明几乎所有教师都对教材和参考书进行了研究，并且熟悉教材知识。

表 4—12　　　　　　　教师对所教科目知识的熟悉度

	个案数（个）	百分比（%）
很熟悉	283	56.3
大部分熟悉	214	42.5
不熟悉	5	1.0
总计	502	99.8

在课堂教学中，教师所讲授的知识又有多少来自教材呢？通过调查显示，有14.3%的教师选择了100%来自教材，51.1%的教师认为自己课堂讲授的知识有80%以上来自教材，32.2%的教师认为有50%—80%来自教材，1.8%的教师认为只有30%—50%来自教材（见表4—13）。由此可知，尽管教师对教材知识很熟悉，也经常研究教材，但是大部分教师并没有完全忠于教材，而是选择性地供给教材知识，这表明，在知识供给中教师有自己的判断和理解，会对国家、地方供给的知识进行再加工并选择性地教授，教师是重要的知识供给主体。

表 4—13　　　　　　教师讲授的知识来自教材的比例分布

	个案数（个）	百分比（%）
100%	72	14.3
80%—100%	257	51.1
50%—80%	162	32.2
30%—50%	9	1.8
30%以下	0	0
总计	500	99.4

对教师知识有多少来自教材的差异比较中，从表4—14中可知，城市教师与农村教师没有显著差异（P=0.316>0.05），小学教师与初中教师有显著差异（P=0.000<0.05），语文教师与数学教师有显著差异（P=0.004<0.05）。从平均值来看，农村低于城市（2.18<2.24），可见农村教师所讲授的知识来源于教材的比例高于城市教师，农村教师更加忠实于传授教材知识。在中国当前的社会境遇中，农村教师的身份地位、福利待遇、工作环境都不如城市教师，这对农村教师的知识供给必然会产

生影响，而且农村非在编教师数量也大于城市教师，其工作量较大，然而认可度和成就感却偏低。通过与农村教师的访谈，了解到农村教师较少对学生进行课外知识补充，也较少对自己进行知识补充，农村教师也少有精力对教材知识进行批判性的思考。因而，农村教师的知识供给更多地来源于教材知识。小学低于初中（2.10＜2.36），小学教师相比于中学教师而言更加忠实于传授教材知识。这与初中阶段学业压力大于小学阶段有关，初中教师比小学教师需要补充更多的教材之外的知识。数学低于语文（2.10＜2.29），数学教师相比于语文教师而言更加忠实于传授教材知识，这与学科性质相关，语文属于人文学科，教师解读的空间较大。

表4—14　　　教师讲授知识来自教材比例的差异比较

	类别	个案数	平均值	标准差	标准误差平均值	F	t	P
您讲的知识有多少来自教材	城市	307	2.24	0.682	0.039	3.226	1.004	0.316
	农村	193	2.18	0.736	0.053			
	小学	278	2.10	0.683	0.041	10.426	-4.156	000
	初中	222	2.36	0.703	0.047			
	语文	315	2.29	0.705	0.040	8.229	2.938	0.004
	数学	185	2.10	0.685	0.050			

注：在分析当中，分别将"100%""80%—100%""50%—80%""30%—50%""30%以下"赋值"1""2""3""4""5"，平均值越低，教师供给的知识来自教材的比例越高。

（二）教师课外知识的供给情况

在教师对学生课外知识供给情况的调查中，从图4—7可知，有33.8%的教师选择"很充分"，57.8%的教师选择"一般"，很少补充和完全按照课本知识教授的教师都较少。这也进一步验证了教师知识供给主体的身份，教师并不是完全忠实于传达教材知识。

那么，教师是出于什么原因对学生进行课外知识供给？通过调查显示，有59.3%的教师认为原因在于教材知识内容少，有69.2%的教师认为原因在于教材知识缺乏生活性，还有31.6%的教师认为是由于教材知识不实用，有14.9%的教师认为是教材知识不严谨（见图4—8）。在前

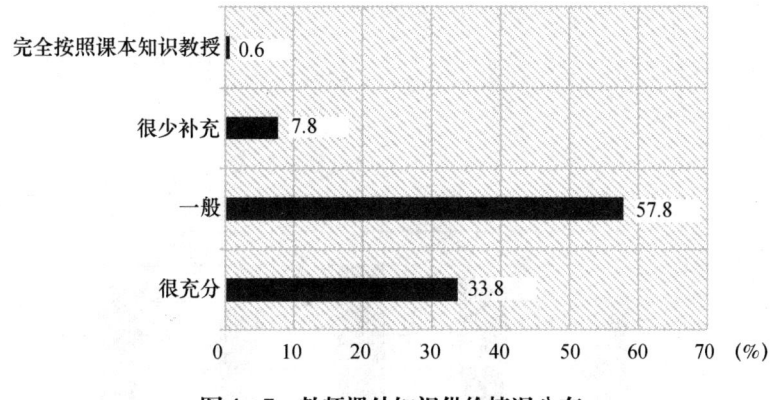

图 4—7　教师课外知识供给情况分布

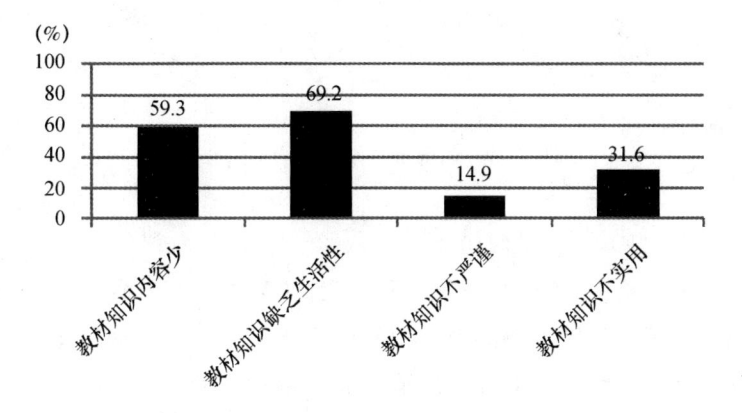

图 4—8　教师课外知识供给的原因分析

文国家层面知识供给的现状调查中，显示出减负政策实施以来，现在的教材知识大幅度缩水，瘦身成功，相应也带来系列问题，教材知识内容减少了，但是考试的竞争还存在，教师不得不补充教材之外的知识。此外，中国的教材知识一直以来都存在缺乏生活性和不实用的问题。由于中国知识供给体现学科本位，偏向将严谨的学科知识传授给学生，因而教材编制中更加重视知识的逻辑体系，知识教授中更加偏向书本知识、间接经验，加上中国的教材编制总体而言是自上而下地由学科专家、政府官员完成，因而教材知识出现缺乏生活性和不实用的问题在所难免。

教师的课外知识供给来源于哪些渠道呢？调查数据显示，上网查找相关知识是教师使用最多的方式，其次是查阅学科专业书刊，之后依次为自己经验体悟、与同事进行教学探讨、社会热点（见图4—9）。随着互联网与教育的结合，教师通过网上学习逐渐成为教师知识积累的重要途径。

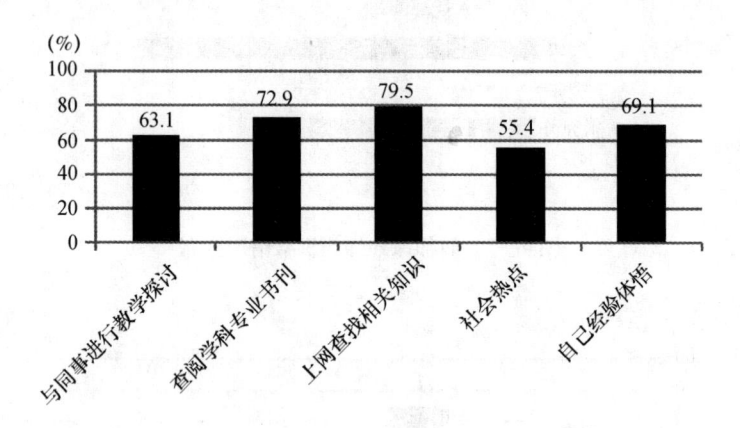

图4—9　教师课外知识供给渠道分布

（三）教师知识积累的途径

在知识供给中，教师的知识积累来源于哪些途径？这些途径对教师知识积累是否有帮助？教师希望积累什么类型的知识？通过了解教师知识积累的途径，能够帮助我们厘清教师知识积累的现状，并寻找促进教师知识积累的合理途径。通过图4—10、图4—11可知，学校还是有经常

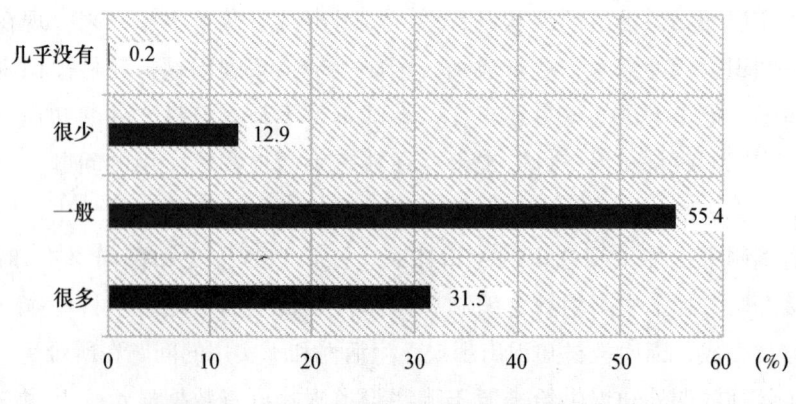

图4—10　教师所在学校给予教师培训的机会分布

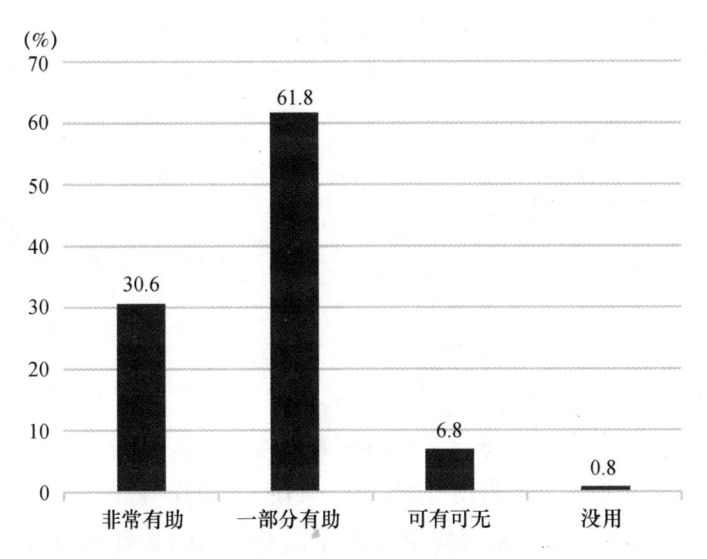

图 4—11 学校组织的培训对教师知识积累是否有助

组织教师进行培训，有31.5%的教师认为学校给予教师培训的机会很多，55.4%的教师认为学校给予教师培训的机会一般，教师也认可学校组织的培训对教师知识积累的帮助，30.6%的教师认为非常有助，61.8%的教师认为一部分有助。

不同学校、学阶、学科的教师所在学校给予教师培训的机会是否有差异呢？通过表4—15可知，在不同性质学校对教师培训机会的方差分析中，显著性为0.000，小于0.01，说明城市、农村教师在教师培训机会方面存在显著差异。在学阶对教师培训机会的方差分析中，显著性为0.000，小于0.01，说明小学、初中教师在教师培训机会方面存在显著差异。在学科对教师培训机会的方差中，显著性为0.039，小于0.05，说明语文、数学教师在教师培训机会方面存在显著差异。

表 4—15 不同学校、学阶、学科的教师培训机会的方差分析

		平方和	df	均方	F	显著性
不同性质	组间	21.032	1	21.032	55.502	0.000
	组内	189.472	500	0.379		
	总数	210.504	501			

续表

		平方和	df	均方	F	显著性
不同学阶	组间	6.596	1	6.596	16.175	0.000
	组内	203.908	500	0.408		
	总数	210.504	501			
不同学科	组间	1.791	1	1.791	4.290	0.039
	组内	208.713	500	0.417		
	总数	210.504	501			

通过调查进一步发现，在不同性质学校教师的培训机会方面，选择有"很多"培训机会的城市教师占比44.0%，农村教师只占11.4%，城市教师培训机会比农村教师高出许多（见表4—16）。在不同学阶和不同学科教师的培训机会方面，小学教师比初中教师有更多培训机会，数学教师比语文教师有更多培训机会。

表4—16　　不同学校、学阶、学科教师培训机会交叉制表

		很多[人数（人）/比例（%）]	一般[人数（人）/比例（%）]	很少[人数（人）/比例（%）]	几乎没有[人数（人）/比例（%）]	合计[人数（人）/比例（%）]
学校	城市	136/44.0	144/46.6	28/9.1	1/0.3	309
	农村	22/11.4	134/69.4	37/19.2	0	193
学阶	小学	103/37.1	151/54.3	24/8.6	0/0.0	278
	初中	55/24.6	127/56.7	41/18.3	1/0.4	224
学科	语文	92/29.0	177/55.8	47/14.8	1/0.3	317
	数学	66/35.7	101/54.6	18/9.7	0/0.0	185

教学研讨也是教师知识积累的重要途径，通过教学研讨，教师可以学习同行、专家的新知识、新经验，也可以了解他人不同的观察角度和观点，而且教学研讨总是扎根于基础教育的教学实践，研讨的主题基本都是围绕着教师知识供给中遇到的实际问题，因而对于教师的知识供给颇有助益。调查数据显示，有35.3%的教师认为学校一学期进行10次以

上教学研讨活动，21.1%的教师认为进行了8—10次教学研讨活动，可见教学研讨活动在中小学开展得较为普遍，基本达到了每月有至少1—2两次研讨（见图4—12）。教师对教学研讨活动的认可度也较高，33.8%的教师认为研讨活动非常有助于知识积累，58.1%的教师认为一部分有助，只有7.5%的教师认为可有可无（见图4—13）。可见，对于基础教育阶段的教师而言，教学研讨不仅是促进教师专业化的一种重要方式，也是教师知识积累的重要途径。

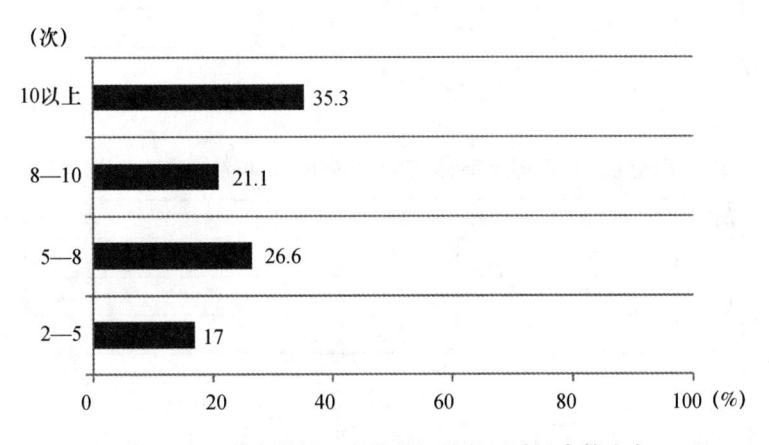

图4—12　所在学校一学期进行教学研讨的次数分布

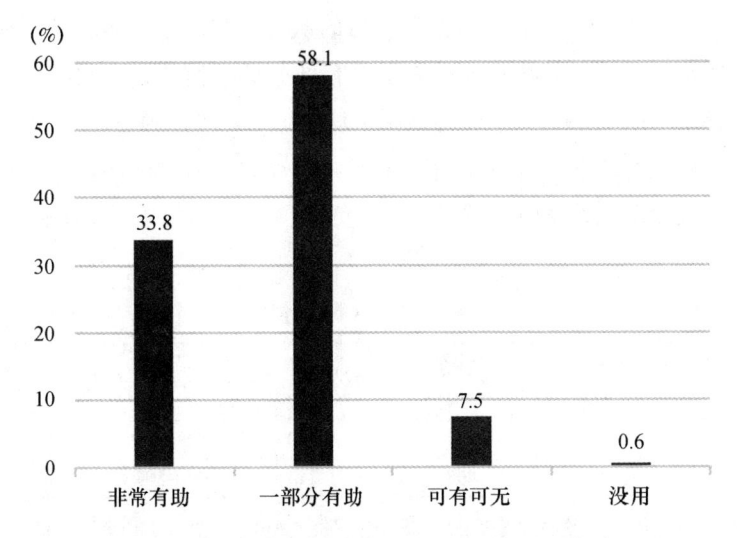

次数	百分比
10以上	35.3
8—10	21.1
5—8	26.6
2—5	17

图4—13　教学研讨对教师的知识积累是否有助

类别	百分比(%)
非常有助	33.8
一部分有助	58.1
可有可无	7.5
没用	0.6

然而，通过方差分析，城市、农村学校在进行教学研讨活动的次数及教学研讨是否有助于教师知识积累方面存在显著差异。调查数据显示，不同性质学校教学研讨活动的次数及对教师知识积累的帮助的显著性都为0.006，小于0.05，因此差异显著（见表4—17、表4—18）。

表4—17　不同性质学校一学期进行教学研讨活动次数的方差分析

	平方和	自由度	均方	F	显著性
组间	9.299	1	9.299	7.610	0.006
组内	600.007	491	1.222		
总计	609.306	492			

表4—18　不同性质学校组织的研讨活动对教师知识积累有助性方差分析

	平方和	自由度	均方	F	显著性
组间	2.769	1	2.769	7.482	0.006
组内	182.105	492	0.370		
总计	184.874	493			

通过进一步分析可知，农村教师一学期进行教学研讨活动次数的平均值大于城市教师（2.92＞2.64），农村教师进行教学研讨多于城市教师（见表4—19）。然而，农村教师对教学研讨的认可度却低于城市教师，在"学校组织的研讨活动对您的知识积累是否有助"的调查中，农村教师关于此项的选择平均值1.84，大于城市教师平均值1.69（见表4—20），可见，对于农村教师而言，学校经常举行教学研讨活动但是效率却不高，甚至在访谈中有些教师埋怨教学研讨成为教师的负担，占用教师的时间却无甚帮助。

表4—19　　　　　教学研讨活动次数描述统计

学校	平均值	个案数	标准差	最小值	最大值
城市	2.64	304	1.102	2—5次	10次以上
农村	2.92	189	1.110	2—5次	10次以上
总计	2.75	493	1.113	2—5次	10次以上

注：在分析当中，分别将"2—5次""5—8次""8—10次""10次以上"赋值"1""2""3""4"，平均值越高，进行的教学研讨活动次数越多。

表 4—20　　　　　研讨活动对知识积累有助性描述统计表

学校	平均值	个案数	标准差	最小值	最大值
城市	1.69	307	0.604	非常有助	没用
农村	1.84	187	0.616	非常有助	可有可无
总计	1.75	494	0.612	非常有助	没用

注：在分析当中，分别将"非常有助""一部分有助""可有可无""没用"赋值"1""2""3""4"，平均值越高，认为教学研讨活动对教师知识积累越没有帮助。

随着互联网时代的来临，互联网与教育的结合也越来越紧密。"互联网＋教育"促使教育也走上了"时髦"道路，一批新兴名词持续涌现，如慕课、微课、百度传课、翻转课堂、学习空间等，为教师的知识供给注入了新生机。调查数据显示，经常使用互联网查找知识的教师比例高达62.9%，32.1%的教师有时使用互联网查找知识，只有5%的教师很少使用互联网（见图4—14）。教师对互联网的认可度也较高，16.4%的教师认为总能在互联网上找到需要的知识，75.6%的教师认为大部分能找到（见图4—15）。因而，互联网逐渐成为教师知识积累的重要途径，如何利用互联网助益教师的知识供给将是知识供给研究的重要论题。

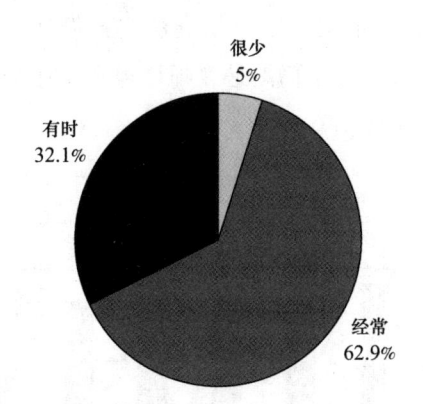

图4—14　教师使用互联网查找知识的频率分布

（四）教师知识供给的方式

教师在课堂教学中通过什么方式进行知识供给，是以讲授式教学为主，还是讨论式教学为主，或是有其他方式？教师是否会反思自身的知

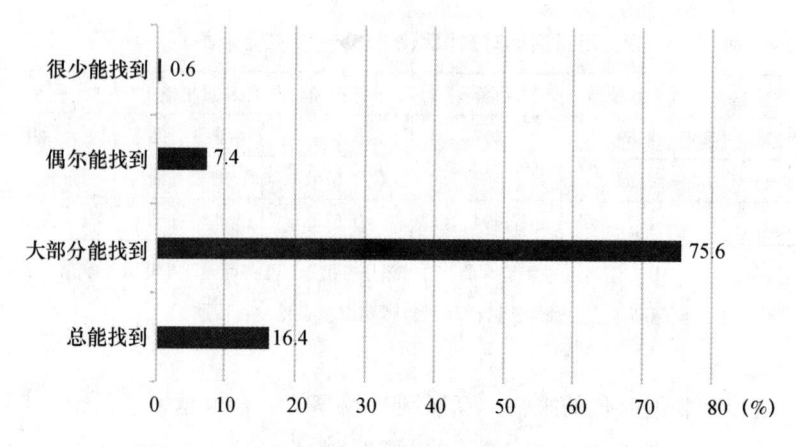

图4—15 教师是否可以通过互联网找到需要的知识

识供给方式？教师是否会根据教学实际积极探索新的知识供给方式？哪些因素影响了教师知识供给的方式？通过对教师知识供给的方式的了解有助于审视教师知识供给在课堂教学中的开展现状，发现其存在的问题，进而寻求干预的途径。

调查数据显示，教师知识供给最经常使用的方式是讲授法教学，高达86.3%的教师选择了此方式，其次是问答法，讨论法次之，之后依次是情境模拟教学法、演示法、读书指导法、案例法、实验法（见图4—16）。可见，传统的教学方法仍然是教师最经常使用的知识供给方式。在

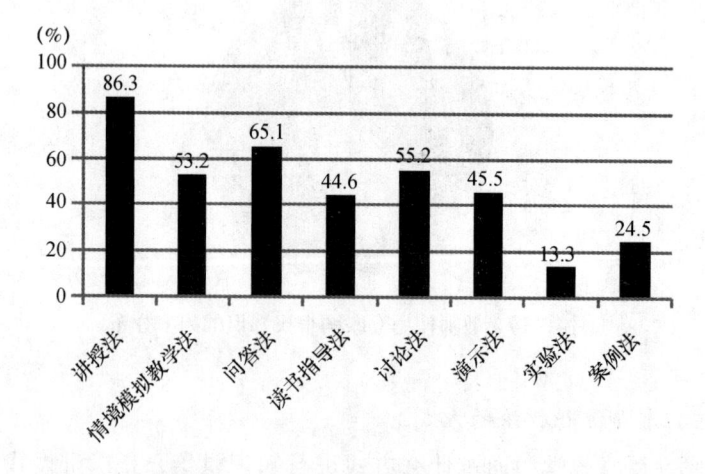

图4—16 教师最经常使用的教学方法

学生问卷中，面对"你喜欢老师如何组织教学"时，有86%的学生希望教师能够教授一些技能和方法，让学生自己发现问题，研究问题（见图4—17）。可见，教师知识供给的方式需要变革，新型的师生关系需要教师在知识供给时考虑师生权力的改变，需要教师转变教学方式以适应知识供给的新局面。

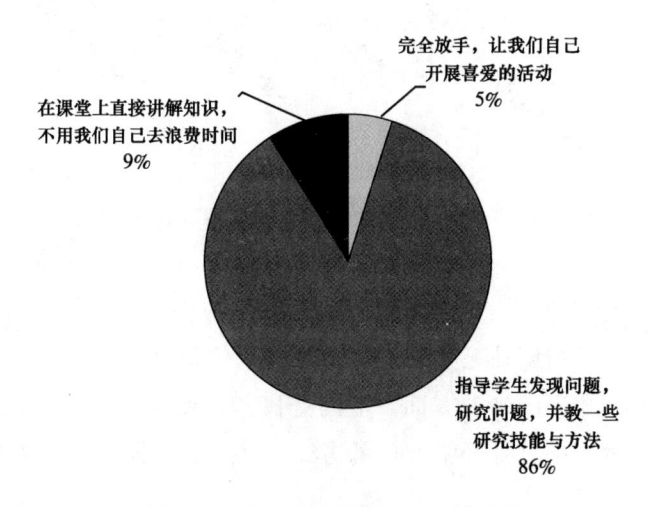

图4—17　学生喜欢教师如何组织教学

哪些因素影响了教师知识供给的方式呢？调查显示，时间和精力是影响教师知识供给方式的最大因素，教师往往因为时间和精力有限难以变革知识供给的方式，其次是教材内容和编排的合理性，之后才是学生的要求、自身对教学方法的熟悉度、学校或家长的要求（见图4—18）。可见，中小学任务繁重以及教材编排的体例是教师知识供给方式难以转变的主要原因。

通过问卷调查，可以得出如下结论：

1. 教师是知识供给的主体。尽管几乎所有教师都对教材和参考书进行了研究，并且熟悉教材知识，但是大部分教师并没有完全忠于教材，而是选择性地供给教材知识。在不同学校、学阶、学科教师供给的知识有多少来自教材的差异分析中，发现农村教师相比于城市教师而言更加忠实于传授教材知识。小学教师相比于中学教师而言更加忠实于传授教材知识。数学教师相比于语文教师而言更加忠实于传授教材知识。

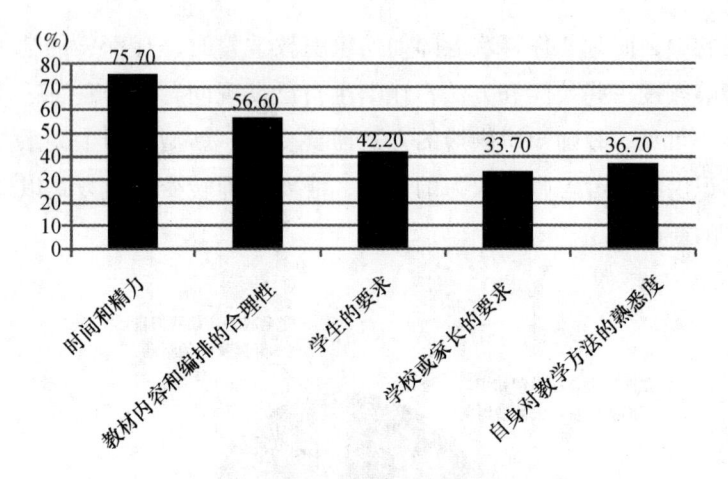

```
(%)
80  75.70
70
60      56.60
50
40            42.20
30                  33.70  36.70
20
10
 0
  时间和精力  教材内容和编排的合理性  学生的要求  学校或家长的要求  自身对教学方法的熟悉度
```

图 4—18　影响教师教学方法运用因素分布

2. 大部分教师都有对学生进行课外知识的供给。究其原因，教材知识内容少和教材知识缺乏生活性成为教师供给课外知识的主要原因。在教师补充课外知识的来源方面，上网查找、查阅学科专业书刊、与同事进行教学探讨等是教师经常使用的方式，其中，上网查找是教师最青睐的方式。

3. 教师通过多种方式进行知识积累，如教师培训、教学研讨、上网查找。城市教师培训机会比农村教师高出许多，小学教师比初中教师有更多培训机会，数学教师比语文教师有更多培训机会。农村教师进行教学研讨多于城市教师，然而，农村教师对教学研讨是否有助于知识积累的认可度却低于城市教师。

4. 教师知识供给最经常使用的方式是讲授法教学，其次是问答法，讨论法次之，传统的教学方法仍然是教师最经常使用的知识供给方式。然而，大部分学生希望教师能够教授一些技能和方法，让学生自己发现问题，研究问题。可见，教师知识供给的方式与学生的需求产生了矛盾。

三　教师知识供给的问题分析

教师已然是基础教育知识供给的重要主体，通过调查已知，教师不可能完全忠实地传递国家和地方供给的知识，而是会对知识进行增减、调整、变通和转换，因而国家和地方供给的知识能够进入且在多大程度上进入课堂，取决于教师。尽管，国家和地方供给的知识具有社会权威性，但是同一科目的不同教师实际上都在教授不同的内容，学生也在学习不同的内容。可以说，教师知识供给是进入到课堂教学实践的知识供给，属于微观层面。通过上述分析，教师知识供给的重要性已不言而喻，然而，调查显示教师知识供给存在一些问题。教师地位的矛盾性、身份的依附性、城乡教师差异性导致了教师知识供给陷入困境。

（一）地位的矛盾性限制了教师知识供给方式的变革

课程改革反复强调教师知识供给方式的变革，然而在调查中发现教师最经常使用的教学方式仍然是传统的方式。其实，对于教师而言，他不是不知道教学方式的改革对知识供给成效的影响，也不是能力所限，而是一些外在因素限制了其不愿意、不乐意去变革。这些外在因素可归纳为教师地位的矛盾性。

荀子曾称"天地君亲师"，又把君、师合而为一，以天地为生之本，以先祖为出之本，以君师为治之本，故以"上事天，下事地，尊先祖而隆恩师，为礼之三本"。[1] 孟子把师与君并立，称"天降下民，作之君，作之师"。[2]《吕氏春秋》言："君子之学也，说义必称师以论道，听从必尽力以光明。听从不尽力，命之曰背；说义不称师，命之曰叛。"[3] 可见，教师在中国古代的地位很高。之后，教师的地位虽几经波折，但尊师重教的理念始终占据主流。今天，中国已经把教师放到优先发展的战略地位，人们已经认识到教师的身份地位关系到教育的改革和发展，关系到民族的振兴和希望。教师职业被誉为"太阳底下最光辉的职业"，其地位也获得法律上的保障。

然而，在现实中，教师的地位表现出矛盾性。在社会学中，社会地位是指一个群体在社会中所处的社会位置，或是在社会等级体系或分层系统中的等级位置。社会地位的给定常与职业有关，而衡量一个职业的社会地位常常从这个职业所获得的经济收入和职业声望来评判。如果从这个角度来评价教师的社会地位，那么，教师的地位则陷入矛盾。一方

---

[1]《荀子·礼论》。
[2]《孟子·梁惠王》。
[3]《吕氏春秋·尊师》。

面,相关文件规定了保障教师的利益,人们在思想观念上也期望尊师重教。另一方面,教师在社会中的实际地位并不高。例如,国家虽然规定教师工资不低于公务员工资,但事实上,中国中小学教师的实际收入并未在相应程度上高于或等于公务员工资,教师的付出与收获并不对等。而且,教师的收入存在着地区和校际差别,经济发达地区的教师与经济落后地区的教师,城市学校的教师与农村学校的教师,重点学校的教师与一般学校的教师,其收入有着很大的差距。特别是广大农村学校的教师,不仅要面对落后的教学环境,还要承受城市文化的排斥。笔者的父亲就是一名扎根于农村教育的教师,从教已逾30年,从他的从教生涯中,笔者能很清晰地看到当前农村教师的困境。一所学校甚至连像样的黑板和桌椅都没有,教师的伙食只能由当地的村民提供,每周只有一趟拖拉机从村里开往城镇。每次教师培训,农村教师往往受到排斥,这种机会多数留给城镇学校,或是少数农村学校。笔者曾经问过父亲,是否埋怨农村的教学环境。父亲无奈地回答,农村需要教师,安贫乐道未必不可,但不患寡,而患不均。这恐怕是广大农村教师的心声吧!虽然,教师的收入已有很大提高,但愿望与现实之间总是有些距离。有人曾在2015年时统计,教师的行业收入排在10名之后,平均寿命只有58岁,职业枯竭病的患病率最高,同时也是社会动荡时受冲击最大的群体。[①] 清心寡欲、两袖清风,通常是教师留给人们的形象。然而,基本的物质生活没有获得保障,希冀教师打破个人习惯变革传统的知识供给方式,期望教师沉心静气研究知识供给就成了空中楼阁。孔子虽然强调个人修养人格的塑造,但似乎也并没有否定个人基本需要的满足。如果教师的职业要求不符合教师的实际社会地位,那么,对教师的期望也就成了理论上的口号而已。

(二)身份的依附性导致教师知识供给缺乏独立精神

对于教师职业的对象而言,教师面对的是一个个鲜活的个体。所谓"教,上所施,下所效也","师者,人之模范"。[②] 教师与其他职业的最大区别在于,它是培养人的职业,教师的劳动对象是未成熟的

---

① 新浪网:《教师的真实地位》(http://www.zxxk.com/Article/0508/4609.shtml)。
② 《法言·学行》。

"人"。教师的思想、学识、言行、人格,会通过供给知识的方式或潜移默化的方式对学生施加影响。作为学生发展道路上的"重要他人",教师起着不可低估的作用。由此,齐格蒙·鲍曼赋予教师"公共知识分子"的身份,即教师应该充当的是真理的化身、道德法庭的审判员与艺术趣味的裁决者,在知识供给过程中要有独立精神,不盲从、不跟风。然而,有些教师在知识供给中却缺乏独立精神。在调查中,虽然大部分教师没有忠实地供给教材的知识,然而主要原因却是教师认为教材知识少和教材知识缺乏生活性,很少教师去质疑教材本身的体例和知识逻辑方面的问题。当然,这并不是否定教材知识供给的科学性,而是强调教师在知识供给中不能盲从教材,教材提供的仅仅是知识供给的框架、思路之一,只是这种框架、思路经过权威认证。正如在第二章"国家层面的知识供给"中,笔者和某位数学教师的访谈,问及"您认为所教的数学课中的知识主要是谁的知识呢?"这位教师的回答是:"应该是教科书中的相关知识,我是按照教学计划进行教学的。"可见,这位教师既缺乏对教科书的质疑,也没有清醒地认识到教科书背后的权力关系。

传统上,我们将教育归于上层建筑,人力资本概念提出之后,也有人将教育归于经济基础部分。此外,也有人持中和的观念。但无论如何定位,政治影响教育的观点是没有人否定的,尤其是学校教育出现后,教育作为一种权利,其主导权始终为统治阶级控制并为之服务。用历史的眼光分析各个时期教师的职业价值,可以发现,一直以来对教师职业价值的重视往往在其承担的社会功能,注重的是教师社会工具价值的实现,教师只不过是社会培养所需人才的代言人、执行者,没有自己的独立性和自主性。作为教育活动的实施者,教师承担着传递和创造知识的使命,因为其身份的重要性,历史上各个时期的统治者从未放松对教师职业的控制。原始时期,"师"就是那些掌握文化特权的部落、酋长或巫。有文字记载的"师"最初的指向是掌管军队的军事官,东汉许慎《说文解字》称:"师,二千五百人为师";"师,众也,众则必有主者,师之言帅也"。[①] 随着时间的推移,"师"的职责开始发生转移,不再是

---

① 崔枢华、何宗慧:《标点注音说文解字》,北京师范大学出版社2000年版,第249页。

主管国家的军事事务。从夏商周开始,"师"就是我们今天所理解的"教师",主管教育。不过,夏、商、周三代实行"官守学业"、"学在官府"的制度,奴隶主贵族垄断教育,政教合一,官师一体,也就是所谓的"学即其政,政即其学",目的是"养士",从中培养、选拔维护统治的继承人。而官学中教师的身份其实是政府官员,他们的来源一般有四个途径,一是官方选拔的教师,二是为官多年到年龄退休回家的官员,三是仕途不顺转而教书的儒生,四是通过私学代代相传的读书人。对于这些教师,可以称作"教官"或"学官",其职责就是帮助统治者培养人才。这些教师往往为政治权力所用,其地位也随着政治权力的兴衰而改变。之后,随着察举制、征辟制、九品中正制以及科举制的产生,教师的权力以及地位就更加被统治阶级严格控制。

上述教师身份对政治的依附性,一直持续至今。在当今教育系统中,无论是受雇于公立学校还是私立学校,教师的一个重要职责便是传达社会主流的价值。只不过当前政治对教师的控制,是通过一系列的制度控制着教师,相对来说比较"含蓄",而不似古代那么赤裸裸。正如迈克尔·W. 阿普尔所指出:"我坚决认为教育并非一个价值中立的事业,就教育制度的本质而言,无论是教育工作者是否意识到,他们已经被卷入一项政治活动。"[①] 因此,"什么知识最有价值"在学校教育中已经不是关键,关键的是"谁的知识最有价值"。

其实,教师身份的依附性背后隐藏的是权力的博弈。马克斯·韦伯早就指出,现代合法统治类型是"法理型统治",即国家依靠法律和契约运行,它虽然不同于古代的依靠个人力量(即统治力量来源于个人,如依靠卓越的才能取得统治地位或因世袭获得统治地位),但它同样是为了维护本阶级的利益,同样是一种权力控制。[②] 米歇尔·福柯等人甚至把权力问题普遍化,认为制度化、理性化不过是一种新的权力技术而已。皮埃尔·布迪厄也提出场域理论,认为社会由一系列的场域构成,如政治场域、经济场域、教育场域等,在这些场域中,政治场域是元场域,所

[①] [美]阿普尔:《意识形态与课程》,黄忠敬译,华东师范大学出版社2001年版,第1页。
[②] [德]马克斯·韦伯:《学术与政治》,冯克利译,生活·读书·新知三联书店1998年版,第37页。

谓元场域即指对其他场域有着不可避免的影响作用。这也就表明，教育场域要受到政治场域的制约，"任何一个场域说到底是受到元场域——权力场、政治经济场的制约"①。这种权力博弈的后果是，学校成了权力渗透的载体，权力侵入了生活世界的公共领域，导致生活世界的殖民化。在学校教育中，教师的教学、行动乃至思想都受到严格控制，就如米歇尔·福柯所说的"学校就是一个监狱、军营"，成功地对人进行控制与"规训"，而其控制与"规训"的手段就是"层级监视""规范化裁决""检查"。② 在权力的作用下，教师失去了独立人格，在知识供给中缺乏批判精神。

（三）城乡差异导致农村教师知识供给陷入困境

城乡差异导致了农村教师知识供给与城市教师知识供给表现出差异。无论是对待教材知识的态度还是教师培训的机会、教学研讨的效率上都表现出城乡差异。农村教师更加忠实于传授教材知识，这意味着农村教师相比于城市教师而言对教材更加盲从，缺乏独立思考和批判的精神；农村教师缺少培训机会，意味着农村教师知识积累的途径相比于城市教师而言更加狭窄；农村教师教学研讨多但是效率不高，意味着农村教师的知识积累的途径单调，只能通过简单的教学研讨来实现。种种迹象表明，农村教师知识供给存在多重困境。

与城市教师相比，农村教师工资待遇偏低，在笔者调查的学校中，农村教师的报酬是城市教师的 2/3 左右，据 2013 年调查显示，在湖北省长阳、洪湖、通山、崇阳、枣阳、罗田、天门、沙洋等多地都相继发生了教师停课、上访事件，这正是"农村教师待遇不高，一些地方教师政策不落实、不配套"所导致的。③ 不仅如此，农村教师的福利缺乏保障，他们评选奖金和评优的机会也不如城市教师，连外出培训的机会也低于城市教师，无法享有与城市教师同工同酬的公平待遇。

在社会地位方面，农村教师普遍认为自己处于社会底层，与城市教

---

① 朱国华：《权力的文化逻辑》，上海三联书店 2004 年版，第 185 页。
② [法] 福柯：《规训与惩罚》，刘北成等译，生活·读书·新知三联书店 2007 年版，第 57 页。
③ 龚雪、梁炜：《我省出台一揽子教育改革方案》，《湖北日报》2015 年 12 月 13 日。

师相比，农村教师的政治地位偏低，他们得不到如城市教师一般的身份认可，得不到社会的承认，甚至一些家长和学生也不支持农村教师的工作。在经济地位方面，农村教师处于弱势阶层。在文化地位上，农村教师作为知识传递者的身份越加模糊，知识的专业性被不同程度的削弱，逐渐沦为文化的边缘者。这种身份矛盾带来的巨大生理心理压力给农村教师群体带来严重的危机。

可见，当前中国农村教师面临着诸多的问题，这些问题影响到教师在知识供给中的作用，而产生这些问题的原因主要有以下两点。

1. 长期城乡二元结构的矛盾

城乡二元结构，是指"在发展中国家由传统农业经济向现代工业经济过渡的历史进程中，必然出现农村相对落后的生产和生活方式与城市不断进步的现代生产、生活方式之间的不对称的组织形式和社会存在形式"①。城乡二元结构形成于中国特定历史时期，其间经历了复杂的演变过程，最终造成现今城市和乡村在教育上的分离、分化，进而给农村教师带来一系列的突出问题。

首先，在城乡二元结构下，"以城市取向"为主的教育政策体制和财政体制是农村教师生存困难的主要原因。以义务教育为例，在20世纪80年代，中国义务教育实行中央领导、地方负责、分级管理的体制，具体表现在城市义务教育主要由政府办，财政拨付成为主要的教育经费筹措；农村义务教育则由农民办，教育经费主要由乡镇和农民承担。与城市地区相比，农村地区经济发展水平不高、财政不足，分级办学的经费加大了农民的负担，农村义务教育经费长期处于短缺状态。在教育经费供需矛盾突出的特殊情况下，乡镇学校不得不降低教师福利待遇，甚至聘请大量的临时代课教师来补充师资，从而带来诸如农村地区教师队伍建设困难、教师整体待遇不高等问题。不仅如此，政府集中力量加强重点中小学的建设进一步拉大城乡教育的差距，使优质的师资力量主要集中于城市地区，而对于农村，在不公平的政策待遇之下，优秀教师大量流向城市，进一步加剧农村教师的匮乏。

---

① ［德］哈贝马斯：《公共领域的结构转型》，曹卫东等译，学林出版社1999年版，第196页。

其次，城乡二元结构下坚持效率优先、公平缺失与城市偏向的中小学教师编制政策严重制约农村教师获取身份认可的途径。随着城镇化进程的加快，人口流动加大，教师编制呈现出整体偏紧，城乡标准严重倒挂的不平等局面。这主要表现在同类型学校不仅在农村、县镇与城市教师编制标准有别，而且农村学校教师编制标准反而较县镇、城市学校的编制标准偏低，这导致农村教师代课教师大大增多。在笔者调查的1所农村小学中，共有教师77名，有编制的教师54名，无编制的代课教师竟有23名，接近占全体教师的1/3，这些代课教师多由考研不顺或就业不顺的毕业学生担任。这种编制体制与中国广大农村地区师资匮乏、生源分散等客观条件严重相违，并加剧城乡教师编制的倒挂现象。对于农村教师特别是农村代课教师而言，他们得不到国家和社会同样的认可与支持，享受不到政府同等的福利待遇和优惠政策，这使得他们在承担大量教学的同时又不得不考取编制，加上各地编制数量下降，部分贫困地区为了节省财政开支，"占编""压编""有编不补"等现象屡见不鲜，教师编制对他们来说更是捉襟见肘。

最后，城乡二元结构下资源分配的不均衡、严格的户籍管理制度是导致农村教师出现结构性失衡和大量流失的直接原因。城乡二元结构下的城区学校所拥有的办学资源、教育教学设施等硬件设施远远高于农村学校，而位于偏远地区的农村教学点，由于资源的严重匮乏、教育教学设施不足、师资配置的不合理等因素，不仅加大农村教师教学的困难，而且严重制约农村教师素质的提高及培训机会的获得。除此之外，在严格的户籍管理制度下，中国人口分为农村人口和城市人口，教师分为城市教师和农村教师，使得持有农村户口的众多教师迁入城市的渠道受到严格的限制和自由，不能和城市教师一同享有医疗、养老、失业等各种保险及优惠待遇，特别是农村代课教师，其医疗保险、住房公积金等政策性福利普遍不能得到完全保障，这些因素直接造成农村教师的大量流失。

2. 农村教师的身份认同

农村教师的身份认同问题是导致这一群体文化身份被消融、教师主体被限制、主观体验被剥夺的主要原因。正是因为他们的文化身份、专业身份、社会身份及个体身份得不到普遍认可，才最终导致农村教师面临身份矛盾和身份尴尬两难问题。

　　首先，作为知识分子，农村教师的文化身份被标准化，内在的精神存在灰飞烟灭。文化蕴含着"天性"和"本性"，哈贝马斯把文化定义为"个人关于他们自己和他们周围世界所抱有的一整套主观意义"[①]。可见，文化是行动的一种信念、意义和价值观念，作为教师，作为以知识为职业的知识分子，农村教师的文化身份代表着自身的思维方式和价值观念。然而，当前农村教师文化身份的不断消融，很大程度上是因为我们习惯将农村教师当作"雇员"来看待，要求他们无偿扎根于农村地区，要求他们牺牲自身的价值来弥补外在条件的不足，内在的文化和精神不复存在。在这样一种境况下，农村教师知识分子的身份已经自行消融，在城市化、工业化和市场化的浪潮下，农村教师文化知识的专业性被不同程度的削弱，他们甚至沦为地道的"万金油"，沦为文化群体中的低层和边缘群体。通过对农村教师的访谈，发现不少农村教师存有放弃岗位的想法，而在现实中也存在农村教师或是流向城市，或是转岗从事其他职业，或是下岗经商等现象。我们一方面强调要教师坚守操守，扎根农村教育，重视农村教育；另一方面却忽略了农村教师也是富有文化的独立个体，拥有自身的文化自觉和思维，试图标榜城市文化的优越性，以城市文化引领或取缔农村文化。

　　其次，作为专业引导者，农村教师的教师主体身份与专业身份被限制。教师的专业身份认同是在与他人的交往中形成和重塑的，除了以拥有专业知识的多少和扮演的角色来判断以外，还应该将专业自我纳入其中，这样才能达到一种动态下的平衡。反观当前的农村教师，其专业身份得不到社会和家长的支持。社会将农村教师看作"公仆"一般耗竭式的使用，甚至使他们成为"教师打工族"；家长将农村教师看作"替代性家长"，那些外出务工的家长更是将孩子的一切交由教师，当孩子出了问题反过来归咎于是教师的原因。因此，任务重、责任重、压力大几乎成为农村教师的代名词。由此，农村教师群体成为"农村社会中最忠诚的

---

① ［德］哈贝马斯：《公共领域的结构转型》，曹卫东等译，学林出版社1999年版，第196页。

'安贫乐道'的守护者,成为弱势身份的固化者"[①]。

再次,作为世俗的个体代表者,农村教师情感体验的差异性被压迫,消极的职业认同和缺失的情感归属处于支配地位。教师作为独立的个体,有自己的生命体验、价值追求与情绪,这也是教师专业身份的一部分,更是教师身份差异性的体现。然而当前,农村教师普遍存在矛盾、失落的情感情绪,特别是当全社会对农村普遍持有一种贫穷落后的意象时,农村教师很容易为自己的身份赋予消极的意义。加之国家对农村代课教师清退政策的实施、明显的教师分层及微薄的薪资待遇这些外在因素的"压迫",都让农村教师的情感体验单一化,对自身的专业身份产生怀疑、矛盾和不确定性。

最后,农村教师面对的职业群体多是留守儿童,面对的家长其文化水平和人品修养参差不齐,更是加深了农村教师对自身职业的消极认同,很多农村教师找不到自己的情感归属,得不到作为教师应该收获的满足感与成就感。

可见,农村教师在知识供给中面临的困境与城乡二元结构体制及身份认同危机息息相关。其中包含的问题和矛盾盘根错节、相互纠缠。尤其是在推行知识供给改革的今天,农村教师的问题更是成为亟待解决的关键,这既是一个历史遗留问题,更是一个现实问题。

---

① 李金奇:《农村教师的身份认同状况及其思考》,《教育研究》2011 年第 11 期。

第五章

基础教育知识供给的干预机制

国家层面知识供给、地方层面知识供给、学校层面知识供给分别存在相应问题。问题的产生常常是由于不同主体的权力相互矛盾、冲突、博弈。知识供给是各方主体的行为，而任何主体的行为都会受到决策、相关利益、代表的立场等因素影响。除此以外，市场制约也是重要方面，因为伴随市场经济体制的确立，市场对知识供给的规约也不可避免，如一些出版机构侵入知识供给。因此，在提出基础教育知识供给的干预机制之前，先来了解基础教育知识供给中的权力机制。

第一节 基础教育知识供给的权力机制

一 国家权力的支配

在基础教育知识供给中，存在着各方权力，如各级政府权力、各利益集合体的权力、专家学者权力及知识出版机构的权力等，各方权力并非简单相加，而是处于不断斗争与妥协之中，但国家在各方权力中处于支配地位，发挥着主导作用。正是国家权力的支配决定性地位，使知识供给能够在统一的标准下施行，避免各地区知识供给参差不齐。但也由于国家权力的支配，导致了知识供给的有限性、标准化以及政治化。

（一）意识形态：统治阶层掌控的外衣

意识形态与国家权力紧密相连，意识形态不仅是国家权力支配的集中表现，同时也贯穿知识供给过程的始终。意识形态由法国思想家特拉西提出，指观念的科学。在 W. 阿普尔看来，意识形态包含了权力冲突，是反映特定阶层（集团）利益或价值取向、指导人们行动的观念，是运用权力的一种形式。在教育领域，国家正是借助意识形态从各个方面对知识供给进行掌控，最终使知识供给成为意识形态再生产的有效工具。

首先，意识形态成为国家控制知识供给的有效手段，导致课程和教科书充满政治性。国家权力的合法化需要获得人们在认知、价值观、信仰等理念方面的支持，基础教育知识供给在这方面发挥着关键且有效的作用。通过教育中的知识供给，国家意识形态得以传播，并推广至社会，以便全体社会成员接受，在此过程中，国家权力得以合法化。因此，国家会紧紧控制知识供给，在知识供给中渗透意识形态。这种带有意识形态的知识，以课程和教科书的形式进入教师和学生视域时，便充满了政治性。前期问卷调查的结果及对教科书内容的分析，不约而同地反映出基础教育知识供给竭尽全力地使学校的课程及教科书体现当前的执政倾向，体现主流阶层的价值观和意志。

其次，国家借助意识形态对基础教育知识供给全方位的控制导致知识供给单一化和专制化。中国教育部发布的课程标准、课程结构、课程管理、课程评价等文件中，都渗透着意识形态，这些政策文件、官方指令全方位地控制着中国的知识供给。研究表明，随着现代社会发展的日益民主化和信息媒体的快速发展，国家借以意识形态对知识供给的控制越来越隐蔽。中国历史上秦朝的"焚书坑儒"、汉武帝时期的"罢黜百家、独尊儒术"一直到始设于隋朝兴盛于唐朝的科举制度，是国家意识形态下毫无遮掩的强控制；而在现代社会中，这种强控制的方式则转化成了深隐的软控制，掌控着知识供给中知识的生产、组织、分配等供给过程，迫使知识供给的渠道越来越单一，自由的知识供给难以实现，导致进入教育领域中的知识越来越固定化，知识产生的思维方式越来越简明化，最终造成基础教育知识供给成为生产机器的流水线似的工作，失去供给价值及应有意义。

最后，国家意志在意识形态中的过多干预导致知识教学的异化。意识形态作为思想体系中的一大部分，它不仅作用于课程和教科书，也作用于教师和学生两大主体，当国家意志被过多赋予在意识形态中时，不仅造成知识供给中知识的逐步异化，而且引发师生知识教学的困境。基础教育知识供给中的知识经过筛选、组织及分配，最终目的是要供给给教师和学生使用,然而,国家意志的过多赋予使教师和学生失去知识授受过程的主动权,失落的教师及学生在知识授受过程中只是"体现统治阶层的意识、政党利益、国家意志或所谓民主国家的依然令人质疑的大多数利益的'脑中之轮'"①,此时的知识教学也转而成为实现主流意识形态确切外化的工具。当教师和学生在知识教学中,长期面对着特定价值观、宏大的精神建设和集体意识时,当供给的知识转化为控制人的思想、麻痹人的意志甚至操纵着人的行为时,知识供给只会塑造情感冷漠、随波逐流的个体。

(二)权力运作:集团内部博弈的本质

在国家权力的强烈干预下,基础教育知识供给中各方利益集团的博弈也在悄然发生,因利益和价值观念的差异导致的冲突不可避免,此时国家的权力运作成为有效缓解各方利益集团矛盾的有力武器。

国家权力在各方利益集团内部的博弈中占据主导地位,这集中体现在两方面。一方面,国家权力对外的支配性是国家权力运作的特点之一,此时国家教育行政机关代表着国家执行相关权力,各级教育行政部门均处于协同配合的从属地位。由此,国家权力支配下的各级教育行政部门一起织就网罗知识资源、课程专家、出版机构等于一体的网络。在由各方利益集团编制的网络中,国家权力的支配地位不断地深入社会的每一个领域、每一个阶层中。如中国目前义务教育阶段中课程目标、课程结构、课程标准、教材管理、教材审定、出版审查等都要严格执行国家规定,这也是地方层面知识供给中课程和教材被严重权力化的原因。另一方面,国家权力占据主导地位还体现在对内的递减性,即国家权力赋予教育部门的权力随着教育行政部门行政级别的降低而逐次递减。这既是国家权力在教育领域下放的体现,同时也是迫使各个地方教育部门严格执行上层规定的有效手段。随着教育行政部门行政级别的逐次降低,其地方的教育资源、行政资源、知识开发资源、资金资源等都受到不同程度的限制,这使得它们在执行相关决策时,更多的是遵从国家的规定,而学校在知识供给中的权力,更是处在各个层级下的底端。正是因为这种权力的递减性,导致了知识供给中地方课程不足、校本课程不受重视

---

① 湛卫清:《人权与教育》,北京师范大学出版社2009年版,第143页。

的结果。

（三）专家：政策精英的集中代表

课程和教材最终得以分门别类的作为官方知识呈现在教师和学生视野中，与课程专家、课程开发者、教研员等密切相关，这些干涉知识的生产、对知识进行加工、分配的专家是知识供给的重要力量，同时也是"政策精英"[1]的一部分，他们拥有参与政府决策的权力，具有深入的专业知识，是真理和知识的合法代言人，是联结政府和社会的纽带，在知识供给中充当着政府官方代言人。

专家成为"政策精英"的集中代表有其原因。首先，国家在基础教育知识供给中，不会直接参与课程知识的具体编撰，而是会成立专门机构、委托他人来完成，而专家具有专业的学科知识和教育知识，适合承担课程编制的工作。其次，专家的学术地位和社会威望决定了由其编制的知识更容易获得公众认可。因此，专家成为知识供给中的重要群体，国家成立由专家组成的各种机构，如中国课程教材研究所、各级教研部门、教材研究所等，这些机构共同承担起开发、组织和分配知识的职能，如教材的编写，要将不符合国家和社会主流价值观的知识进行巧妙地剔除，将不代表主流阶层的知识排斥在书本之外，甚至将社会问题、社会矛盾也关闭在基础教育知识供给的大门外，给学生提供的是经过仔细加工、貌似理想平和的知识。同时，由专家组成的机构还承担着评审评估职能，所编写的教材要经过严格的编审、复审等一系列流程才能最终供给给学生使用，这既是对专家的审核，也是对教材和课程总体控制的表现。

显然，专家作为政策精英的集中代表，在知识供给中发挥着不可忽视的作用，承担着知识组织、教材编写、课程管理等重要职能，并成为国家实施控制的有效手段。

二 地方权力的管辖

除了国家，地方政府也是基础教育知识供给的权力主体。地方政府通过对所属辖区学校和教师的管理，在知识供给中传达着自己的权力。

---

[1] 吴华：《课程权力——从冲突走向制衡》，博士学位论文，东北师范大学，2008年。

（一）学校：知识供给合法化的优先场所

在知识供给中，学校发挥着重要的作用。作为一种特殊的组织机构，学校有计划、有组织地进行着系统的教育活动。同时，学校还处于一种社会关系之中，这集中表现在学校与其他组织之间的关系，比如学校受到地方政府的约束，离不开地方政府的组织和调控，总体上，地方政府与学校是控制与依附的关系，正因为如此，学校并未脱离地方政府的掌控，更不是孤立地安置在社会之中。

学校成为知识供给合法化的优先场所，究其原因，主要表现在以下两方面：一方面，学校的特殊地位和性质使其成为知识供给的最佳选择。学校处于地方政府的掌控之中，学校按层级隶属于各级行政组织，此时的学校不仅仅是作为教育场所发挥着育人的作用，更是地方政府行政组织的延伸。因而，处于地方政府之下的学校不仅联结着上级行政组织，更好地为政府传递特定价值观，更有效地进行着知识的"积累、合法化和生产"[1]，而且处于特殊关系之中的学校成为知识输入和输出的中介，地方政府先将所供给的知识筛选出来，然后通过学校以课程和教科书的形式传入到教师和学生手中，进而将供给的知识渗透进学生的认知，塑造着教师及学生群体，完成知识的供给。同时，学校还是各种制度的集合体，是国家政治经济制度的体现，学校"以何种方式进行组织、运作是否成功，在很大程度上反映了其所处的制度环境"[2]，如盛行于中国唐朝的科举制和明朝的"八股取士"的选士制度，便体现出教育制度与政治制度的密切关系。另一方面，学校成为知识供给合法化的优先场所是教育民主化发展的必然结果。学校作为知识供给中的一个重要权力主体，不仅仅是知识输入和输出的中介，更包含多方权力主体在内，教师和学生权力主体便是最好的例证。学校成为知识供给的场所既避免了政府权力的过度集中，又为教师和学生权力主体之间的交流和对话创造了最有效的平台，同时也为社会群体成员完成相应的资本积累提供了机会。由

---

[1] [美]阿普尔、马和民：《国家权力和法定知识的政治学》，《华东师范大学学报》（教育科学版）1992年第2期。

[2] [美]约翰·E.丘伯、泰力·M.默：《政治、市场和学校》，蒋衡等译，教育科学出版社2003年版，第3页。

此，学校顺利地将代表主流阶层的知识供给给教师和学生，一旦供给的知识被这些群体所拥有甚至认可，他们便顺理成章地认为学校是公正而民主的管理，所供给的知识也是不容置疑的。

可见，学校不仅代表着地方政府实施知识供给，而且成为知识供给中一个重要的合法化的机构，而这正是知识供给问题产生的因素之一。

(二) 教师：委托的知识代言人

在基础教育知识供给中，教师是知识供给的最终落实者，也是政府委托的知识代言人、体制内的践行者，因而要对知识供给背后的权力博弈展开深入分析，对教师在这一供给过程中所扮演的特殊地位和角色的深度分析必不可少。

教师成为政府委托的代言人，具有必然性。国家和地方政府选择学校进行知识供给，成立专家委员会和机构对知识进行筛选、组织和分配，但他们却不可能直接进入学校教育中的课堂，对学生的知识学习直接施以控制，此时教师便成为最佳选择，成为直接参与课堂中知识传授的代言人。此外，教师获取教师资格的重要标准之一便是教师的思想观念必须符合社会主流阶层，教师的学历、职称、职务层级等都是国家和地方政府控制的方式，即便现今社会发展日益民主化和开放化，教师作为委托代言人的角色在不同程度地弱化，然而教师传递符合主流价值观的知识仍然是毋庸置疑。不仅如此，在知识供给中，教师是地方政府委托的知识代言人，但教师的权力却是有限的，在被赋予教学权力的同时却遭遇着受权的困境。当学校教材中的知识被视为一种"法定的教育要素"或"法定的知识"[1] 时，很多教师因处于权力结构中的底层和缺乏课程知识开发技能，无法批判性地看待教材和课程中的知识，更难以获取知识供给中有关课程决策、课程设计的权力，这也导致教师在知识教学中难以跳出教材和课程的框架，只能照本宣科，这也是为何教师会无意识地传递思想性内容的原因所在。

总之，教师在知识供给中扮演着知识代言人的角色，在课程知识、知识授受等方面都隐含了国家和地方政府的控制，他们所传递的知识内

---

[1] 任娟、袁顶国：《论教师课程权力实现条件的现实困境与保障机制》，《当代教育论坛（综合研究）》2011 年第 2 期。

容必须符合社会主流价值观。

三 社会控制的要求

国家权力的运行、地方政府的管辖都置身于广阔的社会环境中,所以社会控制也是影响知识供给的重要权力因素。

(一) 社会文化:复制社会阶层的工具

社会文化是基础教育知识供给的重要资源,知识经过筛选、加工、组织、分配最终成为课程和教科书中的特定内容时,也包含了对社会文化的适应和排斥。知识筛选的过程反映出对特定文化的认同与传承,对非主流文化的抵制与排斥,此时的课程和教科书履行着"传声筒"[1] 的角色。

社会文化在知识供给中成为复制社会阶层的工具,主要体现在社会文化的商品化及其文化霸权的本质。社会文化的商品化主要是指"某些社会团体可以将文化转化为一种商品并将其积累起来,变成'文化资本'"[2]。在学校教育中,分门别类的课程代表了不同类型的知识,同时也代表了不同的社会文化。通过对教科书的文本分析,发现教科书更多地呈现来自社会主流群体的文化,忽视来自社会底层的文化。对社会主流文化的偏向有利于位于上层社会的学生,这是因为以课程为主的教育知识的"代码"实质上就是"社会文化'代码',教育知识代码的选择、传递过程是对现实文化规范的确认、传输和再生产的过程"[3],处于上层的学生拥有更多文化资本和社会资源,他们对主流文化的适应超过处于下层的学生。因而,知识供给对社会主流群体文化的偏爱导致来自社会主流群体的学生在教育中更容易获得成功,由此进一步影响了其未来社会地位、社会身份的获取,如此原本的社会结构获得了加固,社会阶层通过知识供给中的社会文化实现了复制。除此以外,社会文化成为复制阶层的工具表现在课程作为文化霸权的本质。课程发展的历史表明,课程是统治阶层实现权力、传递特定价值观念的有效途径,而课程中的知

---

[1] 王艳霞:《课程中的文化选择研究》,博士学位论文,中央民族大学,2007年。
[2] 应建庆:《教育中的知识合法性:阿普尔教育哲学思想研究》,博士学位论文,复旦大学,2011年。
[3] 王艳霞:《课程中的文化选择研究》,博士学位论文,中央民族大学,2007年。

识则传递出统治阶层的政治文化并体现出专制和强制的本质,这是课程实现文化霸权的过程,如中国古代周朝将富含政治文化的"礼教"作为知识传授的主要内容,这便是古代社会以文化进行等级分层的典型例证。由此看来,课程中的知识在传递文化的同时,实质上是主流知识实施霸权的过程,正如中国学者吴刚所言:"教育制度有其文化专断,那就是统治阶级文化专断的变种,它试图将支配阶级的文化专断灌输到其他文化的儿童身上。"①

由此可见,知识供给中的社会文化在实现社会阶层分类方面起着重要作用,社会文化商品化和文化霸权都不约而同地控制着社会权力的分配,是社会阶层复制的有效工具。

(二)教科书供应:审查与市场的双重规约

在基础教育知识供给中,教科书的供应是容易忽视的一方面,却也是重要的方面,这不仅是因为教科书在慢慢转化为商品的过程中需求大量增加,而且教科书的供应及顺利出版意味着知识的生产与占有,其中,审查与市场的双重作用共同规约着教科书的供应。

作为知识供给的重要载体和形式,教科书的重要性不言而喻,随着市场化的深刻影响,市场加入教科书的供应成为了知识供给的趋势。这是因为社会经济的逐步发展使市场的作用日益凸显,如市场具有的资源、技术可有效弥补政府资金不足、技术匮乏的缺陷,市场蕴含的竞争可有效地激发出版机构的效率。然而,市场却不能完全决定教科书的供应,这是因为教科书与其他图书不同,教科书承载的是国家意识形态和社会主流价值观,同时也是读者最多、使用范围最广的书本,教科书的特殊性决定了市场不可能完全操控教科书的供应。此时,国家以规章制度的形式限制出版机构的权力,政府成立审查机构对其进行严格的审查,由此,教科书的供应既有市场的参与,同时也受到政府权力的制约。值得注意的是,教科书供应并不仅仅只是供应这一方面,其中还包括了教科书的编著、审查、选用、出版、印刷及发行这一系列流程。在市场和政府的双重作用下,教科书的编写由特定出版社的垄断到面向社会公开,众多非特定的出版社加入其中,参与部分教科书的编写过程,这既是国家权力的再次下放,也平衡了政府

---

① 吴钢:《文化霸权与课程(下)》,《外国教育资料》1997年第4期。

和市场对教科书的供应。教科书的审查和选用则是教科书最终能否进入学校教育中的关键,在这一阶段中那些不符合国家意识形态的内容、非主流价值观的内容被不同程度地剔除甚至封杀。教科书的出版和印刷还受到技术资源的限制,教科书出版并不是简单的技术工作,高度专业化水准和技能的队伍、设施、排版公司、印刷技术都是必备的,而现今的出版社很少能够拥有自己的印刷系统,因为与专业印刷机构合作更能获利,这也是市场驱动下出版机构越来越商业化的表现。

可见,教科书的供应受到审查和市场的双重制约,教科书的供应既受到市场的驱动,也受到政府的有效制约,这也是社会层面知识供给有限性的原因。

第二节 基础教育知识供给的干预策略

基础教育知识供给复杂而深刻,知识由筛选、组织、分配到最终供应给学校教育中的学生,这一过程充斥着特定的意识形态及价值观,受到国家、地方、学校、社会不同程度的规约和限制,并成为加强思想控制、实现阶层分层等的重要工具。此时知识被禁锢在教科书和课程中,失去了本真意义,成为一种控制符号禁锢着接受知识的教师和学生,"在一个思想被禁锢的民族中,……人们会看到巨大的金字塔静立于贫瘠的地面,统治着寂静的沙漠"[①]。为此,当前基础教育知识供给应给予不同方面的调整,给予知识供应相对民主化的环境,给予教师知识教学的自主权,给予学生知识学习的自由,以促进基础教育知识供给朝着民主合理的方向持续的发展。

一 "国家—地方—学校"多元主体干预知识供给

(一)国家:构建多元化的权力主体

1. 意识形态:建立公共领域抵制干预

在知识供给中,国家意识形态的强烈干预导致课程和教科书中的知

[①] 郭晓明:《论中国课程知识供应制度的调整》,《华东师范大学学报》(教育科学版) 2005 年第 2 期。

识负载着特定的价值,导致学校教育中的知识成为社会结构再生产的有力工具,而要打破这种强烈的意识形态的干预,我们必须在知识供给中寻求新的力量对其进行约束和抵制,以跳出意识形态干预的框架。

基础教育知识供给中国家的意识形态是任何时代的个人、群体乃至政府都必须面对的问题,因而,我们要寻求新的力量对其进行约束和抵制时,便意味着发现新的领域,即建立公共领域。公共领域主要是指"介于国家(政府)与市场(包括作为市场经济的活动主体的个人)之间的独立领域"[①],公共领域出自"社会",它既不从属于政府,也不从属于市场,作为一个介于国家与市场之间的独立领域,与国家和市场保持一种良性的互动关系。公共领域可作为有效途径约束知识供给中意识形态的渗透,这是因为独立的公共领域可将国家和市场有效联结起来,在帮助国家实现社会整合的同时又引导人们理性的回归,让处于知识供给中的个体,如专家、教师和学生理性地认识意识形态中的情境,接纳知识供给中的合理诉求。此外,公共领域因其独立性可有效地抵制意识形态,公共领域是由公共社团、非营利性组织等组成,这些团体和组织是属于非政府组织与机构,与政府保持合理的距离,与政府权力形成张力,可以抵制意识形态的强烈干预。因而,建立公共领域,把相关社会人员纳入知识供给的体系当中,赋予他们权力,使他们有机会参与知识的筛选、组织与分配的过程,既能有效抵制意识形态的过多干预,同时也是促进知识供给合理化发展的契机。

由此,公共领域的建立提供公众共同参与并协商知识供给的机会,促进开放、民主、合理、有效的知识供给氛围的形成,让知识教学者和知识学习者不再毫无意识地被动接受供给,最终让知识供给成为积极的、良好的、合理的存在。

2. 权力运作:构建平等协商的权力主体

基础教育知识供给中国家的权力运作主要体现在两方面,一是在各方利益主体中处于支配地位,二是国家权力随着教育行政部门级别的降低而逐次递减。从中可见国家在知识供给中的权力运作,无论是外部还

---

① 郭晓明:《论中国课程知识供应制度的调整》,《华东师范大学学报》(教育科学版)2005年第2期。

是内部，都居于主导地位，而这正是导致知识供给专制化的原因。显然，要改变这一现状以更好地实现知识供给的合理化，不得不在正视这一现状的基础上给予实质性的调整。

在这方面，中国社会的历史转型可提供很好的范例。中国从封闭的传统社会转变到现今开放的现代社会，从闭塞的农业社会转变到发达的工业社会，这是社会的转型，背后却是社会利益群体的重新组合和权力的不断调整。例如改革开放以前，社会利益群体主要包括工人、农民和知识分子，随着工业化、城镇化和城市化的发展，社会转型加剧，同时分化出了个体工商户、私营企业主及专业技术人员等新的利益群体。相对于改革开放以前中国相对封闭的社会，转型后社会阶层结构经过分化、组合和调整，社会不同利益群体的权力也在调整适应之中。与此相适应的是，在基础教育知识供给中，其间权力的运行以国家支配型的权力为主，社会各方利益群体处于从属地位，而这样的权力运行很容易导致知识供给中民主参与的缺失。因而，构建平等协商的权力主体是赋予民主参与和分散国家权力的有效途径，平等协商的权力主体包括商业组织、妇女机构、工会、政党等，可以加大这部分权力主体的建设，进而有效制约主导权力的泛化。此外还可以为其他利益群体在知识供给中创造一种理性的环境，有效地平衡其他利益群体之间权力的分配，从而为知识供给中的教师和学生表达知识的诉求提供一定空间。

可见，构建平等协商的权力主体，是有效平衡知识供给中各方利益集团的有效途径，同时也为知识供给提供了一个客观、平等和公正的环境，使其中的权力运行向着良好的方向发展。

（二）地方：落实知识供给的主体权力

1. 学校：成立民主的学校管理机制

在整个社会系统中，学校是最重要的社会组织之一，具有社会性、规范性、强制性、开放性等特征。在基础教育知识供给中，学校受制于政府，在知识的选择、分配及组织上表现出控制下的局限性，无法有效发挥学校在知识供给中的自主性。

目前，中国的课程管理主要由国家、地方和学校来共同执行，是国家权力下放的体现，但是学校在被赋予一定权力的同时，各种文件法规又严格限制住学校权力的行使。因此，应建立民主的学校管理机制，保障学校在知识供给中权力的实现。如在管理的模式上，可建立由校长、教师、家长、学生、课程专家和社会人士等共同参与组成的课程委员会，同时增加彼此互动沟通的渠道，使学校里的教师和学生及其他成员对课程建言献策，积极参与基础教育知识的供给。除此以外，还可以通过成立民主协商对话制度的形式加强学校的民主管理，如成立班主任联席会、学生代表会、家长委员会等，为学校里的成员创造更多沟通交流的机会。最后，应鼓励学校自主开发课程，行使学校在知识供给的权力，如支持学校将富有特色的课程与地方资源进行有效结合，开发出具有地方特色的知识，克服教科书是唯一知识资源的弊端，还可开发蕴含学校特色文化、符合学生兴趣等在内的校本课程，充分发挥学校知识供给的自主权。

因而，虽然学校处于国家和地方的权力限制下，然而学校实质上也是一个开放的系统，学校在政府的管理下与教师、家长和社区等都有联系，而要充分发挥学校的作用，使学校的知识形式富于多样化，须成立民主的学校管理机制，有效发挥教师、学生及社区的积极作用，促进知识供给多样化。

2. 教师：增加参与知识供给的话语权

教师在知识供给中面临着失权的困境，虽然政府将部分权力下放到学校，然而由于放权力度的限制和落实的困境，使教师实际参与知识供给的权力虚无缥缈，最终造成教师不仅缺乏参与知识供给的意识，而且使教师陷入受权的困境。教师作为基础教育知识供给的最终落实者，在知识供给起着至关重要的作用，因而，要改变教师在知识供给中的受权困境，必须做出相应对策。

教师在知识供给中困境主要是由于权力的受限引发的，因而首先要增加教师参与知识供给的话语权。首先，政府应以文件形式保证教师在知识供给中的权力，保证教师能够参与到知识供给中的课程决策、课程实施和课程评价，让教师积极地为知识的有效合理供给进言献策。此外，为了将教师的权力付诸实践，不仅应详细界定教师在知识供给中各个环节如课程实施、课程评价的权责，而且应改革相应的教师培养政策，培养教师的知识供给参与意识。其次，培养教师专业团体。教师个体要实现知识供给的话语权和参与权是不切实际的，以团队的形式则可协助实现教师的参与权。不仅如此，还应对教师加强培训，授予其知识供给的知识，如知识供给运作、课程决策和设计、校本课程开发培训、实施和评价等相关知识。最后，促进教师解放，增加教师自主性，学校应在照顾教师切己利益的基础上，建立宽松的教学管理制度，引导教师摆脱"过分的智力性规训"①，使教师在知识授受过程中摆脱诸多限制，提高教师的参与积极性。

教师参与知识供给话语权的提高不仅需要政府以文件形式的保障，准许教师参与到知识供给中，而且还应加强教师培训工作，增加教师自主性。由此将政府、学校和教师相互联结，共同发挥彼此的作用，使教师参与知识供给的话语权得以真正实现。

（三）社会：遵循知识供给的应然理路

1. 社会文化：供给多元文化的知识

目前基础教育知识供给中的课程和教科书更多彰显的是社会主流文化，并通过对社会特定文化的供给，达到社会控制的目的。要改变这一现状，使教科书和课程中的内容体现多元文化和价值观，必须在知识供给中供给多元文化的知识。

要供给多元文化的知识，首先要克服教科书和课程过于注重主流文化的倾向，使学校教育中的知识供给具备多元文化的融合力。目前，社会主流文化通过学校教育中课程和教科书中的知识供给进行渗透有其合理性，这既是对社会文化的反映，也是对社会经济关系再生产的反映。但是，我们不能忽视社会文化开放性和灵活性的特征，应将多元文化融入课程和教科书中，如在进行课程编制时，不断扩展课程资源，兼顾弱势阶层和处于非主流地位的社会文化，而不是把这些文化排斥在知识供给外，造成文化的封闭。其次，更新文化观念，对中国本土文化保存、与传承发展的同时也应以开放的心态吸收外来文化中的精华，如在教科书的编排设计、课程目标的设置等方面融入相应的不同民族和不同国家的文化，教师在课堂教学可适当补充有关少数民族文化和外来文化的知识，给知识教学添加多元文化的色彩。最后，发挥社会文化的动态发展模式，使学生主动构建对文化的认识。社会文化的传递在知识供给中不是被动的、消极的，而是学生与一定文化相互作用主动过程。因而，教

---

① 王帅：《教育公共问题检视与话语构建》，《教育研究与实验》2016 年第 5 期。

师应引导学生形成对文化的意义建构，促进学生对不同文化的认识。

社会文化对基础教育知识供给的影响毋庸置疑，要改变当前知识供给中社会文化复制社会阶层、主流文化占据一统地位的困境，使供给中的文化逐渐摆脱封闭和僵化，走向多元多样，必须供给代表多元文化的知识，给予非主流文化、少数民族文化和外来文化发展的空间与自由，以真正解决知识供给中不同文化缺失的问题。

2. 教科书供应：营造公平竞争的供给环境

随着社会经济的快速发展，市场在知识供给中的作用展现得淋漓尽致，市场所具有的资源优势和竞争带来的效率改变了教科书供应的方式，使教科书的编写和出版呈现出多样化的局面。然而，物极必反，市场的恶性竞争会阻碍市场作用的积极发挥，甚至会加剧知识供给中的不平等，因而，营造公平竞争的供给环境必不可少。

营造公平竞争的供给环境，首先是通过知识的技术管理，减少市场知识供给的恶性竞争。供给过程中的知识要富有动态性，且可被转化为一种商品并将其积累成资本，因而要对知识生产的机构进行规范，避免知识垄断，以促进知识供给的良好循环。其次是将知识在市场中的传播最大化，加强社会供给侧与学校供给侧的联系。虽然知识在国家供给方面被筛除掉了一部分，然而现今社会信息媒体的极速发展可将知识在市场中的传播最大化，使那些处于不平等社会中的群体有更多获取知识的途径，有效弥补了他们在学校教育中的弱势，而社会供给侧和学校供给侧的有效结合则可以将学校中的知识和社会中的知识进行有机结合，使知识供给更加充足和有效。

二 "资源—制度—人文"专业架构干预知识供给

（一）资源保证

1. 经费支持

缺少经费和物质支撑向来是基础教育知识供给的桎梏。知识供给不仅耗费精力，而且还要承担种种的风险，缺乏经费的支持容易使基础教育知识供给陷入粗制滥造、滥竽充数的困境。在不能获得满意的（劳动与付出相匹配）报酬时，在缺少基本的活动经费时，纵然课程专家、教师个体对知识供给深有兴趣，也不可能全心全力地投入知识供给的变革中。

根据2017年中国统计局公布的数据，2016年国家财政性教育经费占GDP的比重约为4.21%，超过了国家财政性教育经费占4%的标准。那么，国家教育财政投入到底是一个怎样的水平呢？公开数据显示，1994年，世界平均水平为4.9%，其中发达国家的平均值为5.1%，欠发达国家的平均值为4.1%，印度、巴西、哥伦比亚等发展中国家在当年的占比均超过了4%。而中国则是在2012年以后，才达到4%的水平。可见，虽然中国财政教育投入有了明显增加，但投入总量仍然不足，不仅低于发达国家的平均水平，也低于世界平均水平。

而且，中国目前的教育投资结构仍然存在一些问题，表现在两个方面：一是表现在基础教育方面，政府财政投入过低。2016年，全国教育经费总投入为38866亿元，其中，学前教育经费总投入为2802亿元，义务教育经费总投入为17603亿元，高中阶段教育经费总投入为6155亿元，如此，基础教育阶段经费总投入共计26560亿元，占全国教育经费总投入的68.34%。从国际上看，世界各国都把基础教育作为政府财政投资的重点，承担起主要投资义务，政府财政的公共投资占基础教育投资的比重达到80%—90%，相比之下，中国基础教育财政投入显然比重过低。二是现行的教育财政投入分配机制不利于基础教育。从国际上看，中央和地方对教育的财政投入分担比例一般为60:40，而中国中央与地方政府对教育的财政投入分担比例平均为37:63，特别是义务教育阶段，80%以上的财政投入是由地方财政拨付。这种政府间的财政和教育支出责任的非对称性，必然会由于县乡财政困难而影响到对基础教育的财政投入，由此导致地区之间和城乡之间的基础教育差距越来越大。

可见，经费支持不仅要求加大对基础教育知识供给的经济支持，还要合理划分各级政府对教育的投入责任，形成各级政府合理的投入分担机制，调整中央、省、县三级政府对基础教育的投入分担比例，明确各自对基础教育的投资责任，从财力上形成基础教育知识供给投入不断增加的长期有效的保障机制，同时也可保障基础教育知识供给公平公正发展。

2. 资源供给

资源供给主要指国家、地方、学校为基础教育知识供给提供物质和人力等。本书将基础教育知识供给的资源分为素材性资源和条件性资源两方面，其中素材性资源包括知识、技能、经验、活动方式与方法、情感态度、价值观以及培养目标等，而条件性资源则是基础教育知识供给实施所需的劳动资源、物质资源等，如时间、场地、媒介、设备、设施和环境等。只有资源丰富，才能构建丰富多元的知识供给体系。

资源供给的传统做法，往往是加大对物质和人力的投入，如组织专家开发知识、加大教师培训、购买新型设施、改善学校环境等。这些做法固然有效，然而在信息化背景下，基础教育知识供给也要吐故纳新，寻求基础教育知识供给变革的新路径。当今，互联网已与教育密切结合，为基础教育知识供给注入了新生机。特别是对农村学校而言，在前文的调查中，已反映出学生学习资源不够丰富、教师研讨效果不佳、教师培训机会匮乏等问题，而利用互联网开发教育资源则能很好地解决农村知识供给的这些问题。

总体而言，互联网能够为基础教育知识供给带来如下机遇[1]：

(1) 知识的海量性以及获取的便捷性

知识的海量性和获取的便捷性是互联网资源供给的显著特征，为农村基础教育知识供给带来新机遇。互联网可以使优质的、分散的、封闭的教育资源实现最大程度的集中化、共享化、开放化，进而缩小城乡教育资源差距，促进教育公平。据调查，截至 2014 年 11 月末，中国总计 64000 个教学点都全方位实现了"教学点数字教育资源全覆盖"，设备的配置、教学资源的分配以及教学应用都得到完善[2]，这有助于农村学校通过互联网获取海量学习资源，克服资源匮乏带来的知识供给困境。互联网实现了世界 70 多个国家的公共图书馆和大学图书馆的资源共享，为学校和教师提供了取之不尽用之不竭的学习资源，特别是处于偏僻地区的农村教师。可见，互联网为知识供给提供了一种方式，只要农村学校有一个与互联网链接的移动终端，就可以获取大量优秀课件、名师课程，

---

[1] 石瑞娇、方红：《"互联网+教育"背景下农村教师智慧成长的机遇及路径探析》，《教育观察》2017 年第 22 期。

[2] 中华人民共和国教育部：《全国教育信息化工作专项督导报告》（http://www.edu.cn/edu/jiao_yu_bu/xin_wen_dong_tai/201503/t20150325_1240453.shtml）。

实现 4A（Anytime, Anywhere, Anybody, Anyway）模式，使知识供给方便快捷。

（2）学习内容自选性以及需求的针对性

互联网不仅为农村学校提供了海量教育资源，而且也为农村教师自助学习带来了新契机。网络资源打破了时间、地域、学科界限，实现了优质学习资源的整合。教师可以根据自己的意愿，选择何时、何地、听谁的课程，克服了传统学习中"一刀切"的弊端，让学习由"套餐"变成"自助餐"。同时，农村教师在学习过程中可以自主安排学习节奏，尤其在视频学习过程中，遇到不懂、难懂问题，可以停下来分析思考、反复听专家的讲解、并在线寻求专家学者的帮助，这样就提高了农村教师学习的积极性和学习效率。此外，专家可以运用大数据和学习分析术，获取连贯的、涵盖农村教师工作和学习过程的数据，开发出符合农村教师个性化需要的网络，并根据其学习的需求推送相应的课程，从而提高了农村教师学习需求的针对性。如此，便可克服农村教师外出培训机会匮乏的问题，让教师在家也能聆听课程专家、教学名师的指导。

（3）信息的开放性以及交流的即时性

互联网作为一个强大的信息交流平台，通过教师论坛、网络研修平台、教学网站等方式，为农村教师与不同区域教师交流与合作提供机会。从交流的内容上看，不仅仅限于教学方法和策略的讨论，还包括教育理念的探讨、学生心理的研究、以问题为导向的专题探讨，甚至可以探讨自己的兴趣等，这为农村教师知识供给方式变革提供了良好的平台。从交流的方式来看，互联网通过提供信息共享的学习环境，使交互式学习成为可能。农村教师可通过网上教与学的互动，课件时时看、学习资料随时可下载、互动交流随时进行，实现了自主学习与网上讨论答疑的有效结合。这种交互式学习不仅实现了农村教师的师师互动，还提高了农村教师自身的学习效率。如此，便能解决农村教师教学研讨效率不高的困境，使教师随时随地都可与其他地区交流互动。

互联网与基础教育知识供给的结合可以为农村学校提供丰富的学习资源、创设教师跨界交流平台，为农村基础教育知识供给带来良好的契机。因此，突破传统资源供给的思维范式，利用互联网干预知识供给从而更好地实现知识供给的公平公正将是基础知识供给需要考虑的干预机制。笔者认为，可以从以下几个方面着手。

第一，建立网络学习资源库，弥补农村学校学习资源不足。鉴于农村学校学习资源匮乏的现状，政府及相关部门应该充分利用互联网的优势，通过建立网络学习资源库，弥补农村学校学习资源不足。国家和政府要为建立网络学习资源库提供政策和资金支持，加强基础设施建设，配备专业人员对资源库进行维护和内容更新，以保证网络学习库的稳定性、长期性、及时性。同时，有关教育部门应该利用大数据和学习分析等手段，获取农村学校的学习需求，开发出适合农村学校的网络学习资源库，满足农村教师和学生自主学习的需求。此外，教育管理部门要聘请相关专家对网络学习资源进行筛选、整理、归类，形成精品资源的视频资源库、素材库、思维拓展库等，沉淀优秀的学习资源，方便农村教师和学生查找优质的、系列化的学习资源，减轻他们的学习压力。

第二，搭建网络培训平台，提升农村教师培训效果。相比于面授式教师培训，网络教师培训具有范围广、成本低、效率高等优点，为农村教师培训带来新契机。以 MOOC（慕课）为例，MOOC 培训模式借助于网络将多元化的学习工具和多样化的课程资源输送到全国任何地方，具有资源共享性，受众广泛性，需求针对性等优点，从而可以突破农村教师面授培训限制，促进农村教师知识积累的有效性。为此，政府及相关部门要在政策和经费上向边远农村进行倾斜，加快计算机更新速度、提高网络接入率，为农村教师使用网络培训平台提供物质基础。同时，各级各类网络培训机构，在充分调研和分析的基础上，聚焦并提炼农村教师的培训需求，研发有特色的网络课程资源，提高培训内容的针对性和培训质量。相关部门要健全网络平台的评价反馈机制，收集农村教师对平台的评价和反馈，实现网络平台的更新和完善。

第三，建立网络研修共同体，实现教师线上线下研修优势互补。信息闭塞是阻碍农村教师知识供给的重要因素，政府和学校管理者应该利用网络的优势为农村教师创造更多的交流机会。网络研修共同体是借助网络交流平台建立的教师学习、研究、反思的共同体，它为农村教师的信息交流提供了更加广阔的空间和平台，打破了学科、学校、区域的界限，教研直接通过网络平台进行，是一种成本低效率高的研修方式。有关研究显示，北京西城区的教师群体通过网络创建了形式多样、跨学校、跨学科的网络协作小组，每位教师都能根据自己的兴趣和需要自主选择协作组和协作伙伴，从而打破了时间、地域、校际界限，实现了教师跨界、跨学科交流，效果颇佳。农村教师同样可以学习和借鉴这种形式的网络研修共同体，从而为自己创造更多与外界专家教授以及经验丰富教师交流互动的机会。

总之，互联网为基础教育知识供给带来了诸多机遇，展示了一幅美好的前景。如何利用互联网更好地为基础教育知识供给服务将是未来研究的大课题。

（二）制度支持

规范制度完善机制是基础教育知识供给干预机制的重要维度。规范制度是构建完善保障体系的基础，规范制度有助于平衡盘根错节的各方利益。

目前中国基础教育知识供给制度主要陷于三重困境：

第一，制度过分行政化剥夺了地方和学校的话语权。国家制度偏重对普遍性标准的量化，忽视地域性标准的建构；注重短期性目标的实现，忽视地方文化的长期营构。行政力量惯于越俎代庖，必然导致制度执行的各主体、各元素常常需要等待上级指令，缺乏解决地域性问题所必需的自主权。例如，学校对人、财、物自主权的缺失，在校本课程创生方面缺乏自主精神，都是行政权力过度膨胀，地方和学校自主性遭到挤压的结果。

第二，制度的统一性凸显，知识供给的地域性得不到重视。"一放就乱，一乱就管，一管就死"往往成为制度的死穴。统一考核、统一认定、统一指标、统一大纲、统一进度，制度实施呈现出同质化倾向，地域性特质不被重视，知识供给的地域性不能得到体现。

第三，制度制定的垄断性不利于教师发挥积极性。制度全部出自官方及其支持的专家、学者，教师顶多只有"参与""建议"的份，主体性和主导作用难以彰显，主人翁身份难以真正体现。在官方和专家们那里，教师甚至被视为问题的一部分，成为需要接受制度改造的对象。在被动执行的情境下，教师积极性受到挫伤，教师知识供给必然受到影响。

基于上述困境，制度设计和实施必须充分考量地方因素和学校因素，做到因地制宜。这主要包括三方面。

首先，应尊重知识供给的地方性，实现知识供给的多元化。中国地域广袤，地方文化差异显著，各地方之间的文化和知识供给不可能千篇一律。因此，制度制定应消解知识霸权和知识沙文主义，尊重地域性表达，对地方知识进行内容归类，鼓励地方政府进行知识开发和管理。地方层面知识供给也需要政策层面的支持，如国家对课程设置权、教材编写权的下放。地方知识在供给过程中求助于"非正式"（当然这是官方标定的）资源，必然面临显而易见的冲突，即我们的课程、教学和教材长期与地域性和非正式资源背道而驰，在阶级斗争年代，甚至有过将"地方化"上纲上线到"忤逆中央"的情形。因此，当前重新凸显地方文化，亟须官方表现出一定程度的宽容、灵活与务实。

其次，政策规章的出台应顾及教师的话语权。因为在知识供给中，单纯依靠制度的强制性约束，虽然能维护正常的教育秩序，但难于得到教师的认同，无法从根本上改善知识供给。教师知识供给的场域是教育实践，渗透着教师的经验和遭遇，极具个人色彩，因此，各级教育行政官员，抑或是课程专家，对教师在知识供给中的话语权应给予一定的尊重。此外，公正的政策规章应当保证每个教师的权利与义务是公平的分配与安排，每个教师的能力、智慧、付出与获得的利益相对等，多劳多得。然而，当前中国知识供给的政策规章对农村教师是不利的，导致了当前农村教师知识供给的困境及农村教师的流失。

再次，改变制度制定者和管理者的观念尤为关键。无论是国家教育行政官员还是地方教育行政官员，都有较大程度的管理权和监督权，对供给什么价值、什么类型的知识能够起到决定作用。他们的教育理念、价值意识、品位素养、道德审美对知识供给会产生复杂深刻的影响，在一定程度上决定着知识供给的发展走向。鉴于此，反思知识供给的权力关系，厘清管理者的观念尤为重要。

（三）人文关怀

如果说资源保证、制度支持是从外在条件去干预知识供给，那么人文关怀则是从关注教师的情感、需求的角度去干预知识供给。教师知识供给是进入到课堂教学实践的知识供给，属于微观层面，国家和地方供给的知识能够进入且在多大程度上进入课堂也取决于教师。因而，强调对教师个体的人文关怀是基础教育知识供给的重要干预策略。

面对法定知识供给①，教师的态度耐人寻味，既不是完全迎合，也没有完全抗拒，而是表现出不同的样态。教师有着不同的样态，教师的知识供给也必然有着不同的呈现方式，因此不能以同样的标准规范和价值诉求来约束教师的知识供给，持一种多元的观念才是合理的做法。而且，随着社会价值观的多元并存，应该说每种样态的教师，其知识供给都有可取之处，也都有可能引起知识供给的变革。

总体而言，面对法定知识，教师表现出三种样态：

第一种，合作型的教师。

统治阶层为了维护统治地位、将权力合法化，必然会牢牢控制基础教育知识供给。一方面，统治阶层通过出台课程大纲、编制课程标准、限定课程科目、编写教材，掌握着知识的筛选权和解释权，从而使进入基础教育中的知识符合统治阶层的利益。另一方面，统治阶层还需对知识的教授者——教师进行拉拢，使他们愿意教授其筛选出的知识。统治阶层通过设考试、定奖励、评职称等方式对"做得好"的教师给予极高待遇和荣誉，为教师描绘出美好的"前途"，进而驱使教师维护统治阶层设定的秩序。

面对上述庞大的统治阶层的需求，绝大多数教师参与其中，逐渐形成了一个和统治阶层合作的教师群体类型。这些教师对待知识的态度、情感和价值观与统治阶层保持一致，认可和宣扬统治阶层筛选出的知识，对统治阶层排斥的知识缺乏关注甚而有意漠视，对反统治阶层的知识更是激烈指责与批评。他们眼中的优秀教师也是符合正统体制的要求、站在主流价值立场，而不符合甚至抵制正统体制的教师则会受到这一教师群体的批评。合作型的教师明显倾向于对"法定知识供给"的拥护和崇敬，对于能体现社会核心价值的知识，他们大力鼓吹其合理性与合法性，表现出对既定知识秩序的亲密性和依附性。显然，合作型的教师是维护既定的知识秩序，尽管他们也强调改革，但这种改革是改良性的而不是革命性的，因为他们认为适应和维护既有的知识秩序才是知识供给的正确方式，对现有的知识秩序进行抵制对抗并无好处，甚至会有严重后果。

---

① 国家、地方知识供给由于国家和教育行政部门预先的计划性和规定性，又称之为"法定知识供给"，法定知识供给由统治阶层提供，代表主流意识形态。

正是如此,合作型的教师时刻告诫自己疏远非正统的知识,以证实自身的"清白"。

通常来说,合作型教师会成为教师群体的主导力量,他们为维护社会主流知识秩序以及稳固的意识形态的建立做出了积极努力。这种努力的效果也是显而易见的,不少教师在对主流意识形态的宣扬中逐渐认可了由其主导的知识秩序的合理性,进而为之尽心尽力、呕心沥血,成为"教师榜样"。这种榜样的力量促使学生对主流意识形态下的知识言行计从,也使其他非合作型的教师"迷途知返"。合作型的教师无疑有其巨大的价值和功用,从个人层面讲,随着对法定知识供给的理解,教师可能会从接受、学习法定知识走向对法定知识的建构、创生;从社会层面讲,他们可以引领社会不断进步,因维护社会繁荣发展获得不断的社会赞誉,进而为社会所标榜,成为社会楷模。遍览古今中外,这样的教师可谓为数众多、灿若星海。

第二种,批判型的教师。

如果合作使教师失意、迷茫,这样,是不是还应该有批判型教师?从百家争鸣、共存共生的角度来说,批判型教师毫无疑问是存在的。认识到知识供给的不足,发现教育问题的本质及背后的深层原因,使得这类教师拒绝对现有秩序采取配合协作的态度。既然不合作,那么就用实际的言行揭露它、破坏它进而憧憬新理念、新秩序的产生。只不过,在特定的知识秩序中,这种揭露、破坏是有一定的限度,是不可以超过这个限度,否则就会被主流阶层所不容。

批判型教师常常是特定知识秩序中的少数,更可能以"不得志""不合正统"者为主,但他们却可能是知识演化和教育变革的重要力量。笼统划分,这一"力量"又有两类:一类是,随着社会变革和教育改革的推进,他们中的一些往往无法接受新近事物的合法地位,因而时时面临着意识形态认同、知识价值认同及教育意义认同危机,他们在变革前的价值秩序中或许曾经具有很高的身份地位,但几乎一夜之间,他们被"革"掉了,崇高地位不复存在。这造成了他们强烈的挫折感与失落感。行为上抗争的失败往往使他们更加愤世嫉俗,于是干脆抱残守缺,成为"前朝遗老",对于"倒行逆施"的变革愈加看不惯。严格来说,这一教师群体对于社会进步、知识更新及教育发展的作用正负相间、异常复杂。

典型的例子当以孔子为著,从他对诸侯战乱的愤恨,对礼崩乐坏的痛惜,对回归"周礼"的渴望,都能看出他对当时社会的批判,然而他的理想在当时的政治压力和生存境遇下终究是不合时宜的,他的理想社会期望,注定是一场空想;然而从更长远的社会及教育发展来看,孔子显然又超越了他身处的时代,进步性极其明显。另一类是,随着社会变革和教育改革的推进,他们中的一些由于对既定秩序的失望与不满而热切希望变革,然而,当变革有违自身愿望和初衷时他们也往往挥舞批判的大旗,其实质无非是想用批判的工具影响改革的设计和进程。甚而,他们试图借助批判影响变革的路线、方案乃至掌握变革的主导权,以便寻求自身地位和价值的优越感。在现实的教育中,这样的例子就更多,为了"掌权"而展开的或潜或显、或明或暗的争斗和批判从来都是此起彼伏、生生不息。

显然,尽管对法定知识供给的态度不同,批判型的教师也有值得肯定之处。他们不满现状,拒绝变革或者力图影响变革,时时处处表达着对自身、对现状及对未来的担忧。笔者认为,这种担忧同样能够达到某种效果。这种对教育的批判反思和对自身的担忧使教师走向深刻,表现出教师的职业责任感和使命感,一方面帮助教师更好地认识自己所处的环境,而不仅仅是一个被动的知识秩序遵守者;另一方面也让改革者可以听到不同的声音,让改革者在权衡利弊时将其利益和权利纳入其中。尤其在教育转型之际,亟须更少些"一团和气",批判型的教师的诉求也不应总显得那么衰弱,他们的呼声理应给以尊重。

第三种,游离型的教师。

在笔者的调查中,几乎所有学校都存在游离型的教师。这类教师迫于无奈地站到了现今教育权利、知识标准和正统制度的外围,同时又主动刻意地疏远现有知识供给秩序,狷介、高傲是他们的典型特征。这类教师出现的主要原因为:第一,人们在参与纷繁复杂的社会生活的同时,内心深处希望能够回归自然,作为知识分子的教师更有意找寻本真,期待实现内在的平静,所以会对充满权力斗争的知识秩序保持一定的距离;第二,这些教师发现了现有知识供给的不合理之处及其深层次的原因,所以他们不会曲意迎合、卑躬屈膝,但是由于权力的缺失而束手无策,无法改变现实的无力感让他们决定"独善其身"。

毫无疑问，游离型的教师对自身和未来充满了不确定感，同时缺乏归属感。他们在思想上往往是苦闷的，当他们试图配合现有知识秩序时，却往往因为不能达到主流的要求而被拒绝，当他们想扛起批判的大旗表达自身的意见时，又经常被世俗强权所压制。这种进退维谷的境况让他们只能回归本心，找寻内心的宁静，将自身的理想追求寄托于花鸟鱼虫、无垠自然，专注于"非世俗"的事物常常使得他们内心安宁。他们还有可能假借要在城市的浮华中寻找内心的宁静而对学校的事情、教育革新、知识的进步漠不关心，尽量不与之接触。可能这类教师对于知识的本质有了实质性的认识，又或者他们根本就不希望摸清知识的本质，他们对知识不加辨别和警醒，觉得现有秩序前提下的辨别、领悟和警醒毫无价值和意义，于是在现实中寻求超群脱俗，不被世俗所扰。

可见，教师知识供给同样是多元多样的，面对法定知识，有教师表示合作，有教师抗拒，也有教师选择沉默。合作型教师是大多数，也是国家和地方政府愿意看到的样态，但是，批判型教师和游离型教师也是现实存在的教师群体，对于他们，同样应该有包容的心态，赋予教师人文关怀，尊重他们加上合理的引领，如此才能营造知识供给的人文环境。特别是对游离型教师，其在知识供给中常常表现为消极、惰怠和茫然，这样的教师，所带来的弊端也是明显的，它不但不利于受教育者的成长，也将危及教师个体，每每见诸报端的学校"优胜劣汰"活动，被转岗、被淘汰的也往往是这种教师人群。然而，若受到合理的引领，这种类型的教师同样也不应被放弃。毕竟，在当前争名逐利、虚华浮躁的教育场域中，能有几分悠然的教师的确是越来越少了。如果能够得到管理者和同事群体的包容，他们的"苦闷"或许也会减少，他们淡泊名利、特立独行的本性展现或许也能为学生津津乐道甚而成为学校一景。这样的教师同样应受尊重，因为他们某种程度上就是在"发扬那些纯粹属于人和人性之品质"[1]。他们的独特的知识供给样态即使不便于推崇，也不应被教育所遗忘。

---

[1] ［英］艾伦·布洛克：《西方人文主义传统》，董乐山译，生活·读书·新知三联书店1998年版，第12页。

三 "知识—课程—教科书"实践路径干预知识供给

基础教育知识供给需要经过一系列流程,先从浩瀚无垠的知识海洋中筛选出知识,然后对知识进行分配和组织,形成课程,最后编制教科书,将知识以物态的方式呈现出来,供给给学生,这一流程简单地概括为"知识—课程—教科书"的实践路径。对于学生而言,在知识学习中,其直接接触的就是课程与教科书,课程与教科书呈现怎样的知识,学生就学习怎样的知识。因此,从"知识—课程—教科书"实践路径去干预基础教育知识供给尤为必要。

(一) 建立多元依赖的课程共同体

知识供给是一种文化选择,要摆脱当前知识供给受制于主流文化的困境,必须从多个角度和视角出发,以多元文化取向为基础,构建多元依赖的课程共同体。因此,为了避免基础教育知识供给完全为官方所控制,必须确保知识的选择主体多元化和多层次化,让不同身份、不同知识背景、不同领域的人员尽可能地参与到知识的选择过程中来,如此形成的知识供给才可能成为不同利益与愿望、不同文化的综合体。

中国现已实现了多层次建设课程,即国家、地方、学校共同参与课程建设,共同成为知识供给主体。但是,在多主体建设课程方面,还存在欠缺。审视中国基础教育知识供给中的课程编制,主要是专业教育管理人员和专家学者参与。哪些专业教育管理人员和专家学者能够参与课程编制也不是随机产生的,是国家和地方精心挑选出来的。国家和地方政府之所以挑选他们,是因为他们需要代言人的角色。首先,专业教育管理人员和专家学者具有专业的学科知识和教育知识,适合承担课程编制的工作;其次,国家和地方的意志需要借助于他人来表达,相比于法律、军队这些赤裸裸地表达国家和地方意志的方式,借助于专业教育管理人员和专家学者来表达意志则显得委婉和隐蔽;再者,专业教育管理人员和专家学者享有崇高威望,是公众认可的,是被认为"科学"的,他们的身份决定他们编制的课程更加容易被公众所接受。

专业教育管理人员和专家学者编制的课程也代表的是国家和地方的意志。对此,著名知识社会学家卡尔·曼海姆的"思想社会境况决定论"提供了很好的解释。在他看来,尽管思想是个人的,但是个人的思想却是由其所处的社会境况和社会位置决定的。个人生活在群体之中,有两个方面是被预先决定的:一方面,一个人只能生活在一定的社会境况中、处于一定的社会位置上;另一方面,这个人在社会境况中、这样的社会位置上只能具有特定的思维方式,产生特定的观点和思想。可见,教育管理人员和专家学者的思想会受到他们所处的社会境况和社会位置的影响,受到了他们所属的群体的主流价值的影响。可以说,教育管理人员和专家学者在编制课程之前,已经受到了熏陶,他们供应的知识类型被预先确定了。再加上,国家和地方会通过各种方式向专家"授意"或表达自己的知识价值取向,从而直接地影响专家对课程内容的选择。尽管也有教育管理人员和专家学者发出不用的声音,但正如之前提到的教师的三种样态,合作型的教师总是多数,批判型和游离型的教师只有少数,批判型的专家学者也是少数的,而且他们的声音时常被湮没,因此最终编制出的课程也是符合国家和地方的期望。

上述种种分析,都是为了揭示中国课程编制的现实境况,揭示知识供给存在的问题。在中国课程编制中,学生、教师等群体常常是处于缺席的境遇,如此容易导致知识供给的单一和霸权。因此,基础教育知识供给的干预机制应考虑建立多元依赖的课程共同体。一些理论和教育实践案例可以给予我们一些启示。

美国社会学家麦克唐纳主张各阶层人士都应该参与知识选择和课程编制中来,不同阶层的思想、知识作用于课程,并形成较为良性的互动。为此,他提供了一个课程编制的互动模式(图5—1)[①]:

麦克唐纳提供的模式中,专业教育管理人员、专家学者、教师、学生、社区、家长都是课程编制的主体,他们共同参与课程建设,实现以学生为中心的学习资源构建。事实上,各个阶层、各个利益的群体都力图介入知识供给,都力图在知识供给中反映和体现自身的利益。美国学者古德莱德曾提出知识供给中至少有五种不同的课程在不同的层次上运作:第一层次是"理念课程"(ideal curriculum),如课程专家、研究团体提出的理论意义的课程或是课程革新的方向;第二层次是"正式课程"(formal curriculum),指由国家政府和地方政府审核批准的课程;第三层

---

① 刘丽群:《论知识准入课程中的国家介入》,博士学位论文,湖南师范大学,2007年。

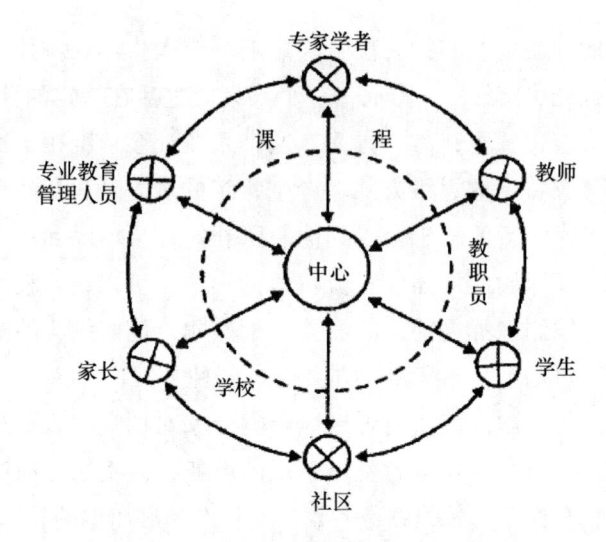

图 5—1　课程编制的多主体参与模式

次是"领悟课程"（perceived curriculum），即教师对正式课程加以领悟过后的课程，这种领域的课程可能与正式课程之间会有差距；第四层次是"运作课程"（operational curriculum），是教师在课堂中实际实施的课程；第五层次是"经验课程"（experienced curriculum），指学生实际学习和经验的课程。[①] 可见，不同层次的群体基于不同的立场、不同的身份以自己特有的方式力图争取在课程中的话语权，以此疏离那种中心化、同一化的权力所导致的后果。

在教育现实中，也确实有很多国家在教育或课程改革过程中，都力图接纳教育行政人员、教育专家、教师、家长、社会团体及学生等各个不同层面人员，并尽量考虑他们对教育的不同需求和意见。例如负责主持全美中小学历史课程标准方案（National History Standards Project，简称 NHSP）的成员就是由四部分人士所组成的：其一，NHSP 的决策机构为 32 人所组成的全美历史课程标准审议委员会；其二，与历史教育有关的专业团体之代表所组成的 9 个焦点团体；其三，由 24 个民间团体的代表所组成的论坛；其四，3 个工作小组，其成员由前述 9 个历史教育专家团体推荐，共有历史学者、课程专家，以及学校教师等 50 位。

---

① 钟启泉：《现代课程论》，上海教育出版社 2003 年版，第 229 页。

这意味着，基础教育知识供给应在多元文化取向的基础上构建多元依赖的课程共同体，使知识供给适应不同地区、学校、学生的不同需求，实行"国家、地方和学校三级课程管理体制"，应让不同身份和不同领域的人员也参与到教科书课程内容的选择中来，包括教师、学生、家长等，同时纳入社会等多个课程权力共同体，进而实现知识供给权力的分散，打破由国家主宰的命令式的格局，实现多方参与的民主意义的知识供给分权。

（二）关注教科书的话语分析

话语是"一种隐匿在人的意识下却又暗中支配人的不同言语、思想和行为方式的潜在逻辑"①，话语是意识形态传播的载体，作为一种权力符号影响着社会的发展。因而，有必要深入到教科书的话语体系以此解剖教科书的深层实质。一方面，在关注教科书语言文字的基础上深入挖掘其背后的意识形态，这是因为现在的教科书不再是以赤裸裸的语言文字来传达特定意义，而是以借喻、转喻等方式实现权力和意识的联结，如果仅仅对教科书中的语言文字、内容阐述进行研究，很难突破教科书本身的限制。另一方面，从话语角度思考教科书隐匿的社会控制。"社会控制"这一术语最早是由美国社会学家 E. A. 罗斯提出的，他认为社会控制是"一种有意识、有目的地社会统治，主要包括意志、情感和判断这三类"。② 在教育学上，社会控制是通过教育的社会化和选择功能来实现，因而教育就是社会控制的一种重要形式。其中，教科书作为学校教育中的重要组成部分，则成为社会控制的中介。

教科书成为社会控制的中介，主要体现在两个方面。其一，教科书内容的选择标准和知识的性质。教科书的内容是人为筛选后的结果，掺杂着统治阶级的价值判断，因而进入教科书中的知识也非客观中立的，而是代表着特定阶级的利益和文化，W. 阿普尔曾揭示出教科书中知识的选择和分配过程蕴含着权力及社会控制，统治阶级对教科书中的知识强加干涉与控制，以便"使现有的社会关系合法化，同时也占据支配地位

---

① Eggleston J., *The Sociology of the School Curriculum*, Boston: Routledge & Kegan Paul, 1977，p. 3.

② E. A. ROSS：《社会控制》，秦志勇等译，华夏出版社 1989 年版，第 51—52 页。

的身份合法化,这一过程也向人们暗示:学校教授的知识是无可争议的事实,知识帮助形成权力和社会活动"①。其二,教科书作为社会控制的中介,体现在教科书内容的合法化。统治阶级将现存的知识进行价值选择和判断后,才将知识纳入到教科书中,进而通过文本的政治、经济、文化过滤,使教科书内容合法化和标准化。此时的教科书就如特殊的商品一般,从筛选、审查、出版到发行,复杂的政治经济关系交织着外界力量的控制,最终在国家和社会的认可下完成教科书这一使命,流通到众多的学校中。可见,教科书与社会控制的关系是相互的,教科书体现出"社会对其未来成员加以控制(即社会控制)的一种中介"②,作为法定的教育知识文本和社会主流价值观的物质载体,它在本质上是社会控制的集中反映,代表着统治阶级的意识形态与价值观。同时,国家和社会也正是通过教科书实现对学生塑造和社会化,进而达到社会控制的最终目的。

可见,教科书中的话语不是自然产生的,而是权势阶层出于满足自身利益的需要,构建出的话语系统,是在特定的话语形成过程中反复运作并衍生意义。因而,应更多地考虑到教科书文本所涉及的社会关系领域,关注教科书是如何通过话语来传达隐性意义,如此便能深入教科书追踪教科书的深层实质,了解知识供给背后的话语体系。那么,教科书有何话语体系,如何对其分析?本书以人民教育出版社出版(以下简称"人教版")的语文教科书为例,分析其背后的话语,剖析教科书与社会控制的内隐关系。

语文学科作为人文类课程的代表性学科,不仅是社会中价值争夺的重要领地,同时是社会主流文化和国家意志的集中体现,这也是选取《语文》教科书的主要缘由。随着时代的发展,对教材的需求也呈现多样性,中国的小学语文教科书版本众多而且处在不断地修订中,现今通用的版本主要有人教版、北师大版、苏教版、鄂教版等,在这版本众多的教材中,人教版的教科书是国家集中编写的示范性教材和主流教材,也

---

① [美]阿普尔等:《教科书政治学》,侯定凯译,华东师范大学出版社2005年版,第95页。

② 吴康宁:《对教学内容的若干社会学分析》,《教育评论》1993年第4期。

是其他版本的典型代表,因而,研究中选取的也是以人教社出版发行的小学《语文》教科书为主要分析版本。中国小学阶段的《语文》[①] 教科书一共有 12 册,每个年级分上下两册,随机选取 4 册作为主要分析对象,分别是四年级和六年级的上下册,从语文教科书的语言、内在结构、插图这三个方面展开。

1. 语言符号

语言和文字是构成语文教科书中的主要元素,事实上,语文教科书中的语言和文字不仅仅是对教学内容的指称,更是一种进行着价值判断和政治描述的符号,而且这些符号是一种带有自身逻辑的集合或系统,掩盖了语言和文字本身,成为社会控制的有力工具。

以小学四年级上册《语文》教科书中的课文为例:

父亲教导我做万年牢,就是要做个可靠的人,实实在在的人,无论做什么事情都要认真,讲究实在,父亲的教导使我一生受益。(《万年牢》)

它不属于姓张的,也不属于姓李的,不是谁的私有物,而是为大众服务的无数石块中的一块。它和同伴一起,支持着大众的脚。它不再羡慕水晶和玛瑙了。它想:"这样才是最有意义的生活"。(《小青石》)

以及《语文》教科书中对景观的描写:

秦兵马俑,在古今中外的雕塑史上是绝无仅有的。它惟妙惟肖地模拟军阵的排列,生动地再现了秦军雄兵百万、战车千乘的雄伟气势,形象地展示了中华民族的强大力量和英雄气概。(《秦兵马俑》)

站在长城脚下,踏着脚下的方砖,扶着墙上的条石,很自然地想起古代修筑长城的劳动人民来。多少劳动人民的血汗和智慧,才凝结成这前不见头、后不见尾的万里长城。(《长城》)

---

① 小学语文课程教材研究开发中心:《语文》,人民教育出版社 2004 年版。

以上是小学四年级《语文》教科书中课文节选，在这四篇课文中，对"万年牢""父亲""小青石"这些人和物的描写突出了特定的道德品质，包括诚实、认真、无私、奉献等；对景观的描写则着重突出"中华民族"的强大力量、"劳动人民"付出的公民形象。分析可见，课文中对事物、景物、人物的描写已经不再停留于事物表面，看似中立的语言实际则带有强烈的价值取向，经过粉饰后的文字已经失去事物的本真模样，转而充满了道德洗礼。课文中从字词、词汇、句子到段落，无不充斥着特定情感与价值观，文字语言组成的符号集合已经形成了固定的话语体系，甚至成为一套"颇具特色"的课本话语系统，使学生的心灵逐渐形成一种控制性力量，这种由教科书体现的情感控制更是一种触及学生个体生命体验的内在的深层控制。

2. 文本内容

"文本"主要是指教学文本，也就是教科书的教学内容。语文教科书中包含了不同时期、不同作者、不同文化的作品，一起构成语文教科书体系。因而，对选取的语文教科书进行文本分析不可或缺，因语文教科书文本的特殊性，主要从内容构成和文化构成两大方面展开分析，透过内容结构安排与设置，不同国家的文化在语文教科书中的呈现情况，窥其不同的话语。

以小学四年级上册的《语文》教科书为例，各单元的设置与编排呈现如下：

①《观潮》《雅鲁藏布大峡谷》《鸟的天堂》《火烧云》；②《古诗两首》《爬山虎的脚》《蟋蟀的住宅》《世界地图引出的发现》；③《巨人的花园》《幸福是什么》《去年的树》《小木偶的故事》；④《白鹅》《白公鹅》《猫》《母鸡》；⑤《长城》《颐和园》《秦兵马俑》；⑥《古诗两首》《搭石》《跨越海峡的生命桥》《卡罗纳》《给予是快乐的》；⑦《为中华之崛起而读书》《那片绿绿的爬山虎》《乌塔》《尺有所短 寸有所长》；⑧《呼风唤雨的世纪》《电脑住宅》《飞向蓝天的恐龙》《飞船上的特殊乘客》

可以看出，由课文所组成的单元并没有特别清晰的主题反映，我们无法从《观潮》《雅鲁藏布大峡谷》《鸟的天堂》《火烧云》这一单元的内容中找到一个明显的主题,而且这五篇课文的体裁各异,如《观潮》是记叙文,《雅鲁藏布大峡谷》是说明文,《火烧云》属于写景的散文。再如第七单元对应的话题是体验成长的快乐,这一单元中符合这一话题的课文中却只有《乌塔》和《尺有所短 寸有所长》,另外两篇课文分别是对爱国情怀的颂扬及对品格的赞美,其他单元也有类似现象。可见,不同单元内的课文看似统一,实则没有清晰的逻辑关系,而且具有一种叠加性,致使单元内的课文被重构在新的情境中,由此形成的结构化特征将特定观念展现得淋漓尽致。在这些情境中,学生个人空间被国家、社会意识所占据,个体意识被充斥道德洗礼、意义灌输,当教科书中的内容不是对文本本身进行陈述,而是不断地赋予文本以意义、规则、道德时,那么教科书便转化成了一种社会文本,成为一种文化、一种阶级的复制体,转而形成一种控制力量。

在文化构成方面,以人教社出版发行的小学四年级和六年级上下册《语文》教科书为例,4 册教科书共有课文 113 篇,在这些课文中,与外国有关的课文共有 30 篇,约占总篇数的 27%。在所有有关外国的课文中,不同国家文化所占的比重和主题也各异(具体见表 5—1)。

表 5—1　　　　　　　　语文教科书不同国别文化构成

	篇数	主题
美国	7 篇	1. 颂扬人间真情(1 篇)和人的精神与品质(3 篇) 2. 警示对大自然的保护(1 篇) 3. 科学家的精神与故事(1 篇) 4. 揭露资本主义社会下弱者的现实状况(1 篇)
德国	4 篇	1. 倡导对大自然的保护(1 篇) 2. 艺术家(1 篇)和科学家(1 篇)的精神与故事 3. 谴责法西斯的残暴与少年儿童的爱国主义(1 篇)
英国	3 篇	1. 童话故事(1 篇) 2. 赞扬老师(1 篇) 3. 战胜困难的品格(1 篇)

续表

	篇数	主题
法国	3篇	1. 科学家的精神与伟大品质（2篇） 2. 对动物的描写（1篇）
俄罗斯 （包括俄国）	3篇	1. 揭露沙皇专制统治下的黑暗现实（1篇）与资本主义的罪恶（1篇） 2. 动物与人的情感（1篇）
日本	2篇	1. 歌颂爱的伟大（1篇） 2. 童话故事（1篇）
意大利	2篇	1. 人间真情（1篇） 2. 科学家的精神（1篇）
巴西	1篇	大自然景物
丹麦	1篇	安徒生童话
荷兰	1篇	田园风光
保加利亚	1篇	童话故事
古希腊	1篇	阿波罗为人类造福的神话传说
阿拉伯	1篇	渔夫战胜恶魔的民间故事

由表 5—1 可以看出，《语文》教科书中有关外国的课文不到全部课文的一半，在这 30 篇体现外国文化的课文中，除去欧美国家，世界上其他国家的文化则没有过多的介绍或描述，对欧美国家的刻意描写更加反衬出其他国家文化的缺失，这与当今各国文化的日益交流与融合形成鲜明的对比，可以说这是一种不完整的的文化结构。另外，在这些课文中，除去对人的精神品质、大自然的描写之外，课文中却没有提供对任何历史事件或问题的看法，其价值取向不言而喻。显然，语文教科书中对外国文化的呈现受到社会主义价值观念的深刻影响，这些体现外国文化的课文经过象征性的"乔装打扮"，传达着特定的价值观和文化，依靠着统治阶级或社会的支配控制力量，如一种看不见的、沉默的暴力一般促使学生去接受并且内化，以达到社会控制。

3. 地域结构

教科书独特的语言符号、文本内容决定着教科书拥有其他书籍不同的教育功能，事实上，语文教科书除了符号、文本两种主要方式达到社会控制以外，还包括地域呈现，这里的地域主要是指中国的城市和乡村两种地域结构，这从小学语文教科书中明显带有城乡色彩的课文和附带的插图可以看出。

以小学《语文》四年级上册教科书为例，针对教科书中的城市特色、农村特色以及中性特色的文章进行了统计（具体见表5—2）。

表5—2　　　　小学语文四年级上册课文内容的城乡特色统计

课文特色	数量	具体内容
明显的城市特色	13	观潮、雅鲁藏布大峡谷、世界地图引出的发现、长城、颐和园、秦兵马俑、跨越海峡的生命桥、给予是快乐的、乌塔、呼风唤雨的世纪、电脑住宅、飞向蓝天的恐龙、飞船上的特殊乘客
明显的农村特色	6	鸟的天堂、火烧云、蟋蟀的住宅、巨人的花园幸福是什么、去年的树、搭石
中性	10	爬山虎的脚、小木偶的故事、白鹅、白公鹅、猫、母鸡、卡罗纳、为中华之崛起而读书、那片绿绿的爬山虎、尺有所短寸有所长

由表5—2可以看出，在这29篇课文中，明显的城市特色的课文共有13篇，约占43%，明显的农村特色的课文共有6篇，约占23%，反映城市特色的课文明显多于农村特色的课文。而且在这些课文中，与城市相关的课文有介绍城市景物的《长城》《颐和园》，有记叙发生在城市故事的《世界地图引出的发现》《跨越海峡的生命线》，有反映城市科技进步的《电脑住宅》《飞船上的特殊乘客》等；相比之下，与农村相关的课文则比较单调，且大多是与动植物相关，如《鸟的天堂》《蟋蟀的住宅》等。可以说，语文教科书正是通过这种外化的表现方式暗示着特定的城市价值观念，对城市的有关描绘也反衬出农村的低微，城市和农村在地位上存在的不平等在本质上反映的就是学科知识的不平等，也就是说存在"高地位知识"（high status knowledge）和"低地位知识"（low status knowledge），从社会学视角来看，城乡间知识的不平等分配是对现有社会中的不平等关系的维持，这种不平等关系在教科书得以合法化，同时也

使占支配地位的城市阶层的身份合法化,最终甚至形成城市阶层的代际传递,以达到社会控制。

除此之外,我们再来看一下这一册《语文》教科书中插图反映的城乡特色(具体见表5—3)。

表5—3　　　　小学语文四年级上册课文插图中的城乡差异

课文特色	数量	具体内容
明显城市特色	27	湖、亭台楼阁、汽车、城市学校、客厅、火车、高架桥、五彩池、长城、颐和园、高塔、大桥、相机、城市生活等
明显农村特色	10	母鸡、小鱼、小木船、村景、山路、树林等
中性	13	蟋蟀、恐龙、童话故事里的人物、猫、画画、医生与病人等

由表5—3可以看出,《语文》教科书中的插图也反映出城乡地域间的差异,反映农村特色的插图大多是自然界里的动植物;与之相比,反映城市特色的插图则丰富得多,不仅有著名建筑景观、人文美景,而且还有高塔、大桥等富有城市特色的元素。这些信息似乎在向人们传达着,城市的先进繁华是农村所不能媲美的,城优乡劣不容置疑地存在这个社会中,甚至是固定化地存在于社会中。教科书中对地域的呈现并不仅仅是向学生宣扬着城市的发达,在一定程度上代表着社会对城市的认可和对城市文化、价值观念的亲和性,透过教科书呈现的地域差异更隐藏着深层的内隐的社会控制。

透过以上分析可见,教科书隐含着社会控制并彰显出社会主流价值观和意识形态。面对教科书中隐含的复杂关系,意味着对教科书的关注不能流于语言这一表面,应该深入"话语"。也就是既要从语言学的方面,去研究知识供给的科学性和精确性,也要从社会学、政治学的方面,从社会控制、意识形态、权力、文化资本等方面来看待教科书话语,以厘清知识供给所依赖的"社会条件"。所以,在编撰教科书时,或对教科书进行文本解析、审订时,应该要特别注意以下五个问题:(1)语言上,教科书对于不同类别的文化群体分别采取什么称呼?(2)教科书如何描述各文化群体的特征、属性与品质?(3)教科书使用哪些策略来合法化不同文化群体或给予不同的价值（排斥、歧视、压抑或剥削）？（4）关于课程文本中不同文化群体使用的名称与描述，哪些不同的观点被表达出来？（5）教科书如何强化或弱化这些不同文化群体的观点？简单地说，其实就是要特别关注显性课程中的隐性意义。

所以，基础教育知识供给的干预机制要从教科书的话语体系，从教科书的深层意义去审视其合理性与不合理性。以往的干预策略集中在从语法、词汇、句法的层面来分析和研究教科书语言，即从显性课程方面去干预和调整知识供给，教科书中的话语体系和隐性传递却被忽略，但这却是最需要也最值得重视的。

参考文献

中文类

［美］阿尔弗雷德·许茨：《社会实在问题》，霍桂桓、索昕译，华夏出版社 2001 年版。

［法］埃德加·莫兰：《复杂性理论与教育问题》，陈一壮译，北京大学出版社 2004 年版。

［美］埃里克·方纳：《美国自由的故事》，王希译，商务印书馆 2002 年版。

［法］埃米尔·迪尔凯姆：《社会学方法的规则》，胡伟译，华夏出版社 1999 年版。

［法］艾德加·莫兰：《社会学思考》，阎素伟译，上海人民出版社 2001 年版。

［美］爱德华·W. 萨义德：《知识分子论》，单德兴译，生活·读书·新知三联书店 2002 年版。

［美］爱德华·W. 萨义德：《文化与帝国主义》，李琨译，生活·读书·新知三联书店 2003 年版。

［英］安东尼·吉登斯：《为社会学辩护》，周红云等译，社会科学文献出版社 2003 年版。

［英］巴里·巴恩斯、大卫·布鲁尔、约翰·亨利：《科学知识：一种社会学的分析》，邢冬梅、蔡仲译，南京大学出版社 2004 年版。

［英］巴里·巴恩斯：《局外人看科学》，鲁旭东译，东方出版社 2001 年版。

［英］巴里·巴恩斯：《科学知识与社会学理论》，鲁旭东译，东方出版社 2001 年版。

参考文献

［巴西］保罗·弗莱雷:《被压迫者教育学》,顾建新等译,华东师范大学出版社 2001 年版。
［法］保罗·利科:《活的隐喻》,汪堂家译,上海译文出版社 2004 年版。
［英］波普尔:《科学知识进化论》,纪树立编译,生活·读书·新知三联书店 1987 年版。
陈嘉明:《知识与确证——当代知识论引论》,上海人民出版社 2003 年版。
成中英:《合内外之道——儒家哲学论》,中国社会科学出版社 2001 年版。
程巍:《否定性思维》,北京大学出版社 2001 年版。
楚江亭:《真理的终结——科学课程的社会学释义》,北京师范大学出版社 2005 年版。
［美］丹尼斯·朗:《权力论》,陆震纶、郑明哲译,中国社会科学出版社 2001 年版。
单丁:《课程流派研究》,山东教育出版社 1998 年版。
邓正来:《自由与秩序》,江西教育出版社 1998 年版。
刁培萼:《教育文化学》,江苏教育出版社 1992 年版。
费孝通:《乡土中国》,生活·读书·新知三联书店 2013 年版。
［波兰］弗·兹纳涅茨基:《知识人的社会角色》,郏斌祥译,译林出版社 2000 年版。
傅永军等:《批判的意义:马尔库塞、哈贝马斯文化与意识形态批判理论研究》,山东大学出版社 1997 年版。
傅永军:《控制与反抗——社会批判理论与当代资本主义》,泰山出版社 1998 年版。
高宣扬:《当代社会理论》(上册),中国人民大学出版社 2005 年版。
郭强:《现代知识社会学》,中国社会出版社 2000 年版。
郭晓明:《课程知识与个体精神自由——课程知识问题的哲学审思》,教育科学出版社 2005 年版。
［德］哈贝马斯:《合法化危机》,刘北成、曹卫东译,上海人民出版社 2000 年版。
韩少功、蒋子丹:《是明灯还是幻象》,云南人民出版社 2003 年版。
郝德永:《课程与文化》,教育科学出版社 2002 年版。
郝明君:《课程中的知识与权力》,重庆大学出版社 2009 年版。

[美] 亨利·A. 吉罗克斯:《跨越边界：文化工作者与教育政治学》,刘惠珍等译,华东师范大学出版社 2002 年版。

洪成文:《现代教育知识论》,山西教育出版社 2003 年版。

[美] 华勒斯坦:《学科·知识·权力》,刘健芝等编译,生活·读书·新知三联书店 1999 年版。

黄瑞祺:《社会理论与社会世界》,北京大学出版社 2005 年版。

黄忠敬:《知识·权力·控制——基础教育课程文化研究》,复旦大学出版社 2003 年版。

瞿葆奎:《教育学文集·美国教育改革》,人民教育出版社 1990 年版。

[美] J. C. 亚里山大:《新功能主义及其后》,彭牧等译,译林出版社 2003 年版。

[英] J. D. 贝尔纳:《科学的社会功能》,陈体芳译,广西师范大学出版社 2003 年版。

蒋国海:《教育获得的城乡差异》,知识产权出版社 2007 年版。

[美] 杰里·加斯顿:《科学的社会运行——英美科学界的奖励系统》,顾昕等译,光明日报出版社 1988 年版。

金生鈜:《规训与教化》,教育科学出版社 2004 年版。

靖国平:《教育的智慧性格：廉论当代知识教育的改革》,湖北教育出版社 2004 年版。

[德] 卡尔·曼海姆:《重建时代的人与社会：现代社会结构的研究》,张旅平译,生活·读书·新知三联书店 2002 年版。

康永久:《教育制度的生成与变革：新制度教育学论纲》,教育科学出版社 2003 年版。

[美] 劳伦斯·克雷明:《美国教育史·3：城市化时期的历程（1876—1980）》,朱旭东等译,北京师范大学出版社 2002 年版。

[美] 克里斯托弗·托默:《科学幻象——生活中的科学符号与文化意义》,王鸣阳译,江西教育出版社 1999 年版。

[美] 克利福德·吉尔兹:《地方性知识：阐释人类学论文集》,王海龙等译,中央编译出版社 2004 年版。

李小江等:《文化、教育与性别——本土经验与学科建设》,江苏人民出版社 2002 年版。

李子建、黄显华：《课程：范式、取向和设计》，香港中文大学出版社1994年版。

梁茂信：《美国移民政策研究》，东北师范大学出版社1996年版。

林惠祥：《文化人类学》，商务印书馆1991年版。

刘珺珺：《科学社会学》，上海科技教育出版社2009年版。

刘少杰：《后现代西方社会学理论》，北京大学出版社2014年版。

刘小枫：《现代性社会理论绪论》，上海三联书店1998年版。

刘小枫：《拯救与逍遥》，上海三联书店2001年版。

刘亚猛：《追求象征的力量——关于西方修辞思想的思考》，生活·读书·新知三联书店2004年版。

［美］刘易斯·科塞：《理念人——一项社会学的考察》，郭方等译，中央编译出版社2004年版。

［法］卢梭：《社会契约论》，李平沤译，商务印书馆2011年版。

鲁洁：《德育社会学》，福建教育出版社1998年版。

［美］罗伯特·金·默顿：《十七世纪英格兰的科学、技术与社会》，商务印书馆2000年版。

罗斯诺：《后现代主义与社会科学》，上海译文出版社1998年版。

［美］M. W. 阿普尔：《意识形态与课程》，黄忠敬译，华东师范大学出版社2001年版。

［美］M. W. 阿普尔：《官方知识——保守时代的民主教育（第二版）》，曲囡囡、刘明堂译，华东师范大学出版社2004年版。

［美］M. W. 阿普尔、L. 克丽斯蒂安—史密斯：《教科书政治学》，侯定凯译，华东师范大学出版社2005年版。

马凤岐：《教育：在自由与限制之间》，中国工人出版社2001年版。

马凤岐：《教育政治学》，人民教育出版社2003年版。

［英］马克·J. 史密斯：《文化——再造社会科学》，张美川译，吉林人民出版社2005年版。

［德］马克斯·舍勒：《知识社会学问题》，艾彦译，华夏出版社1999年版。

［德］马克斯·韦伯：《经济、诸社会领域及权力》，李强译，生活·读书·新知三联书店1998年版。

［英］麦克·扬：《未来的课程》，谢维和等译，华东师范大学出版社 2003 年版。

扈中平、刘朝晖：《挑战与应答——20 世纪的教育目的观》，山东教育出版社 1995 年版。

［法］米歇尔·福柯：《知识考古学》，谢强、马月译，生活·读书·新知三联书店 1998 年版。

［德］尼采：《权力意志：重估一切价值的尝试》，张念东、凌素心译，商务印书馆 1991 年版。

［美］诺里塔·克瑞杰：《沙滩上的房子——后现代主义者的科学神化曝光》，蔡仲译，南京大学出版社 2003 年版。

欧阳康：《社会认识论》，云南人民出版社 2002 年版。

潘洪建：《教学知识论》，甘肃教育出版社 2004 年版。

［美］R. K. 默顿：《社会研究与社会政策》，林聚任等译，生活·读书·新知三联书店 2001 年版。

任定成：《在科学与社会之间：对 1915—1949 年中国思想潮流的一种考察》，武汉出版社 1997 年版。

沈奕斐：《被建构的女性——当代社会性别理论》，上海人民出版社 2005 年版。

石鸥：《教学病理学》，湖南教育出版社 1999 年版。

石鸥、刘丽群：《中小学课程与教学改革》，湖南人民出版社 2003 年版。

石中英：《知识转型与教育改革》，教育科学出版社 2001 年版。

［英］斯蒂芬·鲍尔：《政治与教育政策制定——政策社会学探索》，王玉秋、孙益译，华东师范大学出版社 2003 年版。

宋林飞：《西方社会学理论》，南京大学出版社 1997 年版。

苏国勋、刘小枫：《社会理论的政治分化》，上海三联书店 2005 年版。

孙彩平：《教育的伦理精神》，山西教育出版社 2004 年版。

孙孔懿：《教育失误论》，江苏教育出版社 1997 年版。

孙立平：《转型与断裂》，清华大学出版社 2004 年版。

滕大春：《美国教育史》，人民教育出版社 2001 年版。

［美］托马斯·S. 库恩：《必要的张力——科学的传统和变革论文选》，纪树立、范岱年等译，福建人民出版社 1981 年版。

汪霞：《国外中小学课程演进》，山东教育出版社 2000 年版。

王坤庆：《现代教育价值论探寻》，湖南教育出版社 1990 年版。

王英杰：《比较教育》，广东高等教育出版社 1999 年版。

文军：《西方社会学理论：经典传统与当代转向》，上海人民出版社 2006 年版。

吴刚：《知识演化与社会控制——中国教育知识史的比较社会学分析》，教育科学出版社 2002 年版。

吴康宁：《课程社会学研究》，江苏教育出版社 2004 年版。

吴永军：《课程社会学》，南京师范大学出版社 1999 年版。

[美] 小威廉姆·E. 多尔：《后现代课程观》，王红宇译，教育科学出版社 2000 年版。

徐辉、辛治洋：《现代外国教育思潮研究》，人民教育出版社 2008 年版。

杨昌勇：《新教育社会学：连续与断裂的学术历程》，中国社会科学出版社 2004 年版。

于海：《西方社会思想史》，复旦大学出版社 2005 年版。

俞吾金：《意识形态论》，上海人民出版社 1993 年版。

袁振国：《教育政策学》，江苏教育出版社 1998 年版。

[美] 约翰·I. 古得莱得：《一个称作学校的地方》，苏智欣等译，华东师范大学出版社 2006 年版。

[美] 约翰·R. 霍尔、玛丽·乔·尼兹：《文化：社会学的视野》，周晓虹、徐彬译，商务印书馆 2002 年版。

[英] 约翰·齐曼：《可靠的知识——对科学信仰中的原因的探索》，赵振江译，商务印书馆 2003 年版。

[美] 约瑟夫·劳斯：《知识与权力——走向科学的政治哲学》，盛晓明等译，北京大学出版社 2004 年版。

湛卫清：《人权与教育》，北京师范大学出版社 2009 年版。

张传燧：《行走于传统与现代之间》，湖南师范大学出版社 2005 年版。

张行涛：《必要的乌托邦——考选世界的社会学研究》，北京师范大学出版社 2003 年版。

张华：《经验课程论》，上海教育出版社 2000 年版。

张人杰：《国外教育社会学基本文选》，华东师范大学出版社 2009 年版。

赵万里:《科学的社会建构:科学知识社会学的理论与实践》,天津人民出版社 2002 年版。

钟金洪:《马克思主义社会学思想》,中国审计出版社 2001 年版。

钟启泉:《现代课程论》,上海教育出版社 2003 年版。

钟启泉等:《课程设计基础》,山东教育出版社 2000 年版。

周宏:《理解与批判——马克思意识形态理论的文本学研究》,生活·读书·新知三联书店 2003 年版。

周勇:《教育空间中的话语冲突与悲剧——中国十一世纪的经验》,教育科学出版社 2004 年版。

朱国华:《权力的文化逻辑》,上海三联书店 2004 年版。

朱伟珏:《布迪厄"文化资本论"研究》,经济日报出版社 2007 年版。

卓晴君、李仲汉:《中小学教育史》,海南出版社 2000 年版。

邹诗鹏:《生存论研究》,上海人民出版社 2005 年版。

外文类

Amanda Coffey, *Education and Social Change*, Philadelphia: Open University Press, 2001.

AllanC. Ornstein, Edward F. Pajak, Stacey B. Ornstein, *Contemporary Issues In Curriculum*, Boston: Allyn and Bacon, 1995.

Abercrombie Nicholas, *Class, Structure, and Knowledge: Problems in The Sociology of Knowledge*, New York: New York University Press, 1980.

Chambers, J. K., *Sociolinguistic Theory: Linguistic Variation and Its Social Significance*, Malden: Blackwell Publishers, 2003.

Michael W. Apple, *Ideology and Curriculum (secend edition)*, London & New York: Routledge, Champan and Hall, Inc., 1990.

B. Barry, D. Bloor & J. Henry, *Scientific Knowledge: A Sociological Analysis*, Chicago: The University of Chicago Press, 1996.

Leon Bailey, *Critical Theory and the Sociology of Knowledge: A Comparative Study in the Theory of Ideology*, New York: Perter Lang Publishing, Inc., 1994.

David Bloor, "The Strength of the Strong Programme", *Philosophy of the So-*

cial Science, November 1981.

Cetina. K., Epistemic, *Cultures: How the Sciences Make Knowledge*, Cambridge: Harvard University Press, 1999.

TomW. Goff, *Marx and Mead: Contributions To A Sociology of Knowledge*, Boston: Routledge & Kegan Paul, 1980.

Hargreaves A., *Curriculum and Assessment Reform*, Suffolk: St Edmunds-bury Press, 1989.

Ian Hacking, *The Social Construction of What?*, Cambridge: Harvard University Press, 1999.

Kimball, S. T., *Culture and The Educative Progress*, New York: Teachers College Press, 1974.

Danenis Lawton, *Curriculum Studies Planning*, London: Hodder and Stoughton, 1983.

Scott Davies & Neill Guppy, "Globalization and educational reform in Anglo-American democracies", *Comparative Education Review*, Vol. 41, No. 4, 1997.

MichaelF. D. Young, *Knowledge and Control*, London: Collier-Macmillan Publishers, 1971.

Paul Sillitoe, Alan Bicker & Johan Pottier, *Participating in Development: Approaches to Indigenous Knowledge*, London: Routledge, 2002.

Pierre Bourdieu, Jean-ClaudePasseron, *Reproduction in Education*, Society and Culture, Thousand Oaks: Sage Publication, 1990.

Robert K. Merton, *The Sociology of Science*, Chicago: University of Chicago Press, 1973.

Robert M. Hutehins, *The Learning Society*, New York: Pracger Publishers Inc., 1968.

RichardD. Van Scotter, John D. Haas, Richard J. Kraft, James C. Schott, *Social Foundations of Education (Third Edition)*, Englewood Cliffs: Prentice Hall, 1991.

Sonia Mehta, PeterNinners, "Postmodernism Debates and Comparative Education: A Critical Discourse Analysis", *Coparaive Education Review*, Vol47,

No. 2, 2003.

Steve Fuller, *Social Epistemology*, Bloomington: Indian University Press, 1988.

William G. Wraga, "The Progressive Vision of General Education and The American Commom School Ideal: Implications for Curriculum Policy, Practice and Theory", *Journal of Curriculum Studies*, Vol31, No. 5, 1999.

附录 1

关于基础教育知识供给的调查问卷

尊敬的老师：

您好！

我们是湖北大学的科研人员，希望了解基础教育的知识供给情况。本研究调查结果仅为科研之用，答案没有对错之分。我们将对您的回答给予保密，请您不要有任何顾虑，本问卷没有特殊说明均为单选题，请根据您的实际情况，在相应的选项下打"√"。感谢您对本次调查的支持！

第一部分：基本情况

1. 您的性别

   A. 男　　　　　　　　　　B. 女

2. 您的年龄

   A. 21—29　　B. 30—39　　C. 40—49　　D. 50 以上

3. 您的教龄

   A. 5 年以下　　B. 5—10 年　　C. 10—15 年　　D. 15 年以上

4. 您的最高学历

   A. 中师　　B. 大专　　C. 本科　　D. 研究生

5. （1）您任教的阶段

   A. 小学　　　　　　　　　B. 初中

   （2）您任教的年级：_____（请填写）

   （3）您是否在编

A. 是 B. 否

（4）任教科目

A. 语文 B. 数学

C. 校本课程 D. 其他_____（请填写）

第二部分：教材

1. 您所用的教材来自：

A. 教育部门指定 B. 地方政府指定

C. 学校指定 D. 个人自主购买

2. 您使用的教材属于哪个版本？

A. 人教版 B. 北师版

C. 鄂教版 D. 苏教版

E. 几个版本共同使用 F. 校本课程

G. 其他_____（请填写）

3. 您认为您现在使用的教材编排设计是否科学合理？

A. 很合理　　B. 较合理　　C. 一般　　D. 不合理

E. 不清楚

4. 您认为您现在使用的教材与课程标准的理念和要求是否相符合？

A. 十分符合　　B. 基本符合　　C. 不符合　　D. 不清楚

5. 您对您现在使用教材的知识准确性的满意度是？

A. 满意　　B. 较满意　　C. 一般　　D. 不满意

6. 您认为现在使用教材的知识的难易程度是？

A. 容易　　B. 适中　　C. 较难　　D. 很难

7. 您认为现在使用教材的知识是否能激发学生的学习热情？

A. 是　　B. 一般　　C. 不是　　D. 不清楚

8. 您认为现在使用的教材偏重培养学生的哪些能力？（可多选）

A. 基础知识 B. 解题技巧

C. 公德 D. 国家认同

E. 分析解决问题 F. 健康

G. 劳动态度与技能 H. 自主创造

I. 动手能力 J. 社会责任

K. 审美情趣　　　　　　　　L. 学会学习

9. 您认为现在使用的教材忽视培养学生的哪些能力？（可多选）

A. 基础知识　　　　　　　　B. 解题技巧

C. 公德　　　　　　　　　　D. 国家认同

E. 分析解决问题　　　　　　F. 健康

G. 劳动态度与技能　　　　　H. 自主创造

I. 动手能力　　　　　　　　J. 社会责任

K. 审美情趣　　　　　　　　L. 学会学习

10. 您认为您现在使用的教材的配套教学资源丰富吗？

A. 丰富　　　　B. 较丰富　　　　C. 缺乏

11. 您认为您现在使用的教材的配套教学资源有助于您的教学吗？

A. 非常有助　　B. 一部分有助　　C. 可有可无　　D. 不利于

12. 您认为您现在使用的教材课后习题量如何？

A. 偏多　　　　B. 适量　　　　　C. 较少　　　　D. 很少

13. 您认为您现在使用的教材课后习题有助于学生学习吗？

A. 非常有助　　B. 一部分有助　　C. 可有可无　　D. 不利于

14. 如果让您自己选择，您会使用哪一版的教材？

A. 人教版　　　B. 北师版　　　　C. 鄂教版　　　D. 苏教版

E. 几个版本共同使用　　　　F. 其他_____（请填写）

15. 您觉得您对所教科目的知识

A. 很熟悉　　　B. 大部分熟悉　　C. 不熟悉

16. 您在上课前是否会仔细推敲教材和参考书？

A. 经常　　　　B. 较多　　　　　C. 很少　　　　D. 从来不

17. 您所在学校是否规定上课必须使用统一教材？

A. 必须使用

B. 必须使用，但也允许老师自由选择

C. 没有规定

18. 您觉得学校规定教师上课必须使用统一教材合理吗？

A. 合理　　　　B. 不合理　　　　C. 无所谓

第三部分：教师知识供给

19. 您课上讲授的知识有多少来自教材？

    A. 100%   B. 80%—100%

    C. 50%—80%   D. 30%—50%

    E. 30%以下

20. 您在上课的过程中，对学生课外知识的补充？

    A. 很充分   B. 一般

    C. 很少补充   D. 完全按照课本知识教授

21. 您在上课时，对学生课外知识的补充来源于（可多选）

    A. 与同事进行教学探讨   B. 查阅学科专业书刊

    C. 上网查找相关知识   D. 社会热点

    E. 自己经验体悟

22. 您在课堂教学中，对知识进行补充的原因是（可多选）

    A. 教材知识内容少   B. 教材知识缺乏生活性

    C. 教材知识不严谨   D. 教材知识不实用

23. 您所在学校给予教师培训的机会

    A. 很多   B. 一般

    C. 很少   D. 几乎没有培训

24. 您认为，学校组织的培训机会对您的知识积累的帮助是

    A. 非常有助   B. 一部分有助   C. 可有可无   D. 没用

25. 您所在学校，一学期大约能进行几次教学研讨活动？

    A. 2—5次   B. 5—8次   C. 8—10次   D. 10次以上

26. 您认为，学校组织的教学研讨活动对您的知识积累帮助是

    A. 非常有助   B. 一部分有助   C. 可有可无   D. 没用

27. 您使用互联网查找教学所需的知识吗？

    A. 经常   B. 有时   C. 很少   D. 从来没有

28. 您能通过互联网找到您所需的知识吗？

    A. 总能找到   B. 大部分能找到

    C. 偶尔能找到   D. 很少能找到

29. 您希望通过互联网查到哪些知识？（可多选）

    A. 学科知识   B. 教育学、心理学知识

C. 教案　　　　　　　　　　D. 有关教学经验的知识

30. 您的学生会使用互联网查找知识吗？

　　A. 经常　　　B. 有时　　　C. 很少　　　D. 从来没有

31. 您认为您的知识主要来源于（可多选）

　　A. 教材及教辅材料　　　　B. 自己的经验体悟

　　C. 同行观摩　　　　　　　D. 专家指导

　　E. 互联网上的知识

32. 您认为学生的知识最主要来源于（可多选）

　　A. 教材　　　　　　　　　B. 市场上的教辅材料

　　C. 教师补充的知识　　　　D. 互联网上的知识

　　E. 家长的教育　　　　　　F. 自己经验体悟

33. 总体而言，在教学时，您最经常使用哪种教学方法？（可多选）

　　A. 讲授法　　　　　　　　B. 情景模拟教学法

　　C. 问答教学法　　　　　　D. 读书指导法

　　E. 讨论教学法　　　　　　F. 演示教学法

　　G. 实验教学法　　　　　　H. 案例教学法

　　I. 讲座教学法

34. 您经常观察、记录、分析和反思自己或其他教师的教学方法吗？

　　A. 总是　　　B. 较多　　　C. 很少　　　D. 从来不

35. 您对探索教学方法的积极性

　　A. 很高　　　B. 较高　　　C. 一般　　　D. 不高

36. 以下哪些因素会影响您在课堂教学中对教学方法的运用（可多选）

　　A. 时间和精力　　　　　　B. 教材内容和编排的合理性

　　C. 学生的要求　　　　　　D. 学校或家长的要求

　　E. 自身对教学方法的熟悉度

37. 您对校本课程了解吗？

　　A. 非常清楚　　B. 知道一点　　C. 不太清楚

38. 您认为校本课程开发

　　A. 很有必要　　B. 必要性一般　　C. 没什么必要

第四部分：校本课程

如果您所在的学校已开发了校本课程，请回答 39—51 题。

39. 您知道校本课程开发的基本程序吗？

　　A. 知道　　　　B. 基本知道　　　C. 不知道

40. 学校是否成立了校本课程开发组织机构？

　　A. 成立了　　　B. 没有　　　　　C. 不知道

41. 您学校的校本课程开发委员会的构成人员是（可多选）

　　A. 校长　　　　B. 教师　　　　　C. 校外专家　　　D. 家长

　　E. 不知道

42. 学校在校本课程开发过程中是否有开发方案？

　　A. 有　　　　　B. 没有　　　　　C. 不知道

43. 学校实施校本课程开发是否增加了您的工作压力和负担？

　　A. 增加较大　　B. 有所增加　　　C. 没有

44. 在校本课程开发中您是主动参与还是被动参与？

　　A. 主动参与　　　　　　　　　　　B. 被动参与

45. 您认为学校有校本课程开发的资源吗？

　　A. 有　　　　　B. 没有　　　　　C. 有资源但未开发

46. 校本课程开发就是教师编书拿到课堂上去使用吗？

　　A. 是的　　　　　　　　　　　　　B. 不一定

47. 您所在学校的校本课程开发是否纳入到学校整体课程设置和教学计划并进行统一管理？

　　A. 是　　　　　B. 不是　　　　　C. 不知道

48. 您的学校是否组织过校本课程开发培训？

　　A. 组织过　　　B. 没有组织过　　D. 不知道

49. 您的校本课程开发知识是通过什么渠道获得的？（可多选）

　　A. 参加培训　　　　　　　　　　　B. 看相关专业书籍

　　C. 别人所言　　　　　　　　　　　D. 听相关新闻

50. 您认为校本课程开发中最大的困难是（可多选）

　　A. 缺少课程资源　　　　　　　　　B. 教师缺少时间和精力

　　C. 缺乏专业指导　　　　　　　　　D. 家长不接受

　　E. 缺少经费　　　　　　　　　　　F. 不符合学生实际情况

G. 其他

51. 您认为校本课程实施过程中最大的困难是（可多选）

A. 缺少课程资源　　　　　　B. 不能排入本校课程计划

C. 学生缺乏兴趣　　　　　　D. 家长不接受

E. 缺少经费　　　　　　　　F. 其他

以下问题属于开放题，请您根据自己的实际情况，做出回答，谢谢！

1. 请您结合自己的教学实践，谈谈您对现行教材的期望以及改进建议。

2. 您认为基础教育提供给学生的知识的相关途径有哪些？哪种或哪几种途径最有效，为什么？

调查到此结束，衷心地感谢您的合作，祝您生活愉快！工作顺利！

附录2

关于基础教育知识供给的问卷调查

亲爱的同学：

  你好！

  首先感谢你抽出宝贵的时间填写这份问卷。你们都有一颗敏感而细腻的心灵，能够敏锐地感知到存在的问题，你们都有一个充满智慧的大脑，能够想出很多解决问题的好方法，更重要的是你们都是诚实而善良的，能够告诉我们你心中最真实的答案。因此，请用你的诚实、你的智慧来做这份问卷，你的回答对我们的研究将有极大的帮助。请在你认同的选项上打"√"，你的个人信息我们将绝对保密，请你细心如实地答题。谢谢！

1. 你的性别
   - A. 男
   - B. 女
2. 你的年级：_____（请填写）
3. 你的学校开设了校本课程吗？
   - A. 有
   - B. 没有
4. 你喜欢你学校开设的校本课程吗？
   - A. 喜欢
   - B. 不太喜欢
   - C. 不喜欢
5. 你认为校本课程对你的学习有哪些影响？（可多选）
   - A. 知识面更广
   - B. 提高合作交流能力
   - C. 增加学习压力
   - D. 更关注身边问题
   - E. 分散学习注意力
   - F. 提高探究能力

6. 你参与过学校校本课程的开发吗?

A. 有　　　　　　　　　　B. 没有

以下问题是关于语文学科的，请你在相关选项上打"√"。

1. 你认为语文教材的知识难吗?

A. 很难　　　　B. 较难　　　　C. 适中　　　　D. 容易

2. 你对语文教材满意吗?

A. 满意　　　　　　　　　　B. 一般

C. 不满意　　　　　　　　　D. 非常不满意

3. 你认为语文教材偏重哪些知识?（可多选）

A. 基础知识　　　　　　　　B. 解题技巧

C. 公德　　　　　　　　　　D. 国家认同

E. 分析解决问题　　　　　　F. 健康

G. 劳动态度与技能　　　　　H. 自主创造

I. 动手能力　　　　　　　　J. 社会责任

K. 审美情趣　　　　　　　　L. 学会学习

4. 你认为语文教材忽视哪些知识?（可多选）

A. 基础知识　　　　　　　　B. 解题技巧

C. 公德　　　　　　　　　　D. 国家认同

E. 分析解决问题　　　　　　F. 健康

G. 劳动态度与技能　　　　　H. 自主创造

I. 动手能力　　　　　　　　J. 社会责任

K. 审美情趣　　　　　　　　L. 学会学习

5. 你认为语文教材的配套学习资源丰富吗?

A. 丰富　　　　B. 较丰富　　　C. 一般　　　　D. 不丰富

6. 你认为语文教材的配套学习资源有助于你的学习吗?

A. 非常有助　　B. 一部分有助　C. 可有可无　　D. 不利于

7. 你认为语文教材课后习题量如何?

A. 较多　　　　B. 适量　　　　C. 较少　　　　D. 很少

8. 你认为语文教材课后习题有助于你的学习吗?

A. 非常有助　　B. 一部分有助　C. 可有可无　　D. 不利于

9. 你的语文知识有多少来自教材?

A. 100% B. 80%—100%

C. 50%—80% D. 30%—50%

E. 30%以下

10. 你的语文老师在上课中,对课外知识的补充?

A. 很充分 B. 一般

C. 很少补充 D. 完全按照课本知识教授

11. 你对语文课外知识的补充来源于(可多选)

A. 市场上的书籍 B. 老师上课时的补充

C. 上网查找相关知识 D. 家长的教育

E. 自己经验体悟

12. 你对语文知识进行补充的原因是(可多选)

A. 教材知识内容少 B. 教材知识缺乏生活性

C. 教材知识不严谨 D. 教材知识不实用

13. 你使用互联网查找学习语文所需的知识吗?

A. 经常 B. 有时 C. 很少 D. 从来没有

14. 你能通过互联网找到你所需的知识吗?

A. 总能找到 B. 大部分能找到

C. 偶尔能找到 D. 很少能找到

15. 你认为你们学校的语文课

A. 总是很乏味 B. 经常很乏味

C. 一般 D. 经常很有趣

16. 你认为你的语文知识最主要来源于(可多选)

A. 教材 B. 市场上的教辅材料

C. 教师补充的知识 D. 互联网上的知识

E. 家长的教育 F. 自己经验体悟

17. 你的语文老师上课时和同学进行讨论吗?

A. 经常 B. 有时 C. 很少 D. 从不

18. 你喜欢语文老师如何组织教学?

A. 指导学生发现问题,研究问题,并教一些研究技能与方法

B. 在课堂上直接讲解知识,不用我们自己去浪费时间

C. 完全放手，让我们自己开展喜爱的活动

问卷结束，再次感谢你的支持与配合！

附录3

关于基础教育知识供给的问卷调查

亲爱的同学：

  你好！

  首先感谢你抽出宝贵的时间填写这份问卷。你们都有一颗敏感而细腻的心灵，能够敏锐地感知到存在的问题，你们都有一个充满智慧的大脑，能够想出很多解决问题的好方法，更重要的是你们都是诚实而善良的，能够告诉我们你心中最真实的答案。因此，请用你的诚实、你的智慧来做这份问卷，你的回答对我们的研究将有极大的帮助。请在你认同的选项上打"√"，你的个人信息我们将绝对保密，请你细心如实地答题。谢谢！

1. 你的性别
  A. 男　　　　　　　　　　B. 女
2. 你的年级：_____（请填写）
3. 你的学校开设了校本课程吗？
  A. 有　　　　B. 没有
4. 你喜欢你学校开设的校本课程吗？
  A. 喜欢　　　　B. 不太喜欢　　　　C. 不喜欢
5. 你认为校本课程对你的学习有哪些影响？（可多选）
  A. 知识面更广　　　　　　B. 提高合作交流能力
  C. 增加学习压力　　　　　D. 更关注身边问题
  E. 分散学习注意力　　　　F. 提高探究能力

6. 你参与过学校校本课程的开发吗？

A. 有　　　　　　　　　　B. 没有

以下问题是关于数学学科的，请你在相关选项上打"√"。

1. 你认为数学教材的知识难吗？

A. 很难　　　　B. 较难　　　　C. 适中　　　　D. 容易

2. 你对数学教材满意吗？

A. 满意　　　　　　　　　B. 一般

C. 不满意　　　　　　　　D. 非常不满意

3. 你认为数学教材偏重哪些知识？（可多选）

A. 基础知识　　　　　　　B. 解题技巧

C. 公德　　　　　　　　　D. 国家认同

E. 分析解决问题　　　　　F. 健康

G. 劳动态度与技能　　　　H. 自主创造

I. 动手能力　　　　　　　J. 社会责任

K. 审美情趣　　　　　　　L. 学会学习

4. 你认为数学教材忽视哪些知识？（可多选）

A. 基础知识　　　　　　　B. 解题技巧

C. 公德　　　　　　　　　D. 国家认同

E. 分析解决问题　　　　　F. 健康

G. 劳动态度与技能　　　　H. 自主创造

I. 动手能力　　　　　　　J. 社会责任

K. 审美情趣　　　　　　　L. 学会学习

5. 你认为数学教材的配套学习资源丰富吗？

A. 丰富　　　　B. 较丰富　　　C. 缺乏

6. 你认为数学教材的配套学习资源有助于你的学习吗？

A. 非常有助　　B. 一部分有助　C. 可有可无　　D. 不利于

7. 你认为数学教材课后习题量如何？

A. 较多　　　　B. 适量　　　　C. 较少　　　　D. 很少

8. 你认为数学教材课后习题有助于你的学习吗？

A. 非常有助　　B. 一部分有助　C. 可有可无　　D. 不利于

9. 你的数学知识有多少来自教材?

A. 100% B. 80%—100%

C. 50%—80% D. 30%—50%

E. 30%以下

10. 你的数学老师在上课中,对课外知识的补充?

A. 很充分 B. 一般

C. 很少补充 D. 完全按照课本知识教授

11. 你对数学课外知识的补充来源于(可多选)

A. 市场上的书籍 B. 老师上课时的补充

C. 上网查找相关知识 D. 家长的教育

E. 自己经验体悟

12. 你对数学知识进行补充的原因是(可多选)

A. 教材知识内容少 B. 教材知识缺乏生活性

C. 教材知识不严谨 D. 教材知识不实用

13. 你使用互联网查找学习数学所需的知识吗?

A. 经常 B. 有时 C. 很少 D. 从来没有

14. 你能通过互联网找到你所需的知识吗?

A. 总能找到 B. 大部分能找到

C. 偶尔能找到 D. 很少能找到

15. 你认为你们学校的数学课

A. 总是很乏味 B. 经常很乏味

C. 一般 D. 经常很有趣

16. 你认为你的数学知识最主要来源于(可多选)

A. 教材 B. 市场上的教辅材料

C. 教师补充的知识 D. 互联网上的知识

E. 家长的教育 F. 自己经验体悟

17. 你的数学老师上课时会和同学进行讨论吗?

A. 经常 B. 有时 C. 很少 D. 从不

18. 你喜欢数学老师如何组织教学?

A. 指导学生发现问题,研究问题,并教一些研究技能与方法

B. 在课堂上直接讲解知识,不用我们自己去浪费时间

C. 完全放手，让我们自己开展喜爱的活动

问卷结束，再次感谢你的支持与配合！

附录 4

关于基础教育知识供给的访谈提纲

一、访谈目的

了解基础教育知识供给的现实情况，发现基础教育知识供给中存在的问题。

二、访谈方式

面对面访谈

三、访谈对象

武汉市东西湖区三店学校、武汉市武昌区新河街学校教师

四、访谈提纲

（一）访谈开场语

您好，我们是湖北大学的教师，我们正在进行一个有关基础教育知识供给的专题调查，希望通过这次调查了解基础教育知识供给中课程和教科书的有关情况，为此我们需要您的帮助和参与，希望您抽出五分钟的宝贵时间完成本次访谈，使研究具有现实和实践价值。本次访谈主要通过问答方式进行，我们将对访谈内容严格保密，为保证访谈的有效性，请您真实地回答有关问题，再次谢谢您的合作！

（二）访谈的主要问题

1. 您上课的语文教科书是哪一个版本，来自哪里？

2. 就您所使用的语文教科书而言，您认为语文教科书中的知识是否合理？

3. 您是如何判断学生是否达到课程标准的？

4. 您在讲解语文教科书中的知识时，主要是按照教科书来讲解还是

会额外补充一些知识？

    5. 学校会对教学情况展开检查吗？

    6. 您认为语文教科书是否有传递特定价值观？如果出现教授的知识与您本身的价值观发生冲突，您在教授过程中会如何处理呢？

    7. 您所教的课程在内容上是否体现多元文化？

    8. 您认为数学学科中的知识是谁的知识？

    9. 您是怎么看待数学学习能力较弱的学生？

    10. 您认为考试是区分学生数学能力强弱的有效方式吗？

    11. 您所教的数学学科中的知识与其他学科知识有交叉吗？

五、访谈结束语

再次感谢您的配合！此次访谈结束，祝您工作顺利，身体健康！